अम्बेडकर की अन्तर्वेदना

शेषराव चव्हाण

हिन्दी अनुवादक एवं सहलेखक
डॉ॰ पुनीत बिसारिया

भूमिका
पद्मभूषण न्यायमूर्ति चन्द्रशेखर धर्माधिकारी
निवर्तमान न्यायाधीश, बम्बई उच्च न्यायालय

ATLANTIC
PUBLISHERS & DISTRIBUTORS (P) LTD

प्रकाशक :

एटलांटिक पब्लिशर्स एण्ड डिस्ट्रीब्यूटर्स (प्रा.) लि.

7/22, अन्सारी रोड, दरियागंज, नई दिल्ली–110002

दूरभाष : +91-11-40775252, 23273880, 23275880, 23280451

फैक्स : +91-11-23285873

ई.मेल : orders@atlanticbooks.com

वेबसाइट : www.atlanticbooks.com

शाखा कार्यालय :

5, नालाथम्बी स्ट्रीट, वालाजाह रोड, चेन्नई–600002

दूरभाष : +91-44-64611085, 32413319

ई.मेल : chennai@atlanticbooks.com

मुद्रक : ग्लोरियस प्रिंटर्स, ए–13, डी.एस.आई.डी.सी., झिलमिल औद्योगिक क्षेत्र, नई दिल्ली–110095

"मैं अपनी आत्मा के लिए कभी प्रार्थना नहीं करूँगा। मैं एक बौद्ध हूँ (इसलिए आत्मा में मेरा विश्वास नहीं है)। मैं ईश्वर को नहीं मानता। मेरे पास आत्मा जैसी कोई वस्तु नहीं है। मैंने आपको इस समस्या से छुटकारा दिला दिया है।"

(डॉ॰ बी॰ आर॰ अम्बेडकर)

भूमिका

शेषराव चव्हाण तथा डॉ. पुनीत बिसारिया की इस पुस्तक की भूमिका लिखते हुए मुझे अत्यन्त प्रसन्नता हो रही है। पुस्तक का शीर्षक "अम्बेडकर की अन्तर्वेदना" ही अत्यन्त सारगर्भित एवं कुतूहलपूर्ण है। इसका एक-एक शब्द बोलता है।

जब मेरे पिता भारतीय संविधान सभा के सदस्य थे, उस समय मुझे डॉ॰ अम्बेडकर से मिलने का सौभाग्य प्राप्त हुआ था। जिस समय नागपुर में अपने हजारों अनुयायियों के साथ डॉ॰ अम्बेडकर ने बौद्ध धर्म की दीक्षा ग्रहण की थी, उस समय उस घटना का मैंने प्रत्यक्ष अनुभव किया था। उस समय मैं नागपुर में वकालत कर रहा था और मेरे अनेक मित्रों ने भी उनके साथ बौद्ध धर्म की दीक्षा ली थी। मेरा व्यक्तिगत मत है कि वह सामूहिक धम्म चक्र प्रवर्तन समारोह कई सन्दर्भों में एक ऐतिहासिक घटना थी।

प्रभु यीशु मसीह के जीवन के विषय में एक उक्ति कही जाती है–"जब नियति को यह नहीं मालूम होता कि वह महान पुरुषों को कैसे सजा दे, तो नियति उन्हें उनके अनुयायी देकर दण्डित करती है। यहाँ यह महत्त्वपूर्ण है कि ये अनुयायी वास्तव में उत्तराधिकारी नहीं होते क्योंकि उत्तराधिकारी अपने पूर्ववर्ती के महान कार्यों को आगे बढ़ाने का काम करते हैं, जबकि ये तथाकथित अनुयायी न तो इतने साहसी होते हैं और न ही उनमें ऐसा करने की योग्यता होती है। एक सच्चा उत्तराधिकारी वह होता है, जो अपने गुरू के रुकने के स्थान से अपनी यात्रा की शुरूआत करते हुए गुरू के छूटे हुए कार्य को पूरा करने का प्रयास करता है।"

डॉ॰ बाबा साहब अम्बेडकर के जीवन में हुई धर्मान्तरण की यह घटना एक अनायास घटित हुई घटना नहीं थी, बल्कि परिस्थितियों ने उन्हें बौद्ध धर्म ग्रहण करने हेतु विवश किया। हिन्दू धर्म में जाति एक कटु वास्तविकता है, जबकि धर्म एक कल्पना है, बल्कि हम यह भी कह सकते हैं कि हिन्दू धर्म जातियों एवं उपजातियों का समुच्चय है। एक व्यक्ति तब तक हिन्दू नहीं हो सकता, जब

तक वह एक जाति विशेष से नहीं जुड़ जाता। आप अपनी जाति को झुठला नहीं सकते क्योंकि यह आपके जन्म से जुड़ी हुई है और आप अपने जन्म या अपने माता-पिता को बदल नहीं सकते। इसलिए जाति तय करना अपने हाथों में नहीं होता। एक जाति की सच्चाई यही है कि इसमें मृत्यु नामक सिर्फ एक ही दरवाजा होता है, जिससे आप जाति से बाहर आ सकते हैं, जबकि जन्म के अलावा इसमें घुसने का और कोई दरवाजा नहीं होता। जाति की दूसरी सच्चाई यह है कि यह मनुष्य को मनुष्य से दूर करती है, इसलिए जाति व्यवस्था समाज विरोधी भी है। यदि कोई व्यक्ति जाति व्यवस्था में अलाभदायक स्थिति में है, तो वह अपना धर्म बदले बगैर इस व्यवस्था से बाहर नहीं आ सकता।

डॉ॰ बाबा साहब अम्बेडकर का जन्म एक अस्पृश्य जाति में हुआ था। हिन्दू समाज में अस्पृश्य जाति के लिए कोई सम्मान या प्रतिष्ठा नहीं होती। इसलिए उनके पास धर्म परिवर्तन करने के अतिरिक्त और कोई चारा नहीं था। यद्यपि धर्मान्तरण करते समय भी उनके मन में राष्ट्रवाद तथा राष्ट्रीय एकता की भावना हिलोरें ले रही थी। भारत में हिन्दू, मुस्लिम, सिक्ख, बौद्ध तथा दूसरे कई धर्म विद्यमान हैं, लेकिन इन सबके होते हुए डॉ॰ अम्बेडकर ने धर्मान्तरण के लिए बौद्ध धर्म को चुना क्योंकि यह धर्म भारतीय संस्कृति के हिसाब से सबसे उपयुक्त था और भारतीय मन-मस्तिष्क में इस धर्म के लिए सौहार्द्र की भावना थी।

संस्कृति क्या है? संस्कृति दूसरों के साथ सहअस्तित्व की कला है। सहअस्तित्व ही संस्कृति का मूल आधार है। यह सहअस्तित्व अलगाव का विरोध करता है। इसलिए डॉ॰ बाबा साहब अम्बेडकर ने बौद्ध धर्म को स्वीकार किया, जो मेरे विचार से एक राष्ट्रभक्ति तथा राष्ट्रीय एकता का कार्य था। एक कहावत है, "आप जितने अधिक महान होंगे, उतना ही आपको गलत समझा जाएगा।" वैसे तो यह सभी महापुरुषों के लिए सत्य है, परन्तु यह उक्ति महात्मा गाँधी तथा बाबा साहब अम्बेडकर पर कुछ अधिक ही सही बैठती है। यदि डॉ॰ अम्बेडकर कुछ और वर्षों तक जीवित रहते, तो मुझे पूर्ण विश्वास है कि वे बहुत बड़े परिवर्तन ला सकते थे। उन्होंने स्वयं कहा था कि यदि उन्हें कुछ और साल दे दिए जाएँ, तो वे अपने द्वारा शुरू किए गए मिशन को काफी हद तक पूर्ण कर सकते हैं, परन्तु दुर्भाग्यवश ऐसा न हो सका।

बाबा साहब अम्बेडकर द्वारा किए गए सामूहिक धर्मान्तरण (धर्म चक्र प्रवर्तन) के बारे में अनेक भ्रान्तियाँ हैं। ये भ्रान्तियाँ नासमझी का परिणाम हैं। मेरे विचार से डॉ॰ अम्बेडकर का यह कदम राष्ट्रभक्ति तथा राष्ट्रीय एकता की

दिशा में उठाया गया एक महत्वपूर्ण कदम था। इस कृत्य को प्रत्येक व्यक्ति को समुचित सन्दर्भों के साथ समझने का प्रयत्न करना चाहिए। भारत में एक व्यक्ति अपनी माँ की कोख में आते ही अपनी जाति हासिल कर लेता है और यह जाति उसकी मृत्यु तक उससे चिपकी रहती है। एक व्यक्ति एक जाति विशेष के ठप्पे के साथ जन्म लेता है और उसी जातिगत ठप्पे के साथ मरता है। यही कारण है कि मरने के बाद भी हम दूसरी जाति के लोगों को मृतक के शरीर का भी स्पर्श नहीं करने देते। जाति का एक दूसरा स्याह पहलू अलगाव है। एक व्यक्ति की जातिगत शुद्धता इसी अलगाव पर टिकी होती है। इतना ही काफी नहीं है, बल्कि जाति व्यवस्था में एक जाति विशेष को ही सत्ता सुख भोगने का विशेषाधिकार दिया गया है। डॉ० अम्बेडकर ने कहा था, "हिन्दू धर्म चार मंजिली इमारत के समान है, एक व्यक्ति जिस मंजिल पर जन्म लेता है, उसे मृत्यु तक उसी मंजिल पर रहना पड़ता है और एक मंजिल से दूसरी मंजिल तक जाने के लिए यहाँ सीढ़ी जैसी कोई चीज़ नहीं होती। इसलिए हिन्दू समाज में जिस व्यक्ति के लिए सम्मानजनक स्थान नहीं है, उसे अन्य जातियों से मानवीय व्यवहार नहीं मिलता, तो उसके पास धर्मान्तरण के अतिरिक्त अन्य कोई विकल्प नहीं है।" यद्यपि डॉ० अम्बेडकर उच्च शिक्षित व्यक्ति थे और उन्होंने पूरी दुनिया की यात्रा की थी, लेकिन फिर भी जाति व्यवस्था के कारण हिन्दू समाज ने उन्हें सम्मानजनक स्थान कभी नहीं दिया।

दुर्भाग्यवश आज भी भारत में ऐसे अनेक लोग हैं, जो आज भी जाति व्यवस्था का किसी न किसी कारण से समर्थन करते नज़र आते हैं। आज चुनाव लड़ने की पात्रता भी उसकी जाति से तय की जाती है। भारतीय संविधान में अस्पृश्यता को पूरी तरह से समाप्त करने की घोषणा की गयी है और किसी भी रूप में इसके व्यवहार को पूरी तरह से निषिद्ध कर दिया गया है और अस्पृश्यता के कारण आने वाली अयोग्यता को कानून में दण्डित किए जाने योग्य माना गया है। अस्पृश्यों की एक जाति विशेष का नाम भी समाप्त घोषित कर दिया गया है और उन्हें अब 'अनुसूचित जाति' के नाम से जाना जाता है, लेकिन फिर भी दुर्भाग्य की बात है कि अस्पृश्यता आज भी हिन्दुओं के मन-मस्तिष्क में जीवित है। अप्रत्यक्ष तौर पर आज भी इसका इस्तेमाल किया जा रहा है। आज भी देश के अनेक गाँव जातिगत आधार पर बँटे हुए हैं। स्वतन्त्रता मिलने के इतने साल बीत जाने के बावजूद हम आज भी अपने गाँवों या कस्बों के सामाजिक मानचित्र को नहीं बदल सके हैं। जातियों तथा समूहों के विषय में लोगों के मन में आज भी अनेक भ्रान्तियाँ विद्यमान हैं।

इस सन्दर्भ में भारत के पूर्व प्रधान न्यायाधीश न्यायमूर्ति पी॰ वी॰ गजेन्द्रगड़कर के विचार अत्यन्त प्रासंगिक हैं जो नीचे दिए जा रहे हैं–

संविधान के अनुच्छेद 15 (4) में नागरिकों के एक समूह का उल्लेख किया गया है, जिन्हें नागरिकों की जाति के आधार पर नहीं बल्कि समूह के आधार पर वर्णित किया गया है। शब्दकोश की परिभाषा के अनुसार एक समूह का निर्धारण समाज के एक वर्ग की स्थिति, श्रेणी या जाति के आधार पर किया जाता है। हिन्दू सामाजिक संरचना में एक नागरिक की स्थिति के निर्धारण में दुर्भाग्यवश जाति सर्वाधिक महत्त्वपूर्ण भूमिका निभाती है। यद्यपि समाजशास्त्रियों तथा वैदिक विद्वानों का विचार है कि जाति का उद्‌भव कार्य के आधार पर किया गया था, लेकिन समय बीतने के साथ यह दृढ़ तथा अपरिवर्तनीय होती चली गयी। जाति व्यवस्था के विकास का इतिहास दर्शाता है कि प्रारम्भ में यह मूलत: कर्म आधारित व्यवस्था थी, जिसमें श्रम के स्वरूप के आधार पर जाति का निर्धारण हुआ करता था, लेकिन धीरे-धीरे कर्मकाण्डों पर आधारित शुद्धतावादी विचारधारा इसमें जुड़ती चली गयी, इसका परिणाम यह हुआ कि इसमें दृढ़ता एवं कठोरता आनी शुरू हो गयी। इस कृत्रिम विकास ने समाज के चंद वर्गों में श्रेष्ठता का दम्भ भरना शुरू कर दिया और अपने ही कुछ साथियों के प्रति निम्नता का भाव दर्शाना शुरू कर दिया। इसलिए जब हम इस प्रश्न पर विचार करते हैं कि समाज का कोई वर्ग सामाजिक तौर पर पिछड़ा है अथवा नहीं, तो उस समय हमें उस वर्ग को जातिगत नज़रिए से देखना ही होगा। सामाजिक पिछड़ापन मूलत: निर्धनता का परिणाम होता है। इसलिए समाज का जो वर्ग अति निर्धन है, वह स्वत: ही सामाजिक तौर पर पिछड़े वर्ग की श्रेणी में आ जाएगा। अस्पृश्य समाज के लोग प्राय: निर्धन भी हैं और उन्हें समाज में अन्य वर्गों की भाँति प्रतिष्ठा भी नहीं प्राप्त है, इसलिए वे पिछड़ों की कोटि में अवश्य रखे जाने चाहिए। यह सत्य है कि जाति के प्रति अत्यधिक दृढ़ता रखने के कारण भारतीय समाज में निर्धनता बढ़ी है, जिसके परिणामस्वरूप पिछड़ापन बढ़ा है, लेकिन इससे यह भी सिद्ध होता है कि पिछड़ेपन की पहचान के लिए जाति और निर्धनता दोनों ही आवश्यक हैं।

नागरिकों के काम-धंधों से भी सामाजिक पिछड़ेपन की पहचान की जा सकती है। ऐसे अनेक काम-धंधे हैं, जिन्हें परम्परागत तौर पर निम्न कोटि का समझा जाता है और इन कार्यों को करने वाले स्वत: ही पिछड़ों की कोटि में आ जाते हैं। इसके साथ ही निवास स्थान भी पिछड़ेपन की पहचान में महत्त्वपूर्ण भूमिका अदा करता है। कुछ अर्थों में पिछड़ापन ग्रामीण भारत की

समस्या है और इस दृष्टि से ग्रामीण क्षेत्रों में निवास करने वाले नागरिक अनुच्छेद 15 (4) के अन्तर्गत रखे जा सकते हैं।" (एम॰ आर॰ बालाजी बनाम मैसूर राज्य, ए॰ आई॰ आर॰ 1963, उच्चतम न्यायालय 649)

इन पिछड़े वर्गों की त्वरित भौतिक समृद्धि के लिए विभिन्न राज्य सरकारें अनेक प्रकार की विशेष रियायतें दे रही हैं। इन रियायतों का उद्देश्य पिछड़े वर्गों को समाज की मूल धारा के साथ जोड़ना है। लेकिन इसका दुर्भाग्यपूर्ण परिणाम यह हुआ है कि आज प्रत्येक जाति के लोग पिछड़ी या दलित जाति में शामिल होना चाहते हैं। इस प्रवृत्ति से ऐसा प्रतीत होता है कि मानो समूचा देश ही पिछड़ा हो। लेकिन यह प्रवृत्ति तब तक हानिकारक नहीं है, जब तक यह सिर्फ चंद लोगों तक दिखाई देती है। लेकिन जब हम देखते हैं कि विभिन्न जातियों में कानूनी रूप से अपने को पिछड़ा घोषित कराने की होड़ शुरू हो गयी है, तब हमें इनके इरादों को लेकर अंदेशा पैदा होने लगता है। हमें पिछड़ी जातियों एवं आदिवासियों के लिए संविधान में विशेष प्रावधान इसलिए करने पड़े क्योंकि शेष समुदाय के लोगों में हमारे समाज के पिछड़े वर्ग के लोगों के लिए कुछ करने का जज्बा मौजूद नहीं था।

डॉ॰ बाबा साहब अम्बेडकर ने अस्पृश्यों के उद्धार के लिए अथक प्रयत्न किए, किन्तु उनके सभी प्रयास निष्फल सिद्ध हो गए। इसके पश्चात् उनके पास हिन्दू धर्म को त्यागकर बौद्ध धर्म स्वीकार करने के अतिरिक्त अन्य कोई विकल्प शेष नहीं बचा था। धम्म चक्र प्रवर्तन के समय दिए गए व्याख्यान में उन्होंने कहा था, "दुर्भाग्यवश हिन्दू धर्म अन्याय एवं असमानता के सिद्धान्त पर टिका हुआ है, इसमें अस्पृश्यों के विकास के लिए कोई जगह नहीं है, वहाँ रहकर उन्हें गुलाम बने रहना है और वे वहाँ पर सम्मान एवं प्रतिष्ठा नहीं प्राप्त कर सकते।" उनके अनुसार बौद्ध धर्म समानता के सिद्धान्त पर आधारित है। यह नैतिकता के सिद्धान्तों से संचालित होता है। बुद्ध इस धर्म में स्वयं ईश्वर नहीं हैं, बल्कि वे एक मार्गदर्शक की भाँति हैं। बौद्ध धर्म मूर्तिपूजक नहीं है, जैसा कि अन्य धर्मों की परम्परा है। यद्यपि बुद्ध तथा उनके धर्म में मूर्ति पूजा को कोई स्थान नहीं दिया गया था, किन्तु आज विश्व में सर्वाधिक मूर्तियाँ महात्मा बुद्ध की ही हैं। लेकिन दुर्भाग्य की बात यह है कि डॉ॰ अम्बेडकर के धर्मान्तरण के पश्चात् एक नए सम्प्रदाय का नाम अस्तित्व में आ गया है, जिसे 'नव बौद्ध' की संज्ञा दी जाने लगी है।

ऐसे अनेक लोग हैं जो यह कहते हैं कि अम्बेडकर देशभक्त नहीं थे। शायद वे डॉ॰ अम्बेडकर को ठीक तरीके से समझ नहीं सके हैं। डॉ॰ अम्बेडकर अपने

पूर्ण शुद्ध हृदय से एक देशभक्त तथा राष्ट्रवादी व्यक्ति थे। इस तथ्य की पुष्टि अलग कर्नाटक प्रान्त बनाने सम्बन्धी बिल पर उनके भाषण से की जा सकती है, जिसमें उन्होंने कहा था, "मैं चाहता हूँ कि सभी लोग सर्वप्रथम स्वयं को भारतीय समझें और सबसे अन्त में भी स्वयं को भारतीय ही समझें क्योंकि हम और कुछ नहीं, सिर्फ और सिर्फ भारतीय हैं।" भारत का संविधान उनकी इसी देशभक्ति का परिणाम है। अपने अन्तिम भाषण में उन्होंने कहा था–

"हमें अपने राजनैतिक लोकतंत्र को एक सामाजिक लोकतंत्र भी बनाना है। जब तक राजनैतिक लोकतंत्र को सामाजिक लोकतंत्र का सहारा नहीं मिलता, तब तक राजनैतिक लोकतन्त्र को अधिक समय तक जीवित नहीं रखा जा सकता। सामाजिक लोकतंत्र का क्या मतलब है? इसका अर्थ एक जीवन शैली है, जो जीवन के सिद्धान्तों के रूप में समानता, स्वतन्त्रता और बन्धुता को स्थान देती हो। समानता, स्वतन्त्रता और बन्धुत्व के सिद्धान्तों को तीन अलग-अलग बातें नहीं माननी चाहिए। ये एक त्रिकोण निर्मित करते हैं और इनमें से किसी एक के भी न होने पर लोकतंत्र का आधार ही धराशायी हो जाएगा। स्वतन्त्रता को समानता से अलग नहीं किया जा सकता और न ही स्वतन्त्रता और समानता को बन्धुता से अलग किया जा सकता है। समानता के बगैर स्वतन्त्रता मुट्ठी भर लोगों की सर्वोच्चता बनकर रह जाएगी। स्वतन्त्रता के बिना हासिल समानता व्यक्तिगत अस्मिता को कुचलकर रख देगी। इसी प्रकार बन्धुता के बगैर स्वतन्त्रता एवं समानता स्वाभाविक तौर पर कार्य नहीं कर सकतीं। इन तीनों के अस्तित्व के लिए एक निष्ठावान निर्देशक की आवश्यकता है। हमें इस तथ्य को निस्संकोच भाव से स्वीकार करना चाहिए कि भारतीय समाज में दो बातें सिरे से नदारद हैं। इनमें से एक समानता है। सामाजिक परिदृश्य में भारत में हमारे पास एक ऐसा समाज है, जो असमानता के सिद्धान्त पर टिका हुआ है, जिसका मतलब है चंद लोगों का उत्थान और शेष का अत्यन्त निम्न श्रेणी का जीवन व्यतीत करना। आर्थिक परिदृश्य में हमारे पास एक ऐसा समाज है, जिसमें मुट्ठी भर लोगों के पास अकूत दौलत है, जबकि देश के एक बड़े समाज के पास खाने-पहनने तक को धन नहीं है। 26 जनवरी, सन् 1950 को हम एक विरोधाभासी जीवन में प्रवेश करने जा रहे हैं। राजनीति में हमारे पास समानता होगी, किन्तु सामाजिक एवं आर्थिक क्षेत्र में हम असमानता का जीवन व्यतीत करने को बाध्य होंगे। राजनीति में हम एक व्यक्ति, एक वोट और एक समान मूल्य के सिद्धान्त को अपनाने जा रहे हैं, लेकिन हमारी सामाजिक एवं आर्थिक संरचना के कारण हम एक व्यक्ति, एक वोट तथा एक समान मूल्य के सिद्धान्त

को निश्चय ही नकार देंगे। हम कब तक इस प्रकार के विरोधाभासी जीवन को जीते रहेंगे? कब तक हम अपने सामाजिक एवं आर्थिक जीवन में समानता के सिद्धान्त को ठुकराते रहेंगे? यदि हम लम्बे समय तक ऐसा करते रहे, तो हम अपने लोकतंत्र की जड़ों को ही कमज़ोर करेंगे। हमें इस विरोधाभास को जल्द से जल्द दूर करना ही होगा अन्यथा जो लोग असमानता के शिकार हैं, वे हमारे राजनैतिक लोकतंत्र की उस संरचना को नष्ट करने के लिए विद्रोह कर देंगे, जिसे हमारी संविधान सभा ने बड़ी मेहनत से खड़ा किया है।"

मेरे विचार से, दुर्भाग्यवश असमय मृत्यु हो जाने के कारण डॉ० अम्बेडकर अपने विचारों एवं मूल्यों को भारत के समाज में लागू करने से वंचित रह गए। हमारा समाज विसंगतियों एवं विरोधाभासों से भरा पड़ा है। उनका कोई सुयोग्य उत्तराधिकारी भी नहीं था, बल्कि उनके ऐसे शिष्य या अनुयायी भर थे, जो उनके विचारों को आगे बढ़ाने या उनके सिद्धान्तों में परिवर्तन लाने में अक्षम सिद्ध हुए। यही वजह है कि श्री शेषराव चव्हाण जी को इसे एक 'धोखा' कहना पड़ा, जिसके लिए अन्य सभी जातियों के लोग भी उत्तरदायी हैं।

वास्तव में आज भी हम समानता एवं बन्धुत्व के सिद्धान्त को सही ढंग से नहीं समझ सके हैं। हम यह भी समझ नहीं पाए हैं कि प्रत्येक मूलभूत अधिकार के साथ कर्त्तव्य भी जुड़ा होता है, बल्कि अधिकार तो कर्त्तव्यों के सम्यक् निर्वहन से ही प्राप्त होता है। इसलिए संविधान को संशोधित करते हुए मूलभूत कर्त्तव्यों से सम्बन्धित अध्याय को संविधान में जोड़ा गया। इस अध्याय के कुछ अनुच्छेद अत्यधिक महत्त्वपूर्ण हैं, जैसे अनुच्छेद (सी), अनुच्छेद (ई), अनुच्छेद (एफ) और अनुच्छेद (एच), जिन्हें नीचे लिखा जा रहा है–

प्रत्येक भारतीय नागरिक का यह कर्त्तव्य होगा कि–(सी) वह भारत की सम्प्रभुता, अखण्डता एवं एकता की रक्षा करेगा;

(ई) वह धर्म, भाषा तथा प्रान्तीय अथवा क्षेत्रीय विविधता को ध्यान में रखे बगैर भारत के सभी लोगों के बीच बन्धुत्व एवं सौहार्द्र की भावना विकसित करेगा तथा महिलाओं के सम्मान को ठेस पहुँचाने वाले रीति-रिवाज़ों का परित्याग करेगा।

(एफ) वह हमारी बहुरंगी संस्कृति की सम्पन्न विरासत का सम्मान तथा संरक्षण करेगा।

(एच) वह वैज्ञानिकता, मानवता तथा तार्किकता की भावना का विकास करेगा।

हमारे मूल संविधान की प्रस्तावना तथा अन्य अध्यायों में जो अस्पष्ट था, उसे सुस्पष्ट करने के लिए मूल संविधान में हमें संशोधन करना पड़ा। यह स्पष्ट रूप से इंगित करता है कि डॉ॰ अम्बेडकर के विचारों तथा मूल्यों के प्रति हमारी उदासीनता थी और हमने उन्हें धोखा दिया था। खलील जिब्रान ने सच ही कहा था, "जब तक समूचे पेड़ की मूक सहमति न हो, तब तक एक अकेले पत्ते को भी पीला नहीं किया जा सकता, उसी प्रकार तुम सभी की मौन सहमति के बगैर गलत कार्य करने वाला एक भी व्यक्ति गलत कार्य नहीं कर सकता।" इसलिए हम सभी डॉ॰ अम्बेडकर के साथ किए गए धोखे के लिए तथा उनके उत्थान एवं पतन के लिए समान रूप से उत्तरदायी हैं।

एक व्यक्ति लेखकों की बातों से सहमत या असहमत हो सकता है, किन्तु यह तो स्पष्ट है कि इन विचारों पर गम्भीरतापूर्वक विचार किए जाने की आवश्यकता है और इन विचारों को आसानी से खारिज नहीं किया जा सकता। कहा भी गया है कि समस्याओं को समझने से इनके हल की शुरुआत हो जाती है और इन समस्याओं को हल करने के लिए कोई रेडीमेड या तात्कालिक हल भी सम्भव नहीं है। मैं पाठकों से कम से कम इतना अवश्य चाहूँगा कि वे इस पुस्तक में व्यक्त किए गए दृष्टिकोण को निष्पक्ष एवं तार्किक दृष्टिकोण से समझने का प्रयास करें। कहने की आवश्यकता नहीं कि मेरे मन में इस पुस्तक के प्रति अतीव प्रशंसा का भाव विद्यमान है। मेरे विचार से श्री शेषराव चव्हाण ने डॉ॰ बिसारिया के साथ इस पुस्तक को लिखकर एक बड़ा ही महत्त्वपूर्ण कार्य किया है। इस पुस्तक से डॉ॰ बाबा साहब अम्बेडकर के प्रति लोगों के मन में व्याप्त सन्देह दूर होंगे। मैं इस पुस्तक की सफलता की कामना करता हूँ।

पद्मभूषण न्यायमूर्ति चन्द्रशेखर धर्माधिकारी
निवर्तमान न्यायाधीश, बम्बई उच्च न्यायालय

प्रस्तावना

शेषराव चव्हाण, जिन्हें हम स्नेहवश काका कहकर पुकारते हैं, ने जब इस पुस्तक के विषय के बारे में पहली बार मुझसे चर्चा की, तब अनायास ही मेरे मन में इससे एक नाता सा जुड़ गया। मैं इस पुस्तक के पूरा होने की बेसब्री से प्रतीक्षा करने लगा, जो वास्तव में अत्यधिक विलम्बित हो गयी थी। आखिरकार अगस्त, 2010 में यह मेरे हाथ आई और मैं इसे जल्दी-जल्दी पढ़ने लगा। मैं लेखक की विद्वता तथा समझ को देखकर दंग रह गया कि उन्होंने तथ्यों एवं सुस्पष्ट दृष्टान्तों के माध्यम से यह सिद्ध किया है कि डॉ० अम्बेडकर से धोखा करने वाले और कोई नहीं बल्कि कट्टर बौद्ध या अम्बेडकरवादी लोग ही हैं। इस प्रकार के निष्कर्ष निकालने का साहस करने वाले चव्हाण जी पहले लेखक हैं। यही नहीं बल्कि इससे पहले किसी भी लेखक ने अम्बेडकर की मृत्यु के पश्चात् उनके आन्दोलन की स्थितियों का इतना गम्भीर मूल्यांकन करने का साहस नहीं किया था और न ही यह जानने का प्रयास किया था कि डॉ० अम्बेडकर के सिद्धान्तों एवं आदर्शों को स्वयं उनके अनुयायियों द्वारा किस प्रकार से तोड़ा-मरोड़ा एवं खण्डित किया जा रहा है। मै पूर्ण निष्पक्षता के साथ लेखक को दृढ़ निश्चय के साथ ऐसी पुस्तक लिखने के लिए बधाई देना चाहूँगा। डॉ० अम्बेडकर की 'धम्म क्रान्ति' के द्वारा की गयी क्रान्ति, जो उन्होंने अथक शारीरिक एवं मानसिक परिश्रम द्वारा सम्भव की थी, के परिणामों का विश्लेषण इस पुस्तक में किया गया है। यदि किसी समस्या पर विचार नहीं किया जाता, तो उस समस्या का समाधान भी नहीं हासिल किया जा सकता है। इसी तरह यदि अम्बेडकरवादी आन्दोलन के वर्तमान परिदृश्य का विश्लेषण नहीं किया जाता है, तो हम इसके गुण-दोषों को भी नहीं समझ पाएंगे। चूँकि यह अध्ययन ग़ैर बौद्ध लेखकों द्वारा किया है, जिनका दृष्टिकोण निष्पक्ष एवं तार्किक है, अतः इससे यह अध्ययन और भी अधिक उपयोगी एवं महत्त्वपूर्ण हो जाता है। यह पुस्तक न सिर्फ़ अम्बेडकरवादियों को जागने की चुनौती देती है, अपितु यह भारत के उन सभी बुद्धिजीवियों को भी विचार करने हेतु बाध्य करती है, जो इस देश के प्राचीन गौरव की पुनर्स्थापना हेतु प्रयत्नशील हैं।

डॉ॰ अम्बेडकर ने कहा था, "मैं सम्पूर्ण भारत को बौद्ध बना दूँगा।" निस्सन्देह यह दावा असम्भव प्रतीत होता है। बहुत से लोग जल्दबाजी में यह निष्कर्ष निकालने बैठ जाएँगे कि यह डॉ॰ अम्बेडकर का अतिशयोक्तिपूर्ण अथवा अव्यावहारिक विचार है, लेकिन यदि हम डॉ॰ अम्बेडकर के सम्पूर्ण जीवन काल पर दृष्टि डालें, जो घृणा, अपमान, गालियों तथा अन्याय से भरा रहा, तो हम आसानी से समझ सकेंगे कि ऐसा कोई भी व्यक्ति प्रतिशोधक एवं कटु बन जाएगा। लेकिन यहाँ यह भी ध्यान देने की बात है कि उन्होंने अपशब्द कहने वालों को कभी भी प्रत्युत्तर में अपशब्द नहीं कहे, न ही उन्होंने उनके प्रति दुर्भावना दर्शाई, बल्कि वे तो भारत के सभी लोगों के कल्याण एवं प्रसन्नता के लिए प्रयत्नशील रहे। इसे संत स्वभाव के अतिरिक्त भला और क्या कहा जा सकता है। यही कारण है कि उन्हें 'बोधिसत्व' कहा गया, जिसका अर्थ है–वह व्यक्ति, जो प्रकाश के पथ पर दृढ़तापूर्वक खड़ा हो। उनका विश्वास था कि महात्मा बुद्ध के उपदेश ही व्यक्ति की तथा सम्पूर्ण भारत की रक्षा कर सकते हैं। इसलिए अपनी जाति के लोगों को ही धम्म में शामिल करने के स्थान पर वे सम्पूर्ण भारत के लोगों को बौद्ध धर्म में सम्मिलित होने की आकांक्षा व्यक्त करते हैं। इसलिए मैं समझता हूँ कि सम्पूर्ण भारत को बौद्ध धर्म की दीक्षा दिलाने की उनकी आकांक्षा को अतिशयोक्तिपूर्ण विचार न मानकर इसे उनकी सम्पूर्ण देशवासियों के कल्याण की आकांक्षा का विचार मानना चाहिए।

डॉ॰ अम्बेडकर द्वारा भारत में बौद्ध धर्म को पुनः स्थापित करने का प्रयास आधुनिक भारतीय इतिहास की अविस्मरणीय घटना है, जिसके समकक्ष की अन्य घटना सम्राट अशोक की प्राचीन भारत में 'धम्म विजय' हो सकती है। डॉ॰ अम्बेडकर के समय में बौद्ध धर्म में भी अनेक सम्प्रदाय एवं विविधताएँ आ चुकी थीं, लेकिन वे महात्मा बुद्ध की मूल शिक्षाओं के पास वापस लौटना चाहते थे, जिसके सूत्र सभी सम्प्रदायों में खोजे जा सकते हैं और इसीलिए उन्होंने बौद्ध धर्म के सम्प्रदायविहीन स्वरूप की वकालत की।

बौद्ध धर्म को स्वीकार करने में तथा उनके कुछ उपदेशों को समझते हुए महात्मा बुद्ध तथा उनके धम्म के सम्बन्ध में अनेक सन्देह लोगों के मन में व्याप्त हैं, जिनका तत्काल निराकरण किया जाना आवश्यक है। लेखकों ने महात्मा बुद्ध तथा उनके धम्म को समझने के लिए इसके समर्थन में पूर्वी तथा पश्चिमी विद्वानों के अनेक उद्धरण सन्दर्भित किए हैं। चूंकि हिन्दू धर्म तथा बौद्ध धर्म में भिन्नता सुस्पष्ट नहीं है अतः भारत के अधिकांश लोग बौद्ध धर्म के प्रति झुकाव नहीं रखते। इस समस्या को महसूस करते हुए डॉ॰ अम्बेडकर ने

'द बुद्धा एण्ड हिज़ धम्मा' नामक महत्त्वपूर्ण ग्रंथ लिखा। उन्होंने नव बौद्धों के लिए 22 संकल्प भी दिए ताकि वे इस महान धर्म से विचलित न होने पाएँ। उन्होंने 'धर्म' (रिलीजन) तथा 'धम्म' जो पाली का शब्द है, में निहित अन्तर को सुस्पष्ट किया तथा 'सद्धम्म' से सम्बन्धित महात्मा बुद्ध के उपदेशों की व्याख्या की। भिक्खु नारद के शब्दों में, "बौद्ध धर्म के लिए मूल शब्द 'धम्म' है, जिसका अर्थ है, जो दृढ़ रहता है (वह, जो अपने सिद्धान्तों के अनुरूप आचरण करता है तथा इस कारण से वह दुःख की अवस्था में नहीं गिरता है)। पाली भाषा के इस शब्द (धम्म) का अंग्रेज़ी भाषा या अन्य किसी भाषा में कोई उपयुक्त समानार्थी शब्द नहीं है, संस्कृत भाषा का 'धर्म' शब्द भी इसके लिए उपयुक्त शब्द नहीं है।

"धम्म वह है, जो वास्तव में है। यह यथार्थवादी सिद्धान्त है। यह कष्टों से मुक्ति का मार्ग है और स्वयं ही मुक्ति है। गौतम बुद्ध होते या नहीं होते तो भी यह धम्म अनन्त में सदा से विद्यमान रहा है। बुद्ध ने इस धम्म को महसूस किया, जो उस समय तक व्यक्तियों की आँखों से ओझल था। उन्होंने इस धरती पर आकर धम्म के ज्ञान से सम्पूर्ण विश्व को आलोकित किया।" (नारद, द बुद्धा एण्ड हिज़ टीचिंग्स, चतुर्थ संस्करण, 1988, पृ॰ 295-296)

लेकिन हिन्दू विद्वानों, जो हिन्दू मानसिकता से जकड़े हुए हैं, ने अनेक भ्रम पैदा किए तथा यह प्रचार करने का प्रयास किया कि बौद्ध धर्म हिन्दू धर्म की ही एक शाखा है। आज हमें इस भ्रम से भी मुक्त होने की आवश्यकता है। डॉ॰ अम्बेडकर के पास इस भ्रम को दूर करने के लिए पर्याप्त समय नहीं था। स्वामी विवेकानन्द, डॉ॰ राधाकृष्णन्, डॉ॰ पी॰वी॰ काणे, पं॰ जवाहरलाल नेहरू तथा अन्य ब्राह्मण विद्वानों ने तथा यहाँ तक कि श्रीमती राइस डेविड तथा कुछ अन्य पाश्चात्य विद्वानों ने केवल राष्ट्रवादी मानसिकता के वशीभूत होकर अथवा बौद्ध धर्म के अनुयायी न होने के कारण लगातार यह स्थापना देने का प्रयास किया कि गौतम बुद्ध हिन्दू थे और यह सिद्ध करने का प्रयास किया कि वे 'हिन्दुत्व के एक विद्रोही बालक' थे या 'हिन्दुत्व के सुधारक' थे। इससे भी बढ़कर यह कहा गया कि बौद्ध धर्म की शिक्षाएँ हिन्दू धर्म में पहले से ही विद्यमान थीं और ये शिक्षाएँ वेदों एवं उपनिषदों इत्यादि से ली गयी हैं। इस पुस्तक को सही ढंग से समझने के लिए इस विषय पर प्रकाश डालना आवश्यक है।

जहाँ तक नेहरू जी की बौद्ध धर्म के विषय में समझ का प्रश्न है, तो यह कहना होगा कि उनके विचार ब्राह्मणवादी भारतीय लेखकों तथा प्राचीन

एंग्लो जर्मन यूरोपीय लेखकों की दोयम दर्जे की आधुनिक पुस्तकों से प्रभावित रहे हैं। वे जो कुछ भी कहते हैं, वह प्रायः स्वामी विवेकानन्द के दृष्टिकोण से प्रभावित है (जोशी, पृ॰ 72)। जहाँ तक वैदिक काल की प्राचीनता के विषय में उनके दृष्टिकोण का प्रश्न है, तो यह उल्लेखनीय है कि जैन तथा बौद्ध दोनों ही धर्मों में महावीर से पहले तेइस जिनों तथा शाक्यमुनि बुद्ध से पहले चौबीस या अट्ठाइस बुद्धों का उल्लेख है। इनका ऐतिहासिक अस्तित्व खोज पाना असम्भव है, परन्तु इनके नाम आज भी अस्तित्व में हैं। तीसरी शताब्दी के एक अभिलेख में कनकमुनि बुद्ध के एक स्तूप का उल्लेख आता है। नागरसुत्त में स्वयं शाक्यमुनि बुद्ध ने अनार्यों तथा अवैदिकों की मुनियों तथा श्रमणों (पुब्बकेही सम्मसमबुद्धेहि) की परम्परा को जारी रखा था (क्रमांक II, पृ॰ 90-91)। इसलिए वैदिक पुरातनता को बौद्ध धर्म पर लागू नहीं किया जा सकता।

इस सन्दर्भ में लालमणि जोशी (पृ॰ 37-38) ने सही कहा है, "प्राचीन भारतीय इतिहास तथा संस्कृति में प्रयुक्त होने वाला 'हिन्दू' शब्द गलत है। इस शब्द का अर्थ 'एक भारतीय' मात्र है, कोई भी व्यक्ति जो हिन्द या हिन्दुस्तान या इण्डिया में रहता है, वह हिन्दू है। इस भौगोलिक अर्थ का द्योतन करने वाले शब्द का एक धर्म विशेष के लिए उपयोग करना सन्देह उत्पन्न करता है। जो वैदिक, ब्राह्मणवादी परम्पराओं का अनुगमन करते हैं, आज उन्हें हिन्दू कहा जाता है, वे या तो वैष्णव, शैव या शाक्त अथवा मिश्रित धर्म के अनुयायी हो सकते हैं, जो वैदिक तथा पौराणिक मूल के अनेक तत्वों का मिश्रण है। आज जिसे हिन्दू धर्म की संज्ञा दी जा रही है, उसमें बौद्ध, जैन, योग, सांख्य तथा अनेक अवैदिक एवं अनार्य समूहों को भी शामिल कर लिया गया है। शिव, शक्ति, गणेश, हनुमान, नाग, वृक्ष (जैसे–पीपल) तथा विष्णु के विभिन्न अवतारों की संकल्पना पर अनार्य तथा अवैदिक परम्पराओं का प्रभाव है।"

"इस प्रकार 'हिन्दू' शब्द का प्रयोग आज विभिन्न धार्मिक समूहों, जिन्हें केवल वैदिक परम्पराओं से जोड़ा जाता है, के लिए प्रचलित है। यहाँ यह याद रखना महत्त्वपूर्ण है कि आधुनिक हिन्दू इस नाम को पसन्द करता है, यद्यपि वैदिक-ब्राह्मणवादी सम्प्रदायों की प्राचीन पुस्तकों जैसे–वैदिक, वेदान्तिक, औपचारिक, मीमांसक, शैव, भागवत, वैष्णव, शाक्त, गाणपत्य, सौर, श्रौत, स्मार्त्त, पौराणिक, तांत्रिक इत्यादि में कहीं भी 'हिन्दू' शब्द का प्रयोग मुसलमानों के आने से पहले तक एक धार्मिक अथवा साम्प्रदायिक अर्थ में नहीं किया गया है। हमारा अभिमत है कि हिन्दू शब्द का प्राचीन भारतीय सम्प्रदायों अथवा समूहों के लिए प्रयोग किया जाना अवैज्ञानिक तथा अतार्किक है।"

तथाकथित हिन्दू धर्म या वैदिकवाद या अन्य सभी धार्मिक समूहों या वर्गों से बौद्ध धर्म बहुत अलग है। इसके अतिरिक्त बौद्ध धर्म को समझने के लिए हमें बौद्ध धर्म को एक बौद्ध अनुयायी के नज़रिए से देखना होगा। हिन्दू विद्वान ऐसा कर पाने में विफल रहे हैं। इसलिए जो कुछ वे कहते हैं, वह एकपक्षीय दृष्टिकोण होता है और यह सिद्ध करने का प्रयास होता है कि बौद्ध धर्म का मूल उत्स वैदिक परम्परा में है या हिन्दू धर्म इससे उत्कृष्ट है, जबकि उन्हें बौद्ध धर्म को समझने के लिए एक ईमानदार एवं निष्पक्ष दृष्टिकोण अपनाना चाहिए।

धम्मदासी भिखु एवं केनेथ बी॰ गुणतुंगे अपनी पुस्तक "ह्वाट इज़ रियलिटी?" (श्री लंका, 2010, पृ॰ 245, 248-50) में बौद्ध धर्म के केन्द्रबिन्दु का विश्लेषण करते हुए कहते हैं, "आज से लगभग 2500 वर्ष पहले युवा सिद्धार्थ उस समय तक अनसुना, अनजाना तथा जिस पर से तब तक परदा भी नहीं उठा था, उस मृत्यु से मुक्ति की तलाश में अकेले ही निकल पड़े, वह भी तब जब इसके सम्बन्ध में किसी भी विचार का कोई अस्तित्व ही नहीं था। सिद्धार्थ मृत्यु से मुक्ति को उसकी सम्पूर्णता में प्राप्त करना चाहते थे और इसके लिए वे स्वर्गीय वैभव तथा आनन्ददायक जीवन को भी ठुकरा चुके थे।

एक शान्त मस्तिष्क को प्राप्त करने के लिए राजकुमार सिद्धार्थ को छह इन्द्रियों नेत्र, कान, नाक, जिह्वा, शरीर तथा स्वयं मस्तिष्क को नियंत्रित करना पड़ा। इसके परिणामस्वरूप इन छह इन्द्रियों के माध्यम से आने वाली समस्त संवेदनाएँ रुक गयीं। यद्यपि उस समय छह इन्द्रियों द्वारा कोई भी संवेदनाएँ नहीं आ रही थीं, फिर भी उस समय वे एक ऐसी अवस्था में पहुँच गए जहाँ उन्हें बोध या ज्ञान की प्राप्ति हो गयी। इस प्रकार राजकुमार सिद्धार्थ एकमात्र ऐसे अन्वेषक थे, जिन्होंने अपने एकाग्र ध्यानस्थ मस्तिष्क की सहायता से प्राप्त ज्ञान तरंगों से अपने मस्तिष्क-शरीर की आन्तरिक संरचना में झाँकने का सफल प्रयास किया।

उन्होंने अपने मस्तिष्क-शरीर के सूक्ष्मातिसूक्ष्म विवरणों, प्रवृत्तियों, कार्यों, प्रक्रियाओं की खोज, अध्ययन एवं विश्लेषण किया तथा अपने मस्तिष्क शरीर की प्रत्येक क्रिया को गहनतापूर्वक विश्लेषित किया। उदाहरण के लिए आइए आँखों के माध्यम से देखने की प्रक्रिया का विवेचन करते हैं। उन्होंने पाया कि जब कोई बाह्य पदार्थ आँख के प्रभाव क्षेत्र में आता है तो चेतना जाग्रत हो जाती है। और इन तीनों (बाह्य पदार्थ, आँख और चेतना) के परस्पर सम्पर्क में आने से दृष्टिकोण आता है, जिसके पश्चात् भावनाएँ, विचार इत्यादि घटित होते हैं।

इसके पश्चात् पहचान की अवस्थाओं से होते हुए अवधारणा का अन्तिम लक्ष्य प्राप्त होता है। उन्होंने जाना कि किस प्रकार से अवधारणाओं की निर्मिति होती है, और ये अवधारणाएँ हमारे ज्ञान, अनुभव, पूर्वाग्रहों तथा पूर्व निर्णयों इत्यादि की स्मृतियों पर पूर्णतः निर्भर रहती हैं। ये सभी अवधारणाएँ छह इन्द्रियों द्वारा सांसारिक विश्व से प्राप्त सूचनाओं पर ही शुद्ध रूप से आधारित होती हैं। सिद्धार्थ ने अन्य इन्द्रियों, जैसे–कान, नाक, जिह्वा इत्यादि पर भी यही प्रक्रिया आजमायी और इनके परिणामों का सूक्ष्म विश्लेषण किया।"

सूक्ष्म प्रेषण एवं विश्लेषण की प्रक्रिया के दौरान युवराज सिद्धार्थ को पूर्वाग्रहों, पक्षपाती विचारधाराओं, विचारों एवं दृष्टिकोणों इत्यादि को भी परास्त करना पड़ा, जो उनके मस्तिष्क–शरीर की स्वाभाविक गतिविधियों में शामिल होकर उनके मस्तिष्क को नियंत्रित करते थे। इसके लिए सिद्धार्थ ने अपने नवीनतम आविष्कृत औजार का प्रयोग किया और वह था मस्तिष्क को महाध्यानस्थ अवस्था तक ले जाना, ताकि सांसारिक ज्ञान, अनुभवों, पूर्वाग्रहों, निर्णयों तथा किसी भी प्रकार के मोह को अपने मस्तिष्क से दूर किया जा सके। परिणामस्वरूप उनका मस्तिष्क शुद्धतम हो गया, जैसा पहले किसी का भी नहीं हुआ था। इस शुद्धता में चतुर्दिक ज्ञान व्याप्त था, एक नए प्रकार का ज्ञान जो हमारे सांसारिक क्षुद्र ज्ञान, विश्वासों, दृष्टिकोणों तथा आदतों को भेद सकता था और सभी सिद्धान्तों में निहित सत्य को प्राप्त कर सकता था। इसे ही 'सूक्ष्मदर्शी ज्ञान' कहा जाता है। यह एकमात्र ऐसा ज्ञान है, जो अनुभवजन्य समझ के माध्यम से यथार्थ की वास्तविक प्रकृति को उद्घाटित कर सकता है।

इस प्रकार वे यथार्थ के वास्तविक सत्य के ज्ञाता बन गए। उनमें प्रकाश का संचार हुआ और अंधकार विलीन हो गया और उनकी सांसारिक यात्रा के अन्त स्वरूप उन्हें अनुभवजन्य ज्ञान (बोध) प्राप्त हुआ और यह बोध उन्हें इससे पूर्व अज्ञात मृत्युहीनता की महत् अवस्था में ले गया। अब राजकुमार सिद्धार्थ 'बुद्ध' बन गए, जो प्रकृति की समस्त अवधारणाओं के अन्वेषक थे और 'मृत्युजित' थे। उन्होंने विश्व का अतिक्रमण कर लिया, वह विश्व जिससे हम भली–भाँति परिचित हैं। वे 'विश्व मानव' में परिणत हो गए, लेकिन वास्तव में वे विश्व मानव तो बने, परन्तु 'विश्व में रहने वाले मानव' नहीं बने। यह अन्तिम वाक्य अपने अर्थों में गहन व्याप्ति रखता है।

यह मृत्युहीनता ही 'निब्बान' कहलाती है। बुद्ध ने इसे आविष्कृत करते हुए कहा कि यह निब्बान ही सांसारिक जीवन के तन्तु हैं और आकांक्षा, लोभ, मोह, घृणा तथा मत्सर इसकी राह के अवरोधक हैं। महात्मा बुद्ध के सम्पूर्ण सिद्धान्तों को समझने के लिए ये अन्तिम पंक्तियाँ अत्यधिक महत्त्वपूर्ण हैं।

भिक्खु नारद कहते हैं, "निब्बान की एक शुद्ध बुद्धिजीवियों हेतु दी जाने वाली परिभाषा दे पाना असम्भव है क्योंकि इसे तर्क की कसौटी (अतक्कवाचार) पर नहीं कसा जा सकता। बुद्ध के शब्द पूर्णतः तार्किक हैं, किन्तु निब्बान जो बौद्ध दर्शन का अन्तिम लक्ष्य है, तर्कशीलता से परे है। तो भी जीवन के सकारात्मक एवं नकारात्मक पहलुओं पर चर्चा करते हुए यह तार्किक निष्कर्ष निकाला जा सकता है कि सुनिश्चित जीवन शैली के साथ दुखहीनता एवं मृत्युहीनता की अवस्था को प्राप्त किया जा सकता है।"

यह सब कुछ वैदिक तथा विश्व की अन्य धार्मिक परम्पराओं में कहीं नहीं मिलता है। इसलिए अन्य धर्मों पर आस्था रखने वाले मस्तिष्क इस पर विचार नहीं कर पाते। स्वामी विवेकानन्द बौद्ध धर्म पर आरोप लगाते हैं कि इस धर्म को उसके अनुयायियों द्वारा सही ढंग से नहीं समझा गया है। यह आरोप बौद्ध धर्म को बौद्ध दृष्टिकोण से न समझ पाने के कारण लगाया गया है। लाल मणि जोशी इस सन्दर्भ में सटीक प्रश्न उठाते हुए कहते हैं, "यदि महापुरुष के अनुयायी ही उनके उपदेशों को सही तरीके से नहीं समझ सके हैं, तो उन्हें भला और कौन समझेगा?" वे आगे कहते हैं, "यह हास्यास्पद है कि आनन्द, सारिपुत्र, महाकश्यप, नागसेन, नागार्जुन, बुद्धघोष, वसुबन्धु, धर्मकीर्ति, शान्तिदेव और शान्तरक्षित तथा इनकी अन्य परम्पराएँ बुद्ध के उपदेशों को सही ढंग से नहीं समझ सकी हैं और बुद्ध के उपदेशों का उन्होंने गलत अर्थ लगाया है। इसके विपरीत आधुनिक काल के हिन्दुओं ने बुद्ध के उपदेशों की सही एवं वास्तविक व्याख्या की है। बौद्ध दर्शन के वैदिक-ब्राह्मण उत्स की पुष्टि करने के लिए कुछ लोग शास्त्रीय बौद्ध दर्शन के मूलभूत सिद्धान्तों को भी असत्य सिद्ध करने की चेष्टा करने लगते हैं।"

बुद्ध ने ब्राह्मणों के इस दावे को स्वीकार नहीं किया कि ब्राह्मण श्रमण के समान हैं। उन्होंने जन्मना ब्राह्मण के दावे को गलत ठहराया और कहा कि बुद्ध या अरिहन्त, सुगत को ही ब्राह्मण कहा जाना चाहिए। सम्भवतः राजनैतिक कारणों से सम्राट अशोक ने जन्मना ब्राह्मणों एवं श्रमणों के साथ एक समान व्यवहार किया। डॉ॰ अम्बेडकर ने इस कृत्य के लिए सम्राट अशोक को दोषी माना है।

बौद्ध धर्म के वैदिक-ब्राह्मण सम्प्रदाय से जुड़े होने के सम्बन्ध में अभी भी अनेक गलतफहमियाँ लोगों के मन में विद्यमान हैं, किन्तु इन विषयों पर अपने विचार रखने का यह समुचित मंच नहीं है। पाठकों को सलाह है कि वे लाल मणि जोशी की पुस्तक 'डिस्सर्निंग द बुद्धा' (दिल्ली 1983) को इन भ्रान्तियों को दूर करने के लिए अवश्य पढ़ें।

यहाँ यह भी उल्लेखनीय है कि आदरणीय गोयनका गुरुजी ने विश्व हिन्दू परिषद् के नेताओं तथा शंकराचार्य के साथ अपनी बैठक के दौरान बुद्ध के विष्णु का अवतार होने सम्बन्धी भ्रान्तियों को उजागर किया था और इस आशंका को भी निर्मूल किया था कि श्रमण एवं ब्राह्मण परम्पराएँ वैदिक परम्पराओं का ही अंग हैं। इस तथ्य को शंकराचार्य ने तत्समय स्वीकार किया था और उन्होंने संयुक्त रूप से यह घोषणा की थी कि बुद्ध विष्णु के अवतार नहीं थे और श्रमण परम्परा ब्राह्मण परम्परा से अलग एक विशिष्ट परम्परा है। हमें आशा करनी चाहिए कि अब बुद्ध के सम्बन्ध में जारी वैदिक-ब्राह्मण परम्परा के सिद्धान्तों के सम्बन्ध में सभी सन्देह दूर हो जाएँगे।

महात्मा बुद्ध के शब्दों में, "बहुजन हिताय बहुजन सुखाय" या मानवता के कल्याण के एकमात्र लक्ष्य के लिए बुद्ध के 'धम्म' को भारत में पुनर्जीवित करना होगा। डॉ० अम्बेडकर ने भी इसी महान उद्देश्य को अपने हाथों में लिया था और वे अपना सम्पूर्ण जीवन इसके लिए समर्पित करना चाहते थे। इस महत् उद्देश्य से रंचमात्र भी विचलित होना उनके साथ धोखा करना है, बल्कि सम्पूर्ण मानवता के साथ भी धोखा करना है। इसलिए डॉ० अम्बेडकर के अनुयायियों एवं प्रशंसकों पर ही यह दायित्व नहीं है, बल्कि यह उन सभी भारतीयों का दायित्व है, जो जानबूझकर या अनजाने में डॉ० अम्बेडकर तथा उनके बौद्ध धर्म को पुनर्जीवित करने के प्रयासों को समझना नहीं चाहते। डॉ० अम्बेडकर के मन में सभी के कल्याण का भाव निहित था। लेकिन हम भारतीय किसी की भी परवाह नहीं करते। डॉ० अम्बेडकर ने हमें बुद्ध के धम्म के रूप में सर्वाधिक मूल्यवान उपहार दिया, जो उनकी स्वयं की कृति नहीं था। भारत के अधिकांश लोग डॉ० अम्बेडकर को अपने जातिवादी चश्मे से देखते हैं क्योंकि वे दलित परिवार में जन्मे थे। लेकिन आज उन्हें बौद्ध दर्शन के प्रतिपादक के रूप में देखे जाने की आवश्यकता है। अब हमें अपनी मानसिकता में परिवर्तन लाना चाहिए। इस पुस्तक के लेखकों ने यह पुस्तक लिखकर भारतवासियों की बड़ी सेवा की है। मैं कहना चाहता हूँ कि हम सभी भारतीयों को प्रोफेसर राइस डेविड की आवाज़ में अपनी आवाज़ मिलाकर कहना चाहिए, "बौद्ध अथवा ग़ैर

बौद्ध, मैंने विश्व के प्रत्येक महान धर्म का गहराईपूर्वक विश्लेषण किया है और यह निष्कर्ष निकाला है कि इनमें से कोई भी धर्म ऐसा नहीं है, जो बुद्ध के अष्टांग मार्ग के सौन्दर्य एवं समग्रता के सामने ठहर सके। मैं अब उसी मार्ग के अनुरूप अपना जीवन व्यतीत करना चाहूँगा।"

भदन्त विमलकीत्ति गुणासिरी

संस्थापक अध्यक्ष/निदेशक, महानाग शाक्यमुनि विज्जासन,
बौद्ध अध्ययन एवं अनुसंधान का अन्तर्राष्ट्रीय स्कूल एवं
द बोधिसत्व बाबा साहब अम्बेडकर बुद्धिस्ट अकादमी, नागपुर

आभार

मैं काफी समय से सोच रहा था कि एक पुस्तक लिखूँ, जिसमें मैं दिखाऊँ कि किस प्रकार से डॉ॰ अम्बेडकर के प्रशंसकों एवं अनुयायियों ने उनके साथ विश्वासघात किया है। लेकिन मैं हैमलेट की भाँति उधेड़बुन में था कि यह पुस्तक लिखूँ अथवा न लिखूँ।

मैंने अपने शुभचिन्तक डॉ॰ जे॰ एस॰ सरदार से इस बारे में चर्चा की, जो स्वयं डॉ॰ अम्बेडकर के अनन्य भक्त हैं। उन्होंने मुझसे कहा कि चाहे जो भी निष्कर्ष निकले, मुझे यह पुस्तक लिखनी ही चाहिए। उन्होंने औरंगाबाद में मेरा परिचय सम्माननीय विमलकीत्ति गुणासिरी जी से करवाया, जो डॉ॰ अम्बेडकर के प्रशंसक एवं समर्थक हैं। पहली मुलाकात में ही हम दोनों ने स्वयं को एक ही भावभूमि पर खड़ा पाया। इसके पश्चात 26 जून, सन् 2010 को मैंने मुम्बई में उनके साथ गहन मंत्रणा की। मैंने उन्हें अपने पहले से लिखे हुए तीन अध्याय दिखाए। उन्हें पढ़कर उन्होंने कहा कि मैंने जो कुछ भी लिखा है, वह अक्षरश: सत्य है। उनके इस दृष्टिकोण ने मुझे इस दिशा में आगे बढ़ने की प्रेरणा दी।

मैं डॉ॰ जे॰ एस॰ सरदार तथा सम्माननीय विमलकीत्ति गुणासिरी जी का उनके द्वारा दिए गए प्रोत्साहन के लिए हृदय से आभार व्यक्त करता हूँ।

मैंने इस पुस्तक की सम्पूर्ण रूपरेखा की चर्चा अपने दिग्दर्शक तथा प्रेरणापुंज न्यायमूर्ति चन्द्रशेखर धर्माधिकारी जी से की। उन्होंने कहा कि इस बारे में दुनिया को सच्चाई दिखाने की आवश्यकता है। लेकिन ऐसा करते समय सदैव सकारात्मक दृष्टिकोण रखना चाहिए, ताकि अम्बेडकरवादी विचारधारा के लोग उनकी विरासत को सही दिशा में आगे ले जा सकें। उन्होंने आगे कहा कि डॉ॰ अम्बेडकर जैसे थे, वास्तव में उन्हें वैसा सही ढंग से नहीं समझा गया। उनकी यह सलाह मेरे लिए प्रकाश स्तम्भ की भाँति थी। पाठकों को मेरी इस पुस्तक पर उनकी इस सलाह का प्रभाव अवश्य देखने को मिलेगा। मैं न्यायमूर्ति चन्द्रशेखर धर्माधिकारी जी के मार्गदर्शन एवं उनके द्वारा लिखी गई विद्वतापूर्ण 'भूमिका' के लिए उनका ऋणी हूँ। उनके द्वारा लिखी गयी भूमिका न सिर्फ

विद्वतापूर्ण है, अपितु इससे डॉ॰ अम्बेडकर तथा उनकी विरासत को समझने में भी सहायता मिलेगी।

मैं श्री धीरू भाई मेहता जी के प्रति भी अपनी कृतज्ञता व्यक्त करना चाहता हूँ, जो गाँधीवादी गतिविधियों में मेरे साथ पूर्ण हृदय से जुड़े हुए हैं तथा मेरी कई पुस्तकों के लेखन कार्य से भी उनका सक्रिय जुड़ाव रहा है। वे सच्चे गाँधीवादी हैं। इसके साथ ही उनके मन में डॉ॰ अम्बेडकर के प्रति भी अपार श्रद्धा है। वर्धा में उनके द्वारा स्थापित नेशनल मेडिकल कॉलेज तथा अन्य अनेक संस्थाओं जहाँ उनकी आवाज़ सुनी जाती है, में अनुसूचित जाति के सुयोग्य एवं प्रतिभावान विद्यार्थियों को वरीयता दी जाती है।

श्री धीरू भाई जी एक ऐसे व्यक्ति हैं जो समय के साथ दौड़ लगाते रहते हैं। वे एक साथ कई दायित्वों को अपने कन्धों पर लिए हुए हैं। वे कस्तूरबा गाँधी नेशनल मेमोरियल ट्रस्ट तथा कस्तूरबा गाँधी नेशनल मेमोरियल कॉलेज, वर्धा के अध्यक्ष पद को सुशोभित कर रहे हैं, गुजरात विद्यापीठ, अहमदाबाद के ट्रस्टी हैं तथा अब गाँधी स्मारक निधि, दिल्ली के भी एक ट्रस्टी हैं। लेकिन जब भी मैं उनसे मुलाकात के लिए समय मांगता हूँ, वे सदैव यही कहा करते हैं कि मेरे लिए उनके पास हमेशा समय है। यह उनकी खूबी भी है और महानता भी।

महात्मा गाँधी मिशन के सचिव श्री अंकुश राव कदम जी मेरे लेखन कार्यों पर चर्चा हेतु हमेशा हामी भरते हैं। यह उनका मेरे प्रति अपार स्नेह है कि वे ऐसा करते हैं। अच्छे कार्य की सराहना करना एवं उसे प्रोत्साहन देना उनके खून में है। और यह खूबी उन्हें अपनी माताजी स्वर्गीया श्रीमती रुक्मिणी देवीजी तथा पिताजी स्वर्गीय श्री नाना साहब कदम जी से मिली है।

मैंने डॉ॰ बाबा साहब अम्बेडकर द्वारा लिखित 'राइटिंग्स एण्ड स्पीचेज़' के लगभग सभी खण्डों का सन्दर्भ लिया है, जो महाराष्ट्र सरकार द्वारा प्रकाशित किये गये है। रामाश्रय राय की पुस्तक 'गाँधी एण्ड अम्बेडकर: ए स्टडी इन कण्ट्रास्ट' जो शिप्रा पब्लिकेशन्स, नई दिल्ली द्वारा प्रकाशित है तथा क्रमशः अमृत पब्लिशिंग हाउस, नई दिल्ली एवं फोकस इम्प्रेशन्स, नई दिल्ली से प्रकाशित है तथा नानक चन्द रत्तू द्वारा लिखित 'लास्ट फ्यू इयर्स ऑफ डॉ॰ अम्बेडकर' तथा 'लिटिल फेसेट्स ऑफ डॉ॰ अम्बेडकर' पुस्तकों की भी मैंने सहायता ली है। इसके अतिरिक्त पॉपुलर प्रकाशन, मुम्बई द्वारा प्रकाशित तथा धनंजय कीर द्वारा लिखित 'डॉ॰ अम्बेडकर : लाइफ एण्ड मिशन' एवं डेटली केण्टोव्स्की द्वारा लिखित 'बुद्धिज़्म इन इण्डियन हॉट' तथा पं॰ जवाहरलाल नेहरू की पुस्तक 'डिस्कवरी ऑफ इण्डिया' जो पेंग्विन बुक्स से प्रकाशित हैं, से भी उद्धरण लिए

हैं। मैं उक्त पुस्तकों के लेखकों एवं प्रकाशकों के प्रति अपनी कृतज्ञता ज्ञापित करता हूँ।

यह हर्ष का अवसर है कि मेरे पुत्रवत् सहयोगी डॉ॰ पुनीत बिसारिया इस पुस्तक का हिन्दी रूपान्तरण एवं सहलेखन हिन्दी के पाठकों के समक्ष प्रस्तुत कर रहे हैं। इससे पहले भी वे मेरी कई पुस्तकों के हिन्दी स्वरूप के सहलेखक रह चुके हैं तथा मुझे हिन्दी के विशाल पाठक वर्ग से संवाद करने का सुअवसर प्रदान कर चुके हैं। इस अवसर पर मैं उन्हें भी अपने हृदय से आशीष प्रदान करता हूँ तथा ईश्वर से उनके मंगलमय जीवन की कामना करता हूँ।

शेषराव चव्हाण

अन्तर्वस्तु

1
विषय प्रवेश

"मैं एक बार पुनः दोहराता हूँ,
कि भारत में बौद्ध धर्म फिर से,
वापस आ सकता है।"

(विलियम हण्टर)

नोबेल पुरस्कार विजेता कवीन्द्र रवीन्द्रनाथ टैगोर ने भी बुद्ध के पुनरागमन का आह्वान करते हुए लिखा था–

"इस गौरवशाली देश के
गौरव की पुनः स्थापना हेतु,
जहाँ तुमने जन्म लिया था,
जो सभी भूमियों से अधिक पावन है,
एक बार फिर
बोधिवृक्ष के नीचे
ज्ञान का जागरण करो।
बन्द दरवाजों को खोल दो
शंख की ध्वनियों के बीच
भारत के द्वार पर
तुम्हारे आगमन का शंखनाद हो,
अपने अपरिमित प्रेम के सन्देश की
तुम फिर से उद्घोषणा करो।"

सन् 1881 ई० में विलियम हण्टर द्वारा की गयी भविष्यवाणी तथा रवीन्द्रनाथ टैगोर के आह्वान को डॉ० अम्बेडकर ने उस समय सत्य साबित कर दिया, जब 14 अक्तूबर, सन् 1956 को उन्होंने अपने समुदाय के पाँच लाख लोगों के साथ बौद्ध धर्म स्वीकार किया।

डॉ॰ अम्बेडकर का विश्वास था कि धर्मान्तरण का यह ज्वार और अधिक वेग से आगे बढ़ेगा और 15 सालों के अन्दर भारत न सिर्फ एक बौद्ध राष्ट्र बन जाएगा, बल्कि वह महात्मा बुद्ध की जन्मभूमि पर बौद्ध धर्म के पुनर्जीवन के साथ 'बौद्ध विश्व' में शामिल हो जाएगा।

डॉ॰ अम्बेडकर का यह भी विश्वास था कि यदि वे कुछ और दिनों तक जीवित रहते हैं, तो वे इस लक्ष्य को सफलतापूर्वक हासिल कर लेंगे।

उत्कट अभिलाषा

मेरे विचार से डॉ॰ अम्बेडकर की इस उत्कट अभिलाषा के पीछे तीन प्रमुख कारण थे–

1. भारत में बौद्ध धर्म की मृत्यु के पीछे उनका तर्क था कि वैष्णवों तथा शैवों के उत्थान के कारण ही बौद्ध धर्म का पतन हुआ। इसके अतिरिक्त वे भारत पर मुस्लिम आक्रान्ताओं के आक्रमण को भी इसकी वजह स्वीकार करते हैं। जब अलाउद्दीन खिलजी बिहार की ओर बढ़ा, तो उसने 5,000 से अधिक भिक्खुओं की हत्या करवा दी थी। शेष बौद्धों ने पड़ोस के देशों जैसे–चीन, नेपाल तथा तिब्बत में शरण ली। भारत के बौद्धों ने उस समय बौद्ध धर्म को पुनर्जीवित करने के उद्देश्य से एक अन्य पौराहित्यवाद शुरू करने का प्रयास किया, किन्तु उनके ये सभी प्रयास विफल हो गए, क्योंकि 90 प्रतिशत से अधिक बौद्धों ने हिन्दू धर्म ग्रहण कर लिया था।
2. भारत में हिन्दू धर्म क्यों जीवित रह गया और बौद्ध धर्म का पतन हो गया? इस प्रश्न का उत्तर देते हुए अम्बेडकर ने कहा था, "बौद्ध धर्म का पालन करना कठिन है, जबकि हिन्दू धर्म में ऐसा नहीं है।"
3. अम्बेडकर ने अपनी महार जाति के लोगों के साथ ही धर्मान्तरण किया क्योंकि उन्हें आशा थी कि भविष्य में अन्य समवर्ती जातियाँ भी बौद्ध धर्म को स्वीकार करने लगेंगी।

बौद्ध धर्म को पुनजीर्वित करने के लिए बौद्ध धर्म को छोड़कर हिन्दू धर्म में गए नब्बे प्रतिशत लोगों को वापस लाना था। अम्बेडकर के बौद्ध भिक्खुओं के सम्बन्ध में व्यक्त किए गए विचार किसी से छिपे नहीं हैं। शुरूआत में उन्होंने संघों में जाने से इन्कार कर दिया था लेकिन कहा जाता है कि ऐसा उन्होंने सम्पूर्ण विश्व के बौद्ध भिक्खुओं को चेतावनी देने के लिए किया था ताकि वे

सन्मार्ग पर आ जाएँ और विशेषकर भारत और सम्पूर्ण विश्व में बौद्ध धर्म को आगे बढ़ाने का कार्य करें।

डॉ॰ अम्बेडकर ने स्वयं कहा था कि हिन्दू धर्म व्यवहार में आसान है, जबकि बौद्ध धर्म का पालन करना मुश्किल है। उनका दूसरा लक्ष्य इस स्थिति को बदलना था। लेकिन आज भी परिस्थितियाँ वैसी ही हैं। कितने नव बौद्ध ऐसे होंगे, जो पंचशील का पालन करते मिलेंगे, अष्टांगमार्गीय सिद्धान्त के अनुगामी होंगे और अम्बेडकर द्वारा दिलाए गए संकल्पों का पालन करते होंगे, यह अनुसंधान और आत्मनिरीक्षण का विषय है।

अम्बेडकर ने यह भी कहा था कि अब धर्म को पिता से पुत्र तक जमीन-जायदाद की भाँति हस्तान्तरित नहीं होना चाहिए, बल्कि प्रत्येक व्यक्ति को यह अधिकार होना चाहिए कि वह एक धर्म को स्वयं स्वीकार करने से पहले अपने तर्कों की कसौटी पर परखे।

24 मई, सन् 1956 को अम्बेडकर ने बम्बई में अपने भाषण में कहा था कि वे 'धम्म दीक्षा' विषय पर एक पुस्तक लिख रहे हैं। प्रत्येक व्यक्ति को यह पुस्तक खरीदनी चाहिए और प्रत्येक व्यक्ति को उस पुस्तक में दिए गए प्रश्नों के उत्तर देने चाहिए, तभी वह व्यक्ति बौद्ध धर्म में आ सकता है।

अम्बेडकर ने यह भी कहा था कि वे 'बाइबिल' के मोज़ेज़ की अग्नि परीक्षा का भी विश्लेषण करेंगे। मोज़ेज़ ने फिलिस्तीन के गुलामों के कष्टों को दूर करने तथा उनका पुनर्वास करने के लिए कठोर परिश्रम किया था और वह मिस्र से इन गुलामों को खरीद लिया करता था और उन्हें गुलामी से मुक्त करके फिलिस्तीन भेज दिया करता था। अम्बेडकर ने कहा था कि वे बौद्ध धर्म के पुनरुत्थान तथा प्रसार के लिए मोज़ेज़ जैसा बनना चाहते हैं। यह दर्शाता है कि अम्बेडकर के मन में बौद्ध धर्म के प्रसार के लिए कितनी उत्कट अभिलाषा थी।

अम्बेडकर के महापरिनिर्वाण के पश्चात् बौद्ध धर्म की आँधी न सिर्फ शान्त हो गयी, बल्कि बौद्ध धर्म महारों का ही पर्याय बनकर रह गया। और यह किसी ने नहीं बल्कि सम्माननीय विमलकीत्ति गुणासिरी ने अपनी पत्रिका 'विजित संग्राम' के अप्रैल/मई 2010 के सम्पादकीय तथा लेख में लिखा है। प्रत्येक अम्बेडकरवादी को इससे सबक लेने की आवश्यकता है।

महास्थविर जी प्रद्यानन्द उन चन्द लोगों में थे, जिन्होंने डॉ॰ अम्बेडकर को धम्म दीक्षा दी थी। उस समय उनकी आयु 26 वर्ष थी और आज वे 84 वर्ष के हो चुके हैं। 16 अक्तूबर, सन् 2010 को नागपुर में लोकमत मराठी दैनिक समाचार

पत्र को साक्षात्कार देते हुए उन्होंने कहा था, "यह कहते हुए मुझे अफसोस होता है कि डॉ॰ बाबा साहब अम्बेडकर को दीक्षा लिए हुए 54 वर्ष व्यतीत हो जाने के बावजूद नव बौद्ध आज भी बाबा साहब द्वारा दिखाए गए मार्ग का अनुगमन नहीं कर रहे हैं। वे दिशाहीन हैं। उन्होंने बाबा साहब के सपनों को चकनाचूर कर दिया है। आज वे सत्ता तथा धन की अंधी दौड़ में शामिल हो गए हैं।"

दलित पैंथर के संस्थापक तथा मुखर आलोचक नामदेव ढसाल कहते हैं, "बाबा साहब ने अपने अनुयायियों के लिए 22 संकल्पों को मानना अनिवार्य घोषित किया था, लेकिन उनके अनुयायियों ने इन संकल्पों को हवा में उड़ा दिया है। प्रायः सभी प्रमुख बौद्धों ने बाबा साहब द्वारा व्याख्यायित बौद्ध धर्म के उपदेशों तथा शिक्षाओं को स्वीकार नहीं किया है। उन्होंने बौद्ध धर्म को अस्पृश्यों की एक जाति बनाकर रख दिया है। वे हीनयान एवं महायान में भी अन्तर नहीं जानते। इसका नतीजा यह हुआ है कि अनुसूचित जातियों ने अपने पैर वापस खींच लिए हैं और वे हिन्दू देवी-देवताओं की दोबारा पूजा-अर्चना करने लगी हैं। उनका अंधविश्वास आज भी जारी है। इतना ही नहीं, ये तथाकथित बौद्ध बुद्ध की ध्यानस्थ प्रतिमाओं को जापान, कम्बोडिया और थाईलैण्ड जैसे देशों से ला रहे हैं और उनके ऊपर पैगोडा जैसे विहार बनवाकर पैसा कमा रहे हैं। अम्बेडकर के सच्चे अनुयायियों ने वास्तविक बौद्ध धर्म के प्रसार के लिए संघर्ष करना छोड़ दिया है।" (लोकमत, 17 अक्तूबर, 2010)

दीक्षा के दौरान दिए गए भाषण में अम्बेडकर ने स्पष्ट कहा था, "महारों को ऐसा कोई भी कार्य नहीं करना चाहिए, जिससे उनका नाम खराब हो। आपको ऐसा जीवन जीना चाहिए, जिससे आपको सम्मान मिले। यह मत समझना कि यह धर्म आपके लिए कुत्ते के गले पर बँधी जंजीर जैसा है।" डॉ॰ अम्बेडकर ने अपने अनुयायियों को यह भी समझाया था, "जहाँ तक बौद्ध धर्म का प्रश्न है, यह हमारे देश में लगभग समाप्तप्राय है। अब यह आपकी जिम्मेदारी है कि आप इस धर्म का पूरे मनोयोग से पालन करें और इस धर्म को एक बार ग्रहण कर लेने के बाद इस बात को हमेशा याद रखें। यदि आप ऐसा नहीं करते, तो लोग आपके इस धर्मान्तरण का मजाक उड़ाएँगे।"

धर्मान्तरित बौद्धों को आज इस बात का विश्लेषण करने की आवश्यकता है कि वे डॉ॰ अम्बेडकर की उम्मीदों पर कितना खरा उतर पाए हैं। आज उन्हें जाग्रत होकर डॉ॰ अम्बेडकर के आदेशों का पालन करने हेतु तत्पर होने की आवश्यकता है। डॉ॰ अम्बेडकर ने कहा था, "आप में से हरेक को दीक्षा लेनी

है। धम्म के प्रचार हेतु एक बड़ी मशीनरी खड़ी करनी है। प्रत्येक बौद्ध को दूसरों को इस धर्म से जोड़ने का अधिकार है। बुद्ध के सन्देश को लेकर आगे बढ़ो और लोगों को मुक्ति दिलाओ।"

धर्मान्तरित बौद्धों को अप्पासाहब पन्त के उन विचारों को भी याद रखने की ज़रूरत है, जिसमें उन्होंने कहा था, "बाबा साहब ने सिर्फ दलितों एवं शोषितों का ही नहीं वरन् सम्पूर्ण भारतवासियों का आह्वान किया था कि वे जीवन में बौद्ध पथ का अनुसरण करने के लिए अपनी बेड़ियाँ तोड़ दें और अपने चारों ओर प्रसन्नता एवं सौहार्द्र का एक नया समाज विकसित करें।"

"इसके लिए इन धर्मान्तरित बौद्धों को छोटे से तालाब में तैरते रहने की आदत छोड़नी होगी और समुद्र में तैरने की आदत डालनी होगी, ताकि वे समाज के प्रत्येक वर्ग के लोगों को बौद्ध धर्म की छतरी के नीचे ला सकें। यदि धर्मान्तरित बौद्ध ऐसा कर पाने में असफल रहते हैं, तो पं० जवाहरलाल नेहरू की वह बात सत्य सिद्ध हो जाएगी, जो उन्होंने अपनी पुस्तक 'डिस्कवरी ऑफ इण्डिया' में लिखी थी। उन्होंने लिखा था "यह याद रखा जाना चाहिए कि बौद्ध धर्म ने कभी भी हिन्दू धर्म को पूरी तरह से विस्थापित नहीं किया था। जब बौद्ध धर्म अपने पूर्ण उत्कर्ष पर था तब भी भारत में हिन्दू धर्म की ध्वजा फहरा रही थी।"

हालांकि विमलकीत्ति गुणासिरी पं० नेहरू की इस बात से सहमत नहीं हैं। उनके अनुसार वैदिक काल से भी पहले बौद्ध धर्म का अस्तित्व था। अभी तक ज्ञात इतिहास में बौद्ध धर्म ने कई बार बुरा समय देखा, लेकिन प्रमुख रूप से इसके दो कारण थे–(1) पहला कारण यह था कि लोगों में यह भय व्याप्त होने लगा था कि बौद्ध धर्म हिन्दू धर्म को खत्म कर देगा, इसलिए हिन्दू धर्म की समर्थक ताकतों ने जानबूझकर इसे कुचलने के प्रयास किए। (2) दूसरा कारण यह था कि ईसाई तथा इस्लाम धर्म की भाँति बौद्ध धर्म के प्रचार एवं प्रसार की कोई सुव्यवस्थित योजना बौद्धों के पास नहीं थी।

वे आगे कहते हैं कि एक अन्तर्राष्ट्रीय बौद्ध सम्मेलन में उन्होंने स्वयं अपनी आवाज उठाई और कहा कि बौद्ध धर्म के प्रचार एवं प्रसार हेतु ईसाई एवं इस्लाम धर्म की तर्ज पर उपयुक्त फण्ड की व्यवस्था के साथ एक संगठन बनाए जाने की आवश्यकता है। लेकिन उनकी यह आवाज़ अनसुनी कर दी गयी।

मैं उनसे पूरी तरह सहमत हूँ। सम्पूर्ण विश्व और विशेषकर भारत की बौद्ध संस्थाओं को पर्याप्त धन जुटाने की व्यवस्था करनी चाहिए और अपने लक्ष्य को

हासिल करने की दिशा में अग्रसर होना चाहिए। आज के भारतीय जिस प्रकार से बौद्ध धर्म की ओर बदले हुए दृष्टिकोण के साथ देख रहे हैं, उस माहौल में इस बात की और भी महती आवश्यकता है। यह कार्य दुष्कर भले ही हो लेकिन असम्भव कदापि नहीं है। धर्मान्तरित बौद्धों को अपने आपसी मतभेद भुलाकर अम्बेडकर द्वारा बताए गए रास्ते पर चलते हुए बौद्ध धर्म को पुनर्जीवित करने का प्रयास करना चाहिए।

आज भारत तीन 'M' अर्थात् मनी पॉवर (धन शक्ति), मसल पॉवर (बाहुबल) और माफिया पॉवर (गुण्डाराज) की चपेट में है। महात्मा बुद्ध की शिक्षाएँ ही भारत को इनके शिकंजे से दूर ला सकती हैं। लोभ, मोह और घृणा इनके मूल में है। आज का आम आदमी इन तीन 'M' से थक चुका है और यदि बौद्ध संगठनों द्वारा एक सुव्यवस्थित अभियान इनके विरोध में प्रारम्भ किया जाता है तो जनता उस अभियान को हाथों-हाथ लेगी।

मैंने सन् 2004 में थाईलैण्ड की यात्रा की थी, जहाँ आज भी बौद्ध धर्म प्रमुख धर्म है। मैंने वहाँ तीन मन्दिर और मठ देखे। मैं वहाँ भिक्षुओं तथा आम लोगों से भी मिला। बुद्ध की शिक्षाओं एवं चेतावनियों के बावजूद वहाँ के लोग बुद्ध को ईश्वर मानकर उनकी पूजा करते हैं। अनेक भिक्षु जो स्वयं यह बात नहीं जानते, वे नादान लोगों से दण्डवत अभिवादन करवाते हैं। अमेरिका की अपनी यात्रा के दौरान भी मैंने यही देखा। जब मैंने इसकी चर्चा आदरणीय श्री विमलकीत्ति से की तो उन्होंने जवाब दिया, "लोग बुद्ध को देव या साध या देव मनु शासनम् के रूप में देखते हैं और इसलिए वे उनकी देवों के देव के रूप में पूजा करते हैं।"

भारत में भी ऐसे अनेक मठ हैं, जिनमें महात्मा बुद्ध की प्रतिमाएँ स्थापित हैं और ये स्थल बुद्ध की पूजा के केन्द्र हैं। यह बात मुझे सोचने को मजबूर करती है कि क्या उनके अनुयायी वास्तव में उनकी शिक्षाओं एवं उनके विचारों का पालन कर रहे हैं या वे अपने स्वार्थ की पूर्ति के लिए उनका इस्तेमाल कर रहे हैं।

आज डॉ॰ अम्बेडकर के साथ भी ऐसा ही हो रहा है, जिन्होंने स्वयं कहा कि वे न तो ईश्वर में विश्वास रखते हैं और न ही आत्मा में उनका विश्वास है और इसके बावजूद उनकी पूजा ईश्वर के रूप में की जाती है।

मैं पूरी ईमानदारी के साथ महसूस करता हूँ कि धर्मान्तरित बौद्धों को अम्बेडकर को एक ईश्वर के रूप में नहीं देखना चाहिए, अपितु उनके दिखाए

हुए मार्ग पर चलने का प्रयत्न करना चाहिए। डॉ॰ अम्बेडकर ने कहा था कि बुद्ध हमसे हजार गुना बेहतर हैं। यदि धर्मान्तरित बौद्ध ऐसा नहीं करते तो न तो वे डॉ॰ अम्बेडकर के साथ न्याय कर पाएँगे और न ही वे भारत में बौद्ध धर्म के पुनर्जीवन एवं प्रसार में कोई सार्थक योगदान कर सकेंगे।

शिक्षित हो, संगठित हो, संघर्ष करो

हिन्दुओं के द्वारा शताब्दियों से दलितों पर किए जा रहे अत्याचारों का मुकाबला करने के लिए उपर्युक्त मंत्र डॉ॰ अम्बेडकर ने अपने दलित भाइयों को दिया था। उनका दृढ़ विश्वास था कि शिक्षा न सिर्फ दलितों में जागरूकता ला सकती है, अपितु वह उन्हें आत्म मुक्ति के लिए प्रेरित भी कर सकती है। 1 सितम्बर सन् 1951 को औरंगाबाद के मिलिंद महाविद्यालय में स्वतन्त्र भारत के पहले राष्ट्रपति डॉ॰ राजेन्द्र प्रसाद का स्वागत करते हुए डॉ॰ अम्बेडकर ने कहा था, "चूँकि मैं हिन्दू समाज के सबसे निचले तबके से आता हूँ, इसलिए मैं शिक्षा का महत्त्व अच्छी तरफ समझता हूँ। भारत की निचली कोटि की मानी जाने वाली जातियों की प्रमुख समस्या भोजन और वस्त्र नहीं है, बल्कि वह हीनता की भावना है, जिसने उनके विकास को कुन्द कर दिया है और उन्हें दूसरों का गुलाम बनाकर रख दिया है। आज उनके मन में अपने लिये तथा अपने और अपने देश के लिए जीने की भावना पैदा करने की ज़रूरत है, जिससे अभी तक उन्हें इस क्रूर सामाजिक व्यवस्था में वंचित रखा जाता रहा है। उच्च शिक्षा के प्रसार के बिना इस लक्ष्य को हासिल नहीं किया जा सकता।"

इस लक्ष्य की पूर्ति के लिए उन्होंने सन् 1945 में पीपुल्स एजूकेशन सोसाइटी का गठन किया था और इस संस्था के माध्यम से अनेक कॉलेज खोले थे। उन्होंने पीपुल्स एजूकेशन सोसाइटी को इस उद्देश्य की प्राप्ति के लिए मजबूत आधार देकर खड़ा किया, लेकिन उनके पश्चात जिन लोगों के हाथों में इस सोसाइटी की बागडोर आयी, उन्होंने डॉ॰ अम्बेडकर के इस महत्त्वाकांक्षी सपने को चकनाचूर कर दिया। अपने जीवन के अन्तिम समय में डॉ॰ अम्बेडकर इतने अधिक व्यथित थे, कि उन्हें कहना पड़ा था, "मैं अपने समाज के पढ़े-लिखे लोगों से सर्वाधिक निराश हूँ और अब मेरी आशा का केन्द्र बिन्दु अशिक्षित लोग हैं।"

अपनी शिक्षा के बल बूते पर ही डॉ॰ अम्बेडकर भारत के सर्वोच्च पद को भी हासिल कर सकते थे। जब अमेरिका तथा यूरोप से अपनी पढ़ाई पूरी करके वे वापस लौटे, तो उन्हें जिला जज के पद का प्रस्ताव दिया गया। उन्हें यह

भी आश्वासन दिया गया कि तीन सालों के भीतर उन्हें उच्च न्यायालय में भेज दिया जाएगा, लेकिन उन्होंने यह प्रस्ताव ठुकरा दिया और कहा कि उन्हें ऐसी चमक-दमक का कोई मोह नहीं है। उन्हें भय था कि यदि वे सरकारी सेवा में घुस जाएंगे, तो वे अपने लोगों की सेवा नहीं कर सकेंगे। इसे ध्यान में रखते हुए ही उन्होंने स्वयं को सरकारी सेवाओं से दूर रखा।

डॉ॰ अम्बेडकर ने कहा था, "बचपन से ही मेरे मन यह भावना थी कि मैंने जिस अनुसूचित जाति में जन्म लिया है, उसके उत्थान के लिए मैं स्वयं को समर्पित कर दूँ। इसके पीछे मेरे मन में अन्य कोई लोभ या स्वार्थ की भावना नहीं थी। यदि मैंने अपने स्वार्थ को ही देखा होता, तो मैं जो भी चाहता, उसे हासिल कर सकता था और यदि मैं कांग्रेस में शामिल हो जाता तो मैं उस पार्टी के सर्वोच्च पद तक पहुँच सकता था। लेकिन जैसा मैंने कहा कि मैं खुद को अनुसूचित जातियों के उत्थान के लिए समर्पित करना चाहता था और इसके लिए मैंने उस कहावत का सहारा लिया, जिसके अनुसार यदि आप कोई लक्ष्य हासिल करना चाहते हैं, तो उसके लिए बेहतर होगा कि आपकी मानसिकता संकीर्ण हो जाए। इसलिए आप इस बात की आसानी से कल्पना कर सकते हैं कि जब अनुसूचित जातियों के कल्याण के मेरे लक्ष्य को खत्म कर दिया गया, तो मुझे कितना कष्ट हुआ होगा।" (डॉ॰ बाबा साहब अम्बेडकर–राइटिंग्स एण्ड स्पीचेज़, खण्ड 14, पृ॰ 1321)

डॉ॰ अम्बेडकर अपने सीने में यही दर्द दबाए इस दुनिया से कूच कर गए।

सपना सपना ही रहा

अम्बेडकर ने राजनीति में जाति विशेष के वर्चस्व की जमकर मुखालफत की। वे कहते थे कि भारत जैसे जातिवादी समाज में सवर्ण हिन्दुओं का संख्यात्मक वर्चस्व होने के कारण सवर्ण समुदाय बड़ी आसानी से वयस्क मताधिकार के आधार पर सत्ता पर कब्जा कर लेगा। इसलिए वयस्क मताधिकार का इस्तेमाल जाति विशेष के बहुमत पर नियंत्रण लगाने के लिए भी किया जा सकता है। ऐसा करने से अनुसूचित जातियों, अनुसूचित जनजातियों एवं पिछड़ी जातियों को भी राजनैतिक सत्ता हासिल करने के समान अवसर मिल सकेंगे। उनका मानना था कि शोषित वर्ग के लोगों का भारत में बहुमत है और भारत के संविधान ने वास्तव में उन्हें ही इस देश का मालिक बनाया है और इसलिए ऐसा कोई कारण नहीं है, जिसकी वजह से वे इस देश पर शासन नहीं कर सकते। इसके लिए ज़रूरी है कि एक तीसरी ताकत तैयार की जाए।

इसी दृष्टिकोण को ध्यान में रखते हुए उन्होंने रिपब्लिकन पार्टी ऑफ इण्डिया नामक राजनैतिक दल का गठन किया। उनका तर्क था, "इस ताकत के सहारे ही अनुसूचित जातियों तथा शोषित समूह के लोग उस समय मोल-भाव करने की स्थिति में होंगे, जब किसी भी राजनैतिक दल को पूर्ण बहुमत हासिल नहीं होगा।" उनका आकलन था कि ऐसी स्थिति आने पर अन्य राजनैतिक दल उनके पैरों पर आकर गिरेंगे और उनसे समर्थन की भीख माँगेंगे। उस समय वे ही सत्ता की डोर को सन्तुलित करेंगे और इन राजनैतिक दलों को अपने इशारों पर नचा सकेंगे।

रिपब्लिकन पार्टी ऑफ इण्डिया सन् 1956 में अस्तित्व में आ गयी थी, लेकिन डॉ० अम्बेडकर के निधन के पश्चात् यह दल छिन्न-भिन्न हो गया। इसका नतीजा यह हुआ कि रिपब्लिकन पार्टी के नेता अन्य प्रमुख दलों के नेताओं को अपने पैरों पर झुकने को मजबूर करने के स्थान पर सत्ता हासिल करने के लोभ में इस कांग्रेस या उस कांग्रेस के नेताओं के पैरों पर झुकने लगे। और आज इसके रामदास अठावले जैसे नेता ने शिवसेना सुप्रीमो बाला साहब ठाकरे के साथ इस आशा में हाथ मिला लिया है कि शिव शक्ति और भीम शक्ति एकजुट होकर कांग्रेस पार्टी को सत्ता से बाहर का रास्ता दिखा सकती है।

कांशीराम ने बहुजन समाज पार्टी की स्थापना करके इसे उत्तर प्रदेश की सत्ता दिलाने का कार्य कर दिखाया। ऐसा वे इसलिए कर सके क्योंकि वे उत्तर प्रदेश की छह सौ जातियों को संगठित कर पाने में सफल रहे। यह बात उन्होंने स्वयं मलेशिया के क्वालालम्पुर में आयोजित प्रथम दलित समागम में कही थी। मायावती अपने प्रेरणास्रोत की विरासत को ही आगे बढ़ा रही हैं।

अम्बेडकर का रिक्त स्थान भरने को जो भी दलित नेतृत्व उभरकर सामने आया, उसमें डॉ० अम्बेडकर जैसी न तो क्षमता थी और न ही दमखम था। उसमें अम्बेडकर की वह लचीलेपन की योग्यता भी नहीं थी, जो वे बदली हुई राजनैतिक परिस्थितियों में दिखा दिया करते थे। यह उनकी गतिशीलता थी, किन्तु उनके उत्तराधिकारियों में वैसे गुण न होने के कारण यही बात उनके लिए एक समस्या बन गयी। इसका परिणाम यह हुआ कि दलित आन्दोलन में एक के बाद एक कई बिखराव हुए और इसके प्रत्येक धड़े का एक पूरी तरह से भिन्न सामाजिक आधार और भिन्न राजनीतिक रणनीति सामने आयी।

महाराष्ट्र में रिपब्लिकन पार्टी ऑफ इण्डिया महारों तथा कुछ धर्मान्तरित बौद्धों की पार्टी बनकर रह गई। इससे रिपब्लिकन पार्टी ऑफ इण्डिया का समर्थन

कम हुआ और भारत के अन्य राज्यों में अम्बेडकर के अनुयायियों की संख्या में ह्रास हुआ। ऐसी आशा कम ही है कि रिपब्लिकन पार्टी ऑफ इण्डिया के नेताओं को सद्‌बुद्धि आएगी और वे उन लोगों को भी अपने पक्ष में लाने का प्रयास करेंगे, जो अम्बेडकर के स्वतन्त्रता, समानता और बन्धुत्व के सिद्धान्तों में विश्वास रखते हैं।

रामाश्रय राय अपनी पुस्तक 'गाँधी एण्ड अम्बेडकर–ए स्टडी इन कण्ट्रास्ट' में पृष्ठ संख्या 187 पर लिखते हैं, "दलितों तथा उनके विभिन्न संगठनों को एकजुट करने के प्रत्येक प्रयत्न से दलितों के विभिन्न धड़ों में और अधिक दरार आई है। दलित नेताओं के बीच सत्ता की लालसा और अम्बेडकर द्वारा रिक्त किया गया नेतृत्व हथियाने का मोह इन हालातों तक आ पहुँचा है कि अब ये दलित नेता किसी भी पार्टी का बड़ा पद हासिल करने को तैयार हो जाते हैं। इनमें से कोई भी ऐसा नहीं है, जो अम्बेडकर द्वारा अथक परिश्रम से तैयार की गयी विरासत को सँजोकर रख सके।

अम्बेडकर ने कहा था, "मेरे जीवन की यह इच्छा अधूरी ही रह गयी कि मैं अपने जीवन काल में अपने लोगों को सत्ता पर काबिज होते देख पाता।"

यद्यपि डॉ॰ अम्बेडकर का आत्मा में विश्वास नहीं था लेकिन फिर भी यह बात आज भी उनकी आत्मा को अवश्य कचोट रही होगी।

कठिन सौदेबाज

डॉ॰ अम्बेडकर को जाति व्यवस्था, अस्पृश्यता तथा प्राचीन भारतीय समाज की घृणित असमानता की व्यवस्था से नफरत थी। वे अपने विलक्षण राजनैतिक कौशल से इन सामाजिक बुराइयों एवं अन्याय का जीवन भर प्रतिकार करते रहे। लेकिन यह करते समय भी वे एक कट्टर राष्ट्रवादी भारतीय पहले थे। वे जो कुछ हासिल करना चाहते थे, उसके लिए उन्होंने ब्रिटिश एवं भारतीय नेताओं के साथ अधिकतम कठोर सौदेबाजी करने का प्रयास किया। इसके पीछे उनका लक्ष्य दलितों के राजनैतिक हितों का संरक्षण करना था। यही उनका लक्ष्य था और वे इसे भारत की स्वतन्त्रता की कीमत पर कतई हासिल करना नहीं चाहते थे।

डॉ॰ अम्बेडकर ने संकल्प किया था, "मैंने जिस जाति में जन्म लिया है, उसके अपरिमित कष्टों तथा उसके प्रति किए जा रहे अमानवीय अत्याचारों को दूर कर पाने में यदि मैं विफल रहता हूँ, तो मैं खुद को गोली मारकर अपने जीवन का अन्त कर लूँगा।" संविधान ने अस्पृश्यता का उन्मूलन करके उनके इस संकल्प को पूर्ण किया।

सच्चे देशभक्त

ऐसे अनेक लोग हैं, जो डॉ॰ अम्बेडकर की देशभक्ति पर शंका करते हैं। उनके लिए मैं डॉ॰ अम्बेडकर द्वारा सन् 1930 में कही गई बात को उद्धृत करना चाहूँगा, "मेरे विचार से यह कहना गलत नहीं है कि यह देश जातियों और समूहों में बुरी तरह से बँटा हुआ है और जब तक संविधान में अल्पसंख्यकों के संरक्षण के लिए उपयुक्त प्रावधान नहीं किए जाते, तब तक एक समुदाय का ही सत्ता पर वर्चस्व होगा, लेकिन अल्पसंख्यकों को यह बात भी ध्यान में रखनी होगी कि यद्यपि हम आज जाति के द्वारा निर्देशित हो रहे हैं, लेकिन हमारा अन्तिम लक्ष्य अखण्ड भारत है। ऐसी बात करते समय इस बात का हमेशा ख्याल रखना होगा कि हम कोई ऐसा कार्य न कर बैठें, जिससे अखण्ड भारत के हमारे लक्ष्य को ठेस पहुँचे।"

4 अप्रैल, सन् 1938 को प्रथक कर्नाटक प्रान्त बिल पर बम्बई विधान सभा में चर्चा करते हुए अम्बेडकर ने कहा था, "कुछ लोग अक्सर यह कहते हैं कि हम पहले भारतीय हैं और इसके बाद हिन्दू या मुसलमान हैं। मैं उनकी इस बात से सहमत नहीं हूँ क्योंकि मैं इतने भर से सन्तुष्ट नहीं हूँ। मैं नहीं चाहता कि हमारी भारतीयता को किसी दूसरी बात से स्पर्धा करनी पड़े। जब हमारे धर्म, संस्कृति या भाषा का प्रश्न आता है, तो मैं चाहता हूँ कि उस समय भी हम यही कहें कि हम सबसे पहले भारतवासी हैं और सबसे अन्त में, भारतवासी हैं और इससे कम किसी बात पर सहमत नहीं होंगे।"

10 जनवरी, सन् 1950 को बम्बई में आयोजित एक बैठक में उन्होंने अपनी जाति के लोगों को समझाते हुए कहा था कि अब वे सिर्फ अपने बारे में ही न सोचें, बल्कि सम्पूर्ण देश की चिन्ता करें। उन्होंने उस समय कहा था, "भारत मुसलमानों और अंग्रेजों की गुलामी झेल चुका है, लेकिन आज हम आज़ाद हैं और हमें कोशिश करनी चाहिए कि इतिहास स्वयं को न दोहराने पाए।" उन्होंने आगे कहा, कि "हमें अंग्रेजों और मुसलमानों दोनों के बीच रहना पड़ा लेकिन हमें अंग्रेजों के साथ संघर्ष अधिक करना पड़ा क्योंकि हम स्वतन्त्र नहीं थे और हमें अपने हितों के संरक्षण के लिए उनसे संघर्ष करना ज़रूरी हो गया था।"

4 नवम्बर, सन् 1948 एवं 25 तथा 26 नवम्बर, सन् 1949 को संविधान सभा में डॉ॰ अम्बेडकर ने जो भाषण दिए, उनसे उनकी भारत देश के कल्याण के प्रति गहन चिन्ता तथा प्रखर देशभक्ति मुखरित होती है।

नियति की विडम्बना

अम्बेडकर ने मनु की आलोचना की, परन्तु संविधान का प्रारूप तैयार करने के कारण उन्हें 'आधुनिक मनु' की संज्ञा दी गयी। वे 'नायक-पूजा' के सख्त खिलाफ थे, क्योंकि वे इसे पतन का सुनिश्चित मार्ग मानते थे, लेकिन उनके अनुयायी नायक पूजा को ही शिखर तक पहुँचाने का सुनिश्चित मार्ग मानते हैं। वे स्वयं ईश्वर को नहीं मानते थे, लेकिन उनका समुदाय उन्हें ईश्वर मानकर उनकी पूजा करता है। भ्रष्टाचार उनके लिए अभिशाप के समान था, किन्तु उनके अनुयायियों के लिए सत्ता और धन हासिल करने के लिए यह आवश्यक देव वाक्य है। अम्बेडकर के लिए शैक्षिक संस्थाएँ ज्ञान के केन्द्र हुआ करते थे, लेकिन उनके अनुयायियों के लिए आज ये पैसा बनाने के केन्द्र बन गए हैं। उनकी पहली और अन्तिम प्राथमिकता अनुसूचित जातियों का कल्याण करना था, जबकि उनके अनुयायियों की पहली प्राथमिकता अपना कल्याण करना बन गयी है।

यह देखकर मुझे जॉर्ज बर्नार्ड शॉ की एक उक्ति याद आती है, जिसमें उन्होंने कहा था, "जब नियति को महान लोगों को दण्डित करने का कोई उपाय नहीं सूझा, तब उसने उन्हें अनुयायी देकर दण्डित कर डाला।"

न्यायमूर्ति चन्द्रशेखर धर्माधिकारी संक्षेप में इसे अपने में इस प्रकार व्यक्त करते हैं, "अनुयायियों का कार्य अपने गुरुओं का अन्तिम संस्कार करना होता है, लेकिन वे शायद ही कभी उनके सुयोग्य उत्तराधिकारी बन पाते हैं। ये शिष्य प्रायः अपने गुरू के स्तर तक पहुँचने का प्रयास करने की बजाए अपने गुरू को ही अपने निम्न स्तर तक लाने का प्रयास करने लगते हैं।"

हिन्दू कोड बिल

हिन्दू कोड बिल तैयार करना डॉ॰ अम्बेडकर का अविस्मरणीय योगदान है। लेकिन मैं महसूस करता हूँ कि कानून मंत्री पद से इस्तीफा देने में उन्होंने जल्दबाजी का परिचय दिया। हिन्दू कोड बिल ही इसका प्रमुख कारण प्रतीत होता है। लेकिन कुछ और भी ऐसे कारण प्रतीत होते हैं और शायद वे एक अवसर की तलाश में थे।

संविधान सभा द्वारा संविधान के प्रारूप को स्वीकार कर लेने तक डॉ॰ अम्बेडकर ने कानून मंत्री पद पर रहना स्वीकार किया क्योंकि वे यह जानते थे कि संविधान सभा में रहकर ही वे भारत के हितों और विशेष रूप से अपने समुदाय के हितों का सही प्रकार से संरक्षण कर सकते हैं।

सम्भवत: डॉ० अम्बेडकर कैबिनेट में रहकर अपमानित और अलग-थलग महसूस कर रहे थे, जो इस्तीफा देते समय उनके वक्तव्य से स्पष्ट लक्षित होता है। उक्त वक्तव्य इस पुस्तक के अन्त में परिशिष्ट में दिया जा रहा है।

अम्बेडकर नेहरू द्वारा उन्हें कानून मंत्री बनाए जाने से भी सन्तुष्ट नहीं थे। उन्होंने स्वयं कहा था, "वायसराय की काउंसिल में रहकर मुझे पता चल चुका है कि कानून मंत्रालय का प्रशासनिक दृष्टि से कोई महत्त्व नहीं है। भारत सरकार की नीतियों के निर्धारण में इस मंत्रालय की कोई भूमिका नहीं है। हम अकसर मजाक में कहा करते हैं कि यह मंत्रालय पुराने वकीलों के खेलने के लिए 'खाली सोप बॉक्स' जैसा है। जब प्रधानमंत्री ने मुझे प्रस्ताव दिया, तो मैंने उनसे कहा था कि एक वकील होने के अलावा मैं अपनी शिक्षा और अनुभव के बूते पर कोई भी प्रशासनिक विभाग संभाल सकने की क्षमता रखता हूँ और पुराने वायसराय की कार्य परिषद में मैं श्रम तथा केन्द्रीय लोक निर्माण विभाग का दायित्व सँभाल चुका हूँ, जहाँ पर रहकर मैंने अनेक परियोजनाओं का खाका तैयार किया था और मैं चाहूँगा कि मुझे कोई प्रशासनिक मंत्रालय दिया जाए। प्रधानमंत्री मेरी बातों से सहमत थे और उन्होंने मुझसे कहा था कि वे कानून मंत्रालय के अतिरिक्त मुझे योजना मंत्रालय भी देंगे, जो वे सृजित करने वाले हैं। दुर्भाग्यवश योजना मंत्रालय बहुत समय बाद अस्तित्व में आ सका, और जब वह अस्तित्व में आया, तब तक मैं मंत्रिमण्डल से बाहर हो चुका था। मेरे मंत्री पद पर रहने के दौरान मंत्रियों के विभागों में काफी फेरबदल किए गए। मैं सोचता था कि इस फेरबदल में कभी न कभी मेरा भी मंत्रालय बदला जाएगा, लेकिन कभी भी मेरे नाम पर विचार नहीं किया गया। अनेक मंत्रियों को दो या तीन मंत्रालय देकर उन पर भारी जिम्मेदारियाँ डाली गयीं और मेरे जैसे कई लोग और काम पाने का इंतजार ही करते रह गए। मुझे उस वक्त भी सुयोग्य नहीं समझा गया, जब कोई मंत्री कुछ दिनों के लिए विदेश चला जाता था और उसका कार्यभार किसी दूसरे मंत्री को अस्थाई तौर पर कुछ दिनों के लिए सौंप दिया जाता था। मेरे लिए यह समझ पाना कठिन था कि सरकार के कार्यों का बँटवारा करते समय प्रधानमंत्री किस प्रकार के नियम पर चलते हैं। क्या यह कार्य करने की क्षमता है? क्या यह विश्वास है? क्या यह दोस्ताना है? क्या यह लचीलापन है? यहाँ तक कि मुझे विदेश मंत्रालय या रक्षा मंत्रालय जैसी प्रमुख समितियों के सदस्य पद पर भी नियुक्त नहीं किया गया। जब आर्थिक मामलों की समिति गठित की जा रही थी, तब मुझे उम्मीद थी कि चूँकि मैं मुख्यत: अर्थशास्त्र और वित्तीय विषयों का विद्यार्थी रहा हूँ, अत: मुझे इस समिति में अवश्य नियुक्त

किया जाएगा, लेकिन मुझे इसमें भी नहीं नियुक्त किया गया। जब प्रधानमंत्री इंग्लैण्ड गए हुए थे, तब मुझे कैबिनेट द्वारा इस समिति में नियुक्त किया गया, लेकिन जब वे वापस लौटे, तो कैबिनेट का पुनर्गठन करते हुए उन्होंने मुझे इस समिति से बाहर कर दिया। इसके बाद हुए पुनर्गठन में मुझे इस समिति में पुनः जगह दी गयी, लेकिन ऐसा मेरे द्वारा मुखर विरोध किए जाने के बाद ही हुआ।"

उस समय की प्रेस ने इस घटना के लिए अम्बेडकर को भी समान रूप से उत्तरदायी ठहराया था, जो निम्नलिखित शब्दों से स्पष्ट है–

> "अम्बेडकर एक ऐसे व्यक्ति का जीवंत उदाहरण हैं, जो बुद्धिमान तो हैं परन्तु निर्णयशील नहीं हैं। ब्रिटिश शासन में उन्होंने अपनी अस्पृश्यता को एक अहंकार के प्रतीक के रूप में पेश किया था। लेकिन दोष अत्यन्त सूक्ष्म है। उन्हें केन्द्रीय कैबिनेट से इस्तीफा नहीं देना चाहिए था। यह एक ऐसी गलती है, जिसका दुष्परिणाम उन्हें तथा उनके समाज के लोगों को काफी महँगा पड़ेगा।"

यदि वे कानून मंत्री के पद पर बने रहते, तो वे अपने समाज और देश का काफी भला कर सकते थे। कांग्रेस डॉ॰ अम्बेडकर द्वारा इस्तीफे के पीछे गिनाए गए कारणों को कभी नहीं भूल पायी। सन् 1952 के आम चुनाव में बम्बई की एक सीट पर कांग्रेस ने अम्बेडकर का सफलतापूर्वक जबर्दस्त विरोध किया। कांग्रेस ने उनके लोकसभा में पहुँचने के रास्तों पर पानी फेर दिया। इससे अम्बेडकर के मन में कांग्रेस के प्रति और अधिक कटुता भर गयी और वे अब सरकार के और अधिक कट्टर आलोचक बन गए।

डॉ॰ अम्बेडकर का जीवन उन सभी के लिए प्रेरणास्रोत है, जो शोषित, दलित एवं वंचित हैं। उनका जीवन ऐसे लोगों से कहता है कि वर्ग, जाति, निर्धनता या अधिकारहीनता एक ऐसे व्यक्ति के लिए कोई मायने नहीं रखते, जिसने आगे बढ़ने की ठान ली है। वे उन लोगों को गलत साबित करते हैं, जो यह मानते हैं कि किसी व्यक्ति का शिखर तक पहुँचना चंद लोगों की ही बपौती है।

6 दिसम्बर, सन् 1988 को हैदराबाद में डॉ॰ बी॰ आर॰ अम्बेडकर स्मारक व्याख्यान माला में व्याख्यान देते हुए प्रो॰ जे॰ राघवेन्द्र ने कहा था, "बोधिसत्व भारत रत्न डॉ॰ बाबा साहब अम्बेडकर उन चन्द लोगों में से थे, जिन्होंने धरती के सबसे निचले पायदान पर खड़े वर्ग से आते हुए भी अपनी विद्वता, अथक

परिश्रमशीलता एवं संघर्षशीलता से राजनैतिक परिदृश्य पर एक करिश्माई नेता के रूप में छाप छोड़ी। वे सिर्फ एक उत्कृष्ट राजनीतिज्ञ, अर्थशास्त्री, इतिहासकार और असाधारण विधिवेत्ता ही नहीं थे, बल्कि एक महान शिक्षाशास्त्री और महान व्यक्तित्व के स्वामी भी थे। उनके विचारों एवं कार्यों ने न केवल अनुसूचित जाति के लोगों को ही प्रभावित नहीं किया, बल्कि कई अन्य लोग भी उनसे प्रभावित हुए बिना नहीं रह सके।"

6 दिसम्बर, सन् 1956 को डॉ॰ अम्बेडकर के निधन पर श्रद्धांजलि व्यक्त करते हुए पं॰ जवाहरलाल नेहरू ने कहा था, "पिछले कई वर्षों से डॉ॰ अम्बेडकर भारतीय सार्वजनिक जीवन में एक विवादास्पद व्यक्ति के रूप में चर्चित रहे हैं, लेकिन उनके असाधारण गुणों, उनकी विद्वता और दृढ़ता, जो कभी-कभी आवश्यकता से अधिक प्रतीत होने लगती थी और विपरीत दिशा में मुड़ जाया करती थी, पर कोई सन्देह नहीं किया जा सकता। लेकिन वे एक ऐसी गहन भावना के प्रतीक थे, जिसे हमें हमेशा याद रखना होगा और वह भावना थी, भारत के दलितों के विषय में उनकी संवेदना, जो हमारी पुरानी सामाजिक व्यवस्था में सदियों से तिरस्कार एवं अपमान के शिकार रहे हैं। अब हम सबका यह दायित्व है कि हम उनके कार्यों को आगे बढ़ाएँ और हमें इसे हमेशा ध्यान में रखना है। जैसा कि मैंने पहले कहा, हममें से कई लोगों का यह मानना है कि वे इस भावना को कभी-कभी आवश्यकता से अधिक अभिव्यक्त कर जाते थे लेकिन मैं नहीं समझता कि उनकी भावना की शुद्धता पर हममें से कोई भी प्रश्न-चिह्न लगा सकता है। हो सकता है कि ऐसा करते समय उनकी भाषा या कहने का तरीका भले भी सख्त हो गया हो। लेकिन उनके समूह या वर्ग द्वारा झेले गए कष्टों को उन लोगों को अवश्य महसूस करना होगा, जो उन वर्गों या समूहों में नहीं आते हैं। वे ऐसे ही थे। शायद इसीलिए वे उनके प्रतीक बन गए। लेकिन संसद में हम उन्हें और महत्त्वपूर्ण कार्यों, विशेषकर हमारे संविधान के निर्माण में उनके महत्त्वपूर्ण योगदान के लिए हमेशा याद करेंगे।"

डॉ॰ बाबा साहब अम्बेडकर: राइटिंग्स एण्ड स्पीचेज़ के प्रथम खण्ड के द्वितीय संस्करण की भूमिका में महाराष्ट्र सरकार के तत्कालीन शिक्षा मंत्री श्री कमल किशोर कदम ने सच ही लिखा है, "डॉ॰ अम्बेडकर का लेखन तथा भाषण स्पष्ट रूप से दर्शाते हैं कि हम भारतीयों को किस प्रकार के मूल्यों को विकसित करना चाहिए और हमें अपनी सामाजिक एवं राजनैतिक संस्थाओं का किस प्रकार आधुनिकीकरण करना चाहिए। इनसे हमारे समाज पर सभ्यता के प्रभावों की परख की जा सकती है। उनके अध्ययन के क्षेत्र उनकी दूरदृष्टि के परिचायक हैं, उनकी गहन विश्लेषण क्षमता के प्रमाण हैं तथा उनकी तर्कशीलता

एवं सुझावों में छिपी मानवीयता के संवाहक हैं। ऐसे ही थे डॉ॰ अम्बेडकर। वे एक ऐसे व्यक्ति थे, जिनकी प्रतिभा, उपलब्धियाँ तथा गुण इतने असाधारण हैं कि जितना अधिक हम उनके चरित्र पर चर्चा करेंगे, उतना ही हमारी नज़रों में उनके प्रति सम्मान बढ़ेगा।"

हम अपना विषय प्रवेश इस आशय के अनुरोध के साथ समाप्त करना चाहते हैं कि डॉ॰ अम्बेडकर का जीवन न सिर्फ दलितों, वंचितों, कमजोरों एवं असहायों के लिए प्रेरणा प्रदान करता है, अपितु इससे वे लोग भी प्रेरणा ग्रहण कर सकते हैं, जो इक्कीसवीं शताब्दी में भारत को एक मजबूत राष्ट्र बनाने का सपना सँजो रहे हैं।

2

हिन्दू होकर जन्मा, हिन्दू होकर नहीं मरूँगा

13 अक्तूबर, सन् 1935 को डॉ॰ अम्बेडकर ने येवला में यह घोषणा की थी कि उनका जन्म भले ही हिन्दू धर्म में हुआ हो, किन्तु वे एक हिन्दू के रूप में नहीं मरेंगे। इस घोषणा को सत्य सिद्ध करते हुए 14 अक्तूबर, सन् 1956 को डॉ॰ अम्बेडकर ने नागपुर में एक विशाल जनसमूह के समक्ष हिन्दू धर्म को त्यागकर बौद्ध धर्म स्वीकार कर लिया।

यह दिन चुनने का भी एक ऐतिहासिक महत्त्व है क्योंकि उसी दिन अशोक महान ने 262 ई॰पू॰ बौद्ध धर्म को स्वीकार किया था और यह दिन 'धम्म विजय' के नाम से जाना जाता था। इसी दिन अशोक ने घोषणा की थी कि वह शक्ति के प्रयोग के स्थान पर प्रेम और करुणा से लोगों को जीतने का प्रयास करेंगे।

अशोक, जो अपने साम्राज्य के विस्तार के लिए अत्याचार एवं क्रूरता तथा हिंसा की पराकाष्ठा को पहुँच गया था, वह 'धम्म विजय' के पश्चात् 'धर्माशोक' बन गया। उसका यह परिवर्तन इतना गौरवपूर्ण है कि आज भी हजारों सम्राटों के नामों की भीड़ में इतिहास में अशोक का नाम एक चमकीले सितारे की भाँति चमक रहा है।

'नाग' लोगों ने बुद्ध के धर्म को सम्पूर्ण विश्व में फैलाने का कार्य किया। ये लोग मूलतः नागपुर के निवासी थे। इसी नगर की मिट्टी से उन्होंने नाग नामक नदी को प्रवाहित किया। ऐसा प्रतीत होता है कि नाग समुदाय के लोग इसी नाग नदी के तट पर निवास किया करते थे। यही वह कारण था, कि डॉ॰ अम्बेडकर ने बौद्ध धर्म में धर्मान्तरण हेतु नागपुर शहर को चुना।

अम्बेडकर ने उन्हें बौद्ध धर्म में शामिल कराने हेतु कुशीनार के चन्द्रमुनि महाथेर को आमंत्रित किया। उन्होंने चन्द्रमुनि को लिखा, "यह मेरी हार्दिक

अभिलाषा है कि इस समारोह का संयोजन आप द्वारा किया जाए। आप भारत के सबसे वयोवृद्ध भिक्षु हैं, इसलिए हम चाहते हैं कि यह समारोह आपके द्वारा ही सम्पन्न कराया जाए।"

महाथेर चन्द्रमुनि तथा उनके चार भगवाधारी भिक्खुओं ने अम्बेडकर तथा उनकी पत्नी को बुद्ध के तीन 'शरण' धम्म और संघ एवं अहिंसा, अचौर्य, सत्य, ब्रह्मचर्य एवं मद्यहीनता के पाँच पंचशीलों की पालि भाषा में शपथ दिलाई। इसके बाद उन्होंने पालि भाषा के मंत्रों का मराठी भाषा में पुनः वाचन किया। इसके पश्चात् उन्होंने अपने दोनों हाथ बुद्ध की प्रतिमा के समक्ष तीन बार जोड़े और उन्हें श्वेत कमल अर्पित किए। इसके साथ ही डॉ॰ अम्बेडकर के बौद्ध धर्म में शामिल हो जाने की घोषणा कर दी गयी।

इसके पश्चात् महाबोधि सोसाइटी ऑफ इण्डिया के सचिव डी॰ वालिसिंह ने उन्हें फूल-मालाओं से लाद दिया।

उस समय डॉ॰ अम्बेडकर ने घोषणा की, "मैंने अपने उस पुराने धर्म को त्याग दिया है, जो असमानता और शोषण पर आधारित था, आज मेरा पुनर्जन्म हुआ है। आज से मैं किसी भी हिन्दू देवी या देवता का भक्त नहीं रह गया हूँ। अब मैं बुद्ध के अष्टांग मार्ग का पूरी निष्ठा से पालन करूँगा। बौद्ध धर्म एक सच्चा धर्म है और अब से मैं ज्ञान, सन्मार्ग तथा करुणा के तीन सिद्धान्तों के माध्यम से अपना भावी जीवन व्यतीत करूँगा।"

बौद्ध बन जाने के पश्चात् अम्बेडकर ने उन लोगों से खड़े होने को कहा, जो बौद्ध धर्म अंगीकार करना चाहते हैं। सम्पूर्ण भीड़ उठकर खड़ी हो गयी, जो संख्या में लगभग पाँच लाख थी। उन्होंने इस भारी भीड़ को तीन शरण तथा पंचशील एवं विभिन्न संकल्प दिलाए।

इसके बाद 15 अक्तूबर को अम्बेडकर ने उसी स्थान पर अपने अनुयायियों की भारी भीड़ को बौद्ध धर्म की दीक्षा दी। इसके पश्चात् उन्होंने अपना भाषण दिया। हिन्दू धर्म का परित्याग करने तथा बौद्ध धर्म को स्वीकार करने के पीछे के कारणों को गिनाते हुए उन्होंने कहा, "सम्मानजनक जीवन जीना प्रत्येक व्यक्ति का जन्मसिद्ध अधिकार है, जिसे हासिल करने के लिए हम कोई भी त्याग करने को तैयार हैं। हम उस मानवीय गरिमा के लिए तरस रहे हैं, जिसे हिन्दू धर्म हमें प्रदान करने से इनकार करता रहा है। हम अपने जीवन को यथासम्भव सम्पूर्ण एवं समग्र बनाना चाहते हैं।

बौद्ध धर्म स्वीकार कर लेने के बाद हमें कई त्याग करने होंगे। जहाँ तक आरक्षण इत्यादि की सुविधाओं का प्रश्न है तो मैं आपको आश्वस्त करता हूँ

कि ये सुविधाएँ आपको पूर्व की भाँति ही मिलती रहेंगी। धर्मान्तरण समारोह के पश्चात् मुझे इन सुविधाओं की राह में आने वाली समस्याओं पर ध्यान केन्द्रित करना है।

जो लोग अपने अधिकारों के प्रति सजग होते हैं, वे उन अधिकारों को बरकरार रखने की शक्ति और सामर्थ्य भी रखते हैं। हमें इस आन्दोलन की प्रगति के लिए काफी कुछ करना होगा। बौद्ध धर्म स्वीकार कर लेने के बाद अनेक समस्याएँ जन्म लेने वाली हैं। हम उन परिस्थितियों का सामना कैसे करेंगे? क्या हम उन समस्याओं का सामना कर पाने में समर्थ हैं? मुझमें इन समस्याओं का सामना करने की शक्ति और सामर्थ्य है। मैंने इन अधिकारों को हासिल करने के लिए संघर्ष किया है और आपके लिए ये अधिकार अर्जित किए हैं। मैं आपको आश्वस्त करता हूँ कि मैं आपके लिए ये अधिकार दोबारा लेकर आऊँगा। लेकिन मेरी मृत्यु के बाद क्या होगा, यह मैं नहीं कह सकता। इसलिए आप मुझ पर तथा मेरे शब्दों पर विश्वास रखिए। हमारे विरोधियों की बातों में कोई सच्चाई नहीं है। मैं आपसे कहना चाहता हूँ कि उनके दुष्प्रचार से विचलित होने की आवश्यकता नहीं है।

हमारे धर्मान्तरण की चर्चा चारों तरफ हो रही है, लेकिन मैं इस बात से आश्चर्यचकित हूँ कि कोई भी मुझसे यह प्रश्न क्यों नहीं पूछ रहा है कि सारे धर्मों को छोड़कर मैंने बौद्ध धर्म ही क्यों चुना। धर्मान्तरण की किसी भी घटना में यह एक ऐसा महत्त्वपूर्ण सवाल है, जिसे अवश्य पूछा जाना चाहिए। एक धर्म को स्वीकार करते समय एक व्यक्ति को स्वयं से दो प्रश्न अवश्य पूछने चाहिए–

1. कौन सा धर्म मुझे ग्रहण करना चाहिए–
2. इसे किस प्रकार से स्वीकार किया जाना चाहिए?

दुर्भाग्यवश हिन्दू धर्म असमानता और अन्याय की नींव पर टिका हुआ है और इसमें परिवर्तन और विकास के लिए कोई जगह नहीं है। जब तक हिन्दू धर्म में अस्पृश्य लोग गुलाम बने रहेंगे, तब तक एक समूह के लिए न तो कोई उम्मीद की किरण होगी, न कोई प्रेरणा होगी, न ही बेहतर जीवन के लिए कोई विश्वास होगा। वे कुछ सैकड़ा गरीब बाबू ज़रूर पैदा कर सकते हैं, जो अपना पेट भरने के अलावा और कोई काम न करें। इसके अलावा वे क्या कर सकते हैं? तब हमें ऐसे महाबाबुओं की ज़रूरत है, जो उन्हें अन्याय एवं अत्याचार से बचा सकें। अस्पृश्यों की आम जनता को कुछ भी हासिल होने वाला नहीं है। अनुसूचित जातियाँ हिन्दू धर्म से कभी कोई प्रेरणा या उत्साह नहीं हासिल कर

सकती हैं। हिन्दुओं में न तो परस्पर सद्‌भाव की भावना है और न ही उनमें एक दूसरे को समान समझने का विवेक है।

इस धर्म तथा इस सामाजिक व्यवस्था ने हमें तबाह कर दिया है। लेकिन यह यहीं तक रुकने वाला नहीं है। अन्त में यह हिन्दुओं को और आखिरकार भारत को तबाह कर देगा। मैं व्यर्थ में हिन्दू धर्म पर आरोप नहीं लगा रहा हूँ। धर्म प्रत्येक व्यक्ति की रक्षा नहीं कर सकता, लेकिन इस धर्म में अब कोई भी जीवन शेष नहीं बचा है।

हमारा देश बार-बार अपनी आज़ादी क्यों खो बैठता है? हम अक्सर विदेशियों के गुलाम क्यों हो जाते हैं? क्योंकि हमारा देश कभी भी एकजुट होकर अपने दुश्मन से नहीं लड़ता। समाज का एक छोटा सा हिस्सा ही दुश्मन का सामना करता है और उनमें से जो जीतता है, वही सबका विजेता बन जाता है। ऐसा हिन्दू धर्म में व्याप्त विनाशकारी जाति व्यवस्था के कारण है।

हिन्दू धर्म प्रत्येक व्यक्ति की रक्षा नहीं कर सकता। हिन्दू धर्म में प्रत्येक व्यक्ति के लिए मोक्ष का प्रावधान नहीं है। हिन्दू धर्म के सिद्धान्तों से सिर्फ तथाकथित उच्च जातियों का ही भला हुआ है। मेरे इस वक्तव्य में कोई अतिशयोक्ति नहीं है। शूद्रों तथा अस्पृश्यों ने इससे क्या कभी कुछ पाया है?

जैसे ही एक ब्राह्मण की पत्नी बच्चा पैदा करती है, वह सोचती है कि उच्च न्यायालय में उसके बच्चे के लिए न्यायाधीश का एक पद रिक्त हो जाए, लेकिन जब हमारी स्त्रियाँ गर्भवती होती हैं, तो वे अपनी सन्तान के लिए म्युनिसिपल कमेटी में एक स्वीपर की नौकरी से ज़्यादा कुछ नहीं सोच पातीं।

यह शोचनीय दशा इसलिए है क्योंकि हिन्दू धर्म ने ब्राह्मणों के लिए ऐसी महत्त्वाकांक्षा और अस्पृश्यों के लिए ऐसी दुर्व्यवस्था का प्रावधान कर रखा है। तब तक हमारी स्थितियों में सुधार नहीं आएगा, जब तक हम हिन्दू धर्म के गुलाम बने रहेंगे। हिन्दू धर्म का परित्याग करके और बौद्ध धर्म को स्वीकार करके ही हम अपने लिए कोई आशा कर सकते हैं। अब हम बौद्ध धर्म के सिद्धान्तों पर विचार करते हैं।

बौद्ध धर्म का मूलभूत सिद्धान्त 'समानता' है। भगवान बुद्ध के समय में जितने भी भिक्खुओं ने बौद्ध धर्म स्वीकार किया था, उनमें से 75 प्रतिशत भिक्खु ब्राह्मण जाति के थे और शेष 25 प्रतिशत शूद्र थे। इसके बावजूद बौद्ध धर्म को शूद्र धर्म की संज्ञा दी गयी।

जो भिक्खु भिन्न-भिन्न जातियों से बौद्ध धर्म में आए, वे इस धर्म में आकर इस प्रकार एक हो गए, जिस प्रकार भिन्न-भिन्न जगहों से आने वाली नदियाँ समुद्र में मिलकर एक हो जाती हैं और वे अपनी पहचान तक खो देती हैं। इसलिए भाइयों! जब क्षत्रिय, ब्राह्मण, वैश्य और शूद्र ये चारों जातियाँ तथागत् के सिद्धान्तों तथा उपदेशों को स्वीकार कर लेती हैं, तब वे अपने भिन्न-भिन्न नामों एवं जातियों का परित्याग कर देती है और वे एक समान समाज का अंग बन जाती हैं। यही बुद्ध का कहना है।

एक ही व्यक्ति ऐसा था, जिसने अलगाववाद और अस्पृश्यता के विरोध में अपनी आवाज़ बुलन्द की थी और वह व्यक्ति और कोई नहीं भगवान बुद्ध थे।

शुरुआत में महात्मा बुद्ध को केवल दस या बारह भिक्खु ही प्राप्त हुए। इनमें से नौ या दस शूद्र थे। 'थेर गाथा' या 'थेरी गाथा नामक भिक्खुओं की आत्मकथात्मक गाथाओं से यह बात स्पष्ट है। उनका लेखन इस बात का प्रमाण है कि बौद्ध धर्म एकमात्र ऐसा धर्म है, जो जाति को अस्वीकार करता है और सभी को आगे बढ़ने के लिए समान अवसर प्रदान करता है।

मेरे राजनीतिक विरोधी, जो मेरी राजनीतिक गतिविधियों को देखा करते हैं, स्पष्ट तौर पर कहते हैं कि मैं अत्यन्त धूर्त हूँ। वे कहते हैं कि मैं हमेशा अनुसूचित जातियों के लिए अधिक से अधिक सुविधाएँ हासिल करने की फिराक में लगा रहता हूँ। दूसरी ओर ऐसे लोग भी हैं, जो इस बात पर आश्चर्यचकित होते हैं कि मैंने धर्मान्तरण करने के लिए इतना लम्बा समय क्यों लिया? वे मुझसे पूछते हैं कि आप इतने वर्षों से क्या कर रहे थे? इसका मैं एक ही जवाब दे सकता हूँ कि धर्म का प्रश्न सबसे मुश्किल और सबसे गम्भीर प्रश्न है। यह बहुत बड़ी जिम्मेदारी का सवाल है कि मुझे इस धर्म की अच्छाइयों के विषय में भी लोगों को जागरूक करना है और उन्हें 'धम्म' के सिद्धान्तों के अनुरूप आचरण करने को प्रेरित करना है। ऐसा दूसरा कोई भी व्यक्ति वर्तमान समय में नहीं है, जिसके कन्धों पर इतनी महत्त्वपूर्ण जिम्मेदारी हो और न ही मैं समझता हूँ कि भविष्य में भी किसी अन्य के कन्धों पर इतनी महत्त्वपूर्ण जिम्मेदारी आने वाली है। यदि मैं कुछ और वर्षों तक जीवित रहता हूँ, तो मैंने आज जो जिम्मेदारी अपने कन्धों पर ली है, उसे सफलतापूर्वक अंजाम तक अवश्य ले जाऊँगा।

कुछ लोग स्वाभाविक तौर पर यह सवाल करते हैं कि बौद्ध धर्म स्वीकार करने से दलितों को क्या हासिल होगा? इसके लिए इतना कहना ही पर्याप्त है कि यह प्रश्न ही असंगत है। क्या अच्छी तरह से रहने के लिए किसी धर्म की आवश्यकता है? नहीं, शायद नहीं।

जो लोग ऊँचे पदों पर बैठे हुए हैं और जिनके पास रहने के लिए शानदार बँगले हैं, जीवन की सभी सुख-सुविधाएँ जुटाने के लिए पर्याप्त धन है और सेवा करने के लिए ढेरों नौकर-चाकर हैं, शायद उनके लिए धर्म का कोई महत्त्व नहीं है।

इससे मुझे मेरे जर्मन प्रोफेसर विण्टरनिट्ज की बात याद आती है। उन्होंने मुझसे 'द वाटरगैंग रिबेलियन डेप्थ' नामक पुस्तक पढ़ने को कहा था और इस पुस्तक ने मुझे अत्यधिक प्रेरित किया। वे कहते थे कि केवल गरीब व्यक्ति को ही धर्म की आवश्यकता होती है। आशा ही जीवन का सम्बल होती है। धर्म इस आशा को कभी टूटने या खत्म नहीं होने देता। इसलिए मानवता को धर्म की शरण में जाकर असीम शान्ति प्राप्त होती है और इसीलिए गरीब धर्म की शरण में अधिक रहता है।

जब ईसाई धर्म ने यूरोप में प्रवेश किया, उस समय रोम तथा इसके आस-पास की परिस्थितियाँ भयावह थीं। वहाँ के लोगों के पास अपना पेट भरने लायक भोजन भी नहीं था, वे घनघोर निर्धनता में अपना जीवन व्यतीत कर रहे थे। लेकिन क्या आप जानते हैं कि जब ईसाई धर्म ने रोम में प्रवेश किया, तब किन लोगों ने इस धर्म को सबसे पहले हाथों-हाथ लिया। ये वे लोग नहीं थे, जो इसकी आध्यात्मिकता से प्रभावित थे, बल्कि ये वो लोग थे, जो घोर निर्धनता में जीवन-यापन कर रहे थे। ऐसे लोगों ने ईसाई धर्म इस वजह से स्वीकार किया क्योंकि इस धर्म को स्वीकार कर लेने पर उन्हें मुफ्त में एक समय का भोजन दिया जा रहा था। ये वे लोग थे, जो अपने रोमन स्वामियों के नौकर या गुलाम थे। गरीब तथा वंचित लोगों ने ही सर्वप्रथम वहाँ पर ईसाई धर्म स्वीकार किया और यही कारण है कि 'द राइज़ एण्ड फ़ाल ऑफ़ रोमन एम्पायर' पुस्तक के लेखक मिस्टर गिब्बन, जो एक सुप्रसिद्ध इतिहासकार थे, ने ईसाई धर्म का 'गरीबों तथा भिखारियों का धर्म' कहकर मज़ाक उड़ाया है। आज मिस्टर गिब्बन जीवित नहीं हैं। वे यह देखकर दंग रह जाते कि आज समूचा यूरोप ही ईसाई धर्म में रंग गया है।

भारत में भी कुछ लोग ऐसे होंगे, जो निस्सन्देह यह कहेंगे कि बौद्ध धर्म अस्पृश्यों का धर्म है। वे इस पर कीचड़ उछालेंगे और क्षुद्र कटाक्ष करेंगे। भगवान बुद्ध के जीवन काल में ब्राह्मणों ने भगवान बुद्ध को भी नहीं बख्शा था। वे उन्हें तिरस्कारपूर्वक 'ओ गौतम' या 'भो गौतम' कहकर पुकारते थे। वे उनके प्रति अपना असम्मान प्रकट करना चाहते थे और उनका अपमान करना चाहते थे।

बौद्ध धर्म पर ढेर सारे लांछन और आरोप लगाए जाने के बावजूद यह धर्म अमेरिका और यूरोप में हिन्दू धर्म से कहीं अधिक लोकप्रिय और स्वीकार्य हुआ। आप यह जानकर आश्चर्यचकित रह जाएंगे कि यदि राम, कृष्ण, शंकर या अन्य किसी हिन्दू देवता की प्रतिमाएँ विक्रय के लिए वहाँ रखी जाती हैं, तो उन्हें कोई नहीं खरीदता, लेकिन जब बुद्ध की प्रतिमाएँ वहाँ रखी जाती हैं तो सुबह रखी गयी सारी प्रतिमाएँ शाम तक बिक चुकी होती हैं।

भारत के अन्दर हिन्दू धर्म को प्रचारित करने के लिए काफी कुछ किया गया है। अब समय आ गया है कि वे बाहर जाएँ और दुनिया को बताएँ कि उनके धर्म में क्या है। यदि भारत के बाहर किसी देवी-देवता का नाम लोकप्रिय है, तो वह राम या कृष्ण का नहीं है, बल्कि बुद्ध का है। भारत के बाहर राम या कृष्ण को कोई नहीं जानता। ऐसा कोई कारण नहीं है कि हमारा धर्म सम्पूर्ण विश्व में न फैले। सब कुछ इस बात पर निर्भर करता है कि हम कैसे इसमें रहते हैं। हमने जो मार्ग चुना है, उस मार्ग पर हमें दृढ़तापूर्वक आगे बढ़ना होगा। हमने जीवन का एक नया मार्ग पा लिया है और हमें इसका अनुसरण करना है। यह मार्ग ही हमें प्रगति के पथ पर ले जाएगा।

वास्तव में यह कोई नयी बात नहीं है और न ही हमने इसे विदेश से आयात किया है। बौद्ध धर्म इसी देश का धर्म है। यह 2000 वर्षों से अधिक प्राचीन धर्म है। मैं अफसोस के साथ कहता हूँ कि मैंने इस धर्म को और पहले क्यों नहीं स्वीकार कर लिया। बुद्ध के उपदेश सार्वभौम हैं, लेकिन बुद्ध ने भी कभी यह दावा नहीं किया इनमें त्रुटि हो ही नहीं सकती। बुद्ध के धर्म में समय के साथ बदलने की योग्यता है, जो आज किसी भी अन्य धर्म में नहीं है।

बौद्ध धर्म के बारे में आपको चार बातें ध्यान में रखनी होंगी। आपको कभी भी यह विचार मन में नहीं लाना है कि बुद्ध की शिक्षाओं का अस्थाई महत्त्व है और ये अधिक समय तक महत्त्वपूर्ण नहीं रहेंगी। 2,500 वर्षों का लम्बा समय बीत जाने के बावजूद सारी दुनिया आज भी बुद्ध की शिक्षाओं का सम्मान करती है। सिर्फ अमेरिका में ही बौद्ध धर्म के अनुयायियों की 2,000 से अधिक संस्थाएँ हैं। इंग्लैण्ड में 3,00,000 रुपए की लागत से एक बुद्ध मंदिर बनाया गया है। जर्मनी में बुद्ध के नाम पर 3,000 से लेकर 4,000 तक संस्थाएँ स्थापित हैं।

भगवान बुद्ध के उपदेश तथा सिद्धान्त सार्वभौम एवं शाश्वत हैं लेकिन इसके बावजूद बुद्ध ने अपने लिए कुछ नहीं माँगा, न ही उन्होंने यह दावा किया कि उनके सिद्धान्तों में कोई संशोधन नहीं किया जा सकता या ये त्रुटिहीन हैं। न तो उन्होंने अपने धर्म को और न ही स्वयं को कभी अलौकिकता से जोड़ने का

प्रयास किया। बुद्ध ने यह भी कभी नहीं कहा कि वे ईश्वर के पुत्र हैं या ईश्वर द्वारा भेजे गए अन्तिम देवदूत हैं। इसके विपरीत उन्होंने कहा, "मेरे माता-पिता साधारण नश्वर प्राणी हैं।"

अब, बौद्ध धर्म का आधार क्या है? यदि आप बौद्ध धर्म का ध्यानपूर्वक विश्लेषण करेंगे, तो पाएंगे कि बौद्ध धर्म तार्किकता पर आधारित है। इसमें एक आन्तरिक लचीलापन निहित है, जो अन्य किसी धर्म में नहीं पाया जाता।

केवल उन्हीं लोगों को यह धर्म स्वीकार करना चाहिए, जो इसमें निष्ठापूर्वक विश्वास करते हैं, यदि वे इसमें विश्वास नहीं करते या उन्हें यह धर्म प्रेरणाप्रद नहीं प्रतीत होता, तो उन्हें यह धर्म नहीं स्वीकार करना चाहिए। क्योंकि इतने उच्च कोटि के सिद्धान्त अन्य किसी धर्म में नहीं मिलेंगे। इस धर्म तथा विश्व के अन्य धर्मों के बीच भारी अन्तर है। बौद्ध धर्म में आस्तिक धर्म का कोई अंश समाविष्ट नहीं है। अन्य धर्मों के अनुसार ईश्वर ने इस जगत की रचना की, इस धरती की रचना की और इसके बाद उसने स्वर्ग, पवन, चन्द्र तथा अन्य ग्रहों का निर्माण किया। इसका अर्थ है कि उसने किडनी में स्टोन को भी बनाया है। जो भी कुछ किया जाना चाहिए था, ईश्वर ने वह सब कुछ किया, तो अब इसका अर्थ है कि हमारे करने के लिए कुछ भी शेष नहीं रह गया है। हमें बस इतना करना है कि हम सिर्फ सर्वशक्तिमान ईश्वर की प्रशंसा करते रहें। आज के तर्कशील मनुष्य को यह बात गले उतरने वाली नहीं है।

बौद्ध धर्म ईश्वर तथा आत्मा के अस्तित्व को अस्वीकार करता है। बौद्ध धर्म का वास्तविक आधार दुखों से मुक्ति का तार्किक रास्ता ढूँढना है। बुद्ध ने कहा था, "संसार में दुख ही दुख है। संसार के नब्बे प्रतिशत से अधिक व्यक्ति किसी न किसी प्रकार के दुख से दुखी हैं। बौद्ध धर्म का लक्ष्य शोकग्रस्त मानवता को उबारना है। अब सवाल यह उठता है कि फिर 'दास कैपिटल' का क्या उपयोग है? मेरा मानना है कि कार्ल मार्क्स बुद्ध से कोसों पीछे थे क्योंकि उन्होंने बुद्ध के स्वयं के द्वारा लाए प्रकाश के बारे में कुछ भी नहीं कहा, जो मार्क्स से लगभग 2400 साल पहले पैदा हुए थे।

कुछ लोग कहते हैं कि बौद्ध धर्म मृतप्राय है या वास्तव में यह मृत हो चुका है। यदि ऐसा है तो भी हमारा यह कर्तव्य है कि हम इसे पुनर्जीवित करने के लिए दृढ़ संकल्पित हों। हमें इस ढंग से कार्य करना है कि हम अन्य लोगों में इस धर्म के प्रति सम्मान और प्रेरणा की भावना पैदा कर सकें। हम प्रवचनों के लिए एक उद्यान या मन्दिर की व्यवस्था तो कर ही सकते हैं।

आपके कन्धों पर भी एक महान जिम्मेदारी आ गई है। महारों को ऐसा कोई भी कार्य नहीं करना चाहिए, जिससे उनकी बदनामी होती हो। आपको एक ऐसा जीवन जीना है, जिसमें लोग आपका सम्मान करें। यह मत सोचिए कि यह धर्म आपके लिए कुत्ते के गले में बँधी जंजीर के समान है।

बौद्ध धर्म को भारत के सन्दर्भ में यदि देखा जाए, तो यह धर्म भारत से लगभग मिट चुका है। अब यह आप पर है कि आप इस धर्म का पालन पूरी निष्ठा से करें और हमेशा इसे आगे बढ़ाने की सोचें। यदि आप ऐसा नहीं करते हैं तो लोग आपके धर्मान्तरण की हँसी उड़ाएंगे।

यह धर्म भारत ही नहीं, अपितु समूचे विश्व की सच्ची सेवा कर सकता है। आज विश्व के जो हालात हैं, उनमें विश्व शान्ति हेतु बौद्ध धर्म अपरिहार्य हो गया है। आज आपको यह शपथ लेनी चाहिए कि आप बुद्ध के अनुयायी होकर केवल अपनी मुक्ति के लिए ही कार्य नहीं करेंगे, बल्कि भारत और समूचे विश्व की मुक्ति के लिए प्रयत्नशील होंगे।

लोग कहते हैं कि मैं शान्ति का दुश्मन हूँ। यह सच नहीं है। मैं शान्ति का पक्षधर हूँ, जो न्याय पर आधारित हो, न कि कब्रगाह की शान्ति हो। जब तक विश्व न्याय का सम्मान करना नहीं सीखता, तब तक विश्व में शान्ति स्थापित नहीं की जा सकती। बौद्ध धर्म और केवल बौद्ध धर्म ही विश्व की रक्षा कर सकता है।

जो कार्य आपने अपने हाथों में लिया है, वह बड़ी ही जिम्मेदारी का कार्य है।। आपको इसके लिए कठोर परिश्रम करना होगा। आपको यह बात हमेशा ध्यान रखनी होगी। आजकल हममें से अधिकांश लोग केवल अपने हितों की चिन्ता करते हैं। स्वार्थी मत बनो। अपने दृष्टिकोण में स्वार्थ को हावी मत होने दो।

इस महान धर्म के प्रचार-प्रसार के लिए हमें धन की ज़रूरत है। मुझे आर्थिक सहायता प्राप्त करने के लिए किसी विदेशी देश द्वारा दी गई सहायता पर भी कोई आपत्ति नहीं है।

आपको अपनी आय का कम से कम बीसवाँ हिस्सा इस महान धम्म के प्रचार-प्रसार में लगाना चाहिए। मैं आप सबको अपने साथ लेकर चल रहा हूँ। भगवान बुद्ध स्वयं आगे चलते थे। जब केवल एक व्यक्ति के लिए ऐसा कर पाना मुश्किल होने लगा, तो उन्होंने अपने सुयोग्य अनुयायियों में कार्य का विभाजन कर दिया। आपने 'यशा' का नाम तो सुना ही होगा। वे एक धनी

परिवार से आए थे। यशा उनके शिष्य बन गए और उनके साथ चालीस और लोगों ने उनका अनुसरण किया था। इन चालीस भिक्खुओं के लिए उनका सन्देश था, "ओ भिक्खुओं, जाओ और घूम-घूमकर लोगों का कल्याण करो, विश्व में करुणा का प्रसार करो, नर-नारियों का उद्धार करो, उन्हें धम्म की शिक्षा दो, जो उनके जीवन के आदि, मध्य और अन्त हेतु लाभकर हो। ओ भिक्खुओं, महान सिद्धान्त, पावन जीवन, शुद्ध तथा पूर्ण सन्देशों का प्रसार करो।

इसलिए भाइयों और बहनों। यही मेरा धर्म है।

बुद्ध ने बौद्ध धर्म के प्रसार के लिए उस समय की परिस्थितियों के अनुरूप उपायों का सहारा लिया। इसी के अनुरूप हमें भी ऐसे उपाय अपनाने होंगे, जो वर्तमान परिस्थितियों के अनुकूल हों। यह कार्य करने के लिए आज इस देश में एक भी भिक्खु नहीं है। इसलिए आपमें से प्रत्येक को दीक्षा लेनी होगी। एक बौद्ध के पास यह अधिकार होता है कि वह औरों को अपने विश्वास के साथ जोड़ सके। यदि कालान्तर में कोई बाधा उपस्थित होती है, तो हममें यह क्षमता होनी चाहिए कि हम उसका सामना सफलतापूर्वक कर सकें। हमें धम्म के प्रसार के लिए एक वृहत् तंत्र तैयार करने की आवश्यकता है। प्रत्येक बौद्ध को अन्य लोगों को भी इसके लिए प्रेरित करना चाहिए। आज मैं यह घोषणा कर रहा हूँ। कि बुद्ध के सन्देश को लेकर जाइए और लोगों को मुक्ति प्रदान कीजिए।"

16 अक्तूबर, सन् 1856 को अम्बेडकर ने चाँदा में एक धर्मान्तरण समारोह में भाग लिया, जिसमें भारी संख्या में लोग उपस्थित हुए और उन्होंने अम्बेडकर द्वारा कराए गए संकल्पों को दोहराया।

यद्यपि अम्बेडकर का स्वास्थ्य ठीक नहीं था, लेकिन फिर भी उनका चेहरा गर्व और प्रसन्नता से चमक रहा था। वास्तव में वे एक युग प्रवर्त्तक घटना के लेखक बन गए थे। उन्हें इस बात से असीम सन्तुष्टि मिली थी कि उन्होंने अपने लक्ष्य को सफलतापूर्वक हासिल कर लिया है और उन्होंने धम्म के चक्र को एक बार पुनः गतिशील कर दिया है। उन्होंने सर विलियम हण्टर की उस भविष्यवाणी को सत्य सिद्ध कर दिखाया था, जो उन्होंने सन् 1881 में की थी। इस भविष्यवाणी में हण्टर ने कहा था, "मैं एक बार पुनः दोहराता हूँ कि भारत में बौद्ध धर्म फिर से वापस आ सकता है।" (एन्शिएण्ट इण्डिया, विलियम हण्टर, पृ० 175)

देश में वृहद् धर्मान्तरण करने के उद्देश्य से अम्बेडकर ने हर राज्य में फैले हुए अपनी पार्टी के नेताओं, अपने विश्वस्त साथियों तथा महत्त्वपूर्ण कार्यकर्ताओं की बैठक बुलाने की योजना बनायी थी।

दिल्ली, मुम्बई, पंजाब, उत्तर प्रदेश तथा भारत के अन्य बड़े शहरों में कई चरणों में धर्मान्तरण कराने की उनकी योजना थी। उनका दृढ़ विश्वास था कि 15 वर्षों के भीतर धर्मान्तरण का ज्वार आ जाएगा और भारत पुनः बौद्ध राष्ट्र बन जाएगा। वह बुद्ध के जन्म स्थान में प्रसारित होकर सम्पूर्ण विश्व से भी स्वयं को जोड़ लेगा। उन्होंने कहा था, "ब्राह्मण अन्तिम होंगे, जो इस धर्म को स्वीकार करेंगे और उन्हें अन्त में ही आने दो।" (नानकचन्द रत्तू, लास्ट फ्यू इयर्स ऑफ डॉ॰ अम्बेडकर, पृ॰ 108–109)

5 दिसम्बर, सन् 1956 को सायंकाल में दो जैन मुनि अम्बेडकर से मिले और उन्होंने बौद्ध धर्म के विषय में उनसे कुछ महत्त्वपूर्ण प्रश्न किए। वे इस बात से अत्यधिक प्रभावित हुए कि डॉ॰ अम्बेडकर को इन दोनों धर्मों की अच्छी जानकारी है। वे यह आश्वासन देकर गए कि शीघ्र ही वे भी बौद्ध धर्म स्वीकार कर लेंगे। (नानकचन्द रत्तू, लास्ट फ्यू इयर्स ऑफ डॉ॰ अम्बेडकर, पृ॰ 113)

मुम्बई में धर्मान्तरण के आयोजन के लिए 16 दिसम्बर, सन् 1956 की तारीख निर्धारित की गयी और अम्बेडकर ने 14 दिसम्बर, सन् 1956 को यात्रा करने हेतु तथा मुम्बई पहुँचने हेतु आवश्यक व्यवस्थाएँ पूरी कर लीं। मुम्बई से उन्हें औरंगाबाद जाना था, लेकिन दुर्भाग्यवश 6 दिसम्बर, सन् 1956 को उन्होंने दिल्ली में अपनी अन्तिम साँस ली और अपने असंख्य अनुयायियों को अनाथ करके इस दुनिया से विदा हो गए।

अन्तिम संस्कार का जुलूस

डॉ॰ अम्बेडकर के अन्तिम संस्कार में पाँच लाख से अधिक लोग शामिल हुए, जो मुम्बई के इतिहास का सबसे बड़ा जनसमूह था। दादर के राजगृह स्थित उनके आवास से शिवाजी पार्क स्थित श्मशान स्थल तक की 2 मील की दूरी को तय करने में इस जुलूस को चार घण्टे से भी अधिक का समय लग गया था।

अम्बेडकर की योजना 16 दिसम्बर, सन् 1956 को मुम्बई में एक विशाल धर्मान्तरण समारोह आयोजित करने की थी। उनकी इस इच्छा को पूरी करने के लिए वहाँ उपस्थित अपार जनसमूह इस बात पर अड़ गया कि उन्हें बौद्ध धर्म में शामिल किया जाए। इसलिए श्मशान स्थल पर ही तत्काल एक धर्मान्तरण

समारोह आयोजित किया गया और वहाँ उपस्थित एक पंजाबी भिक्षु भदन्त आनन्द कौशल्यायन ने उन सभी को तीन शरण तथा पंचशील की शपथ दिलाई। भदन्त आनन्द कौशल्यायन ने सन् 1969 से 1982 तक नागपुर दीक्षा भूमि पर निवास किया तथा इस स्थान को एक बड़े धार्मिक केन्द्र के रूप में विकसित कर दिया।

3
डॉ॰ अम्बेडकर की असामयिक मृत्यु

द्वितीय विवाह

अम्बेडकर की पहली पत्नी, जो उनकी ही जाति की थीं, का 27 मई, सन् 1935 को निधन हो गया। उन्होंने हर परिस्थिति में अपने पति का पूरा साथ दिया। बदले में अम्बेडकर को हमेशा इस बात का अफसोस रहा कि वे अपनी पत्नी की विशेषकर लम्बी बीमारी के दौरान पूरी देखभाल नहीं कर सके।

अम्बेडकर अक्सर अपनी पत्नी की याद करके भावुक हो जाया करते थे। इसलिए उन्होंने दूसरा विवाह न करने का संकल्प लिया। वे कहते थे, "मैं पिछले 15 सालों से एकाकी जीवन व्यतीत कर रहा हूँ। मेरा कोई साथी नहीं है, फिर भी मैं बगैर किसी के व्यक्तिगत प्रेम के एक आनन्ददायक जीवन व्यतीत कर रहा हूँ। मेरी पुस्तकें मेरी सच्ची साथी रही हैं, वे मुझे अपनी पत्नी और बच्चों से भी अधिक प्रिय हैं। (नानकचन्द रत्तू, लास्ट फ्यू इयर्स ऑफ डॉ॰ अम्बेडकर, पृ॰ 75)

फरवरी सन् 1948 को डॉ॰ अम्बेडकर ने सिद्धार्थ कॉलेज के रजिस्ट्रार रमाकान्त चित्रे को एक पत्र लिखा, जिसमें उन्होंने लिखा था कि अचानक उनकी तबियत खराब हो गई है और वे बार-बार बीमार पड़ रहे हैं। दोनों पैरों में भीषण दर्द होने की वजह से वे पिछली चार रातों से नींद की एक झपकी भी नहीं ले पाए हैं और उनके नौकरों को रात-रात भर जागकर उनकी देखभाल करनी पड़ी है। दो बड़े डॉक्टरों ने मेरी जाँच की है और उनका कहना है कि यदि मेरी हालत में जल्दी ही कोई सुधार नहीं होता, तो पैरों का यह दर्द लाइलाज हो जाएगा।" उन्होंने चित्रे के सामने यह रहस्योद्घाटन किया कि वे सोच रहे हैं कि कोई ऐसा साथी मिल जाए, जो पूर्ण सहानुभूति के साथ उनकी सेवा-सुश्रूषा कर सके।

डॉ॰ अम्बेडकर मुम्बई आकर डॉ॰ माधव मालवंकर के क्लीनिक में भर्ती हो गए। इसी क्लीनिक में डॉ॰ शारदा कबीर भी थीं, जो अक्सर डॉ॰ अम्बेडकर की देखभाल करने आया करती थीं। उन्होंने डॉ॰ अम्बेडकर पर यह प्रभाव डालने

का प्रयास किया कि वे ही इस वृद्धावस्था में उनकी सही ढंग से देखभाल कर सकती हैं। उस समय अम्बेडकर की अवस्था 56 वर्ष की थी। डॉ॰ शारदा कबीर ने डॉ॰ मालवंकर से कहा कि वे अम्बेडकर को सलाह दें कि वे उन्हें एक नर्स के रूप में साथ लेकर दिल्ली चले जाएँ।

डॉ॰ मालवंकर ने अपनी यह इच्छा डॉ॰ अम्बेडकर को बतायी और डॉ॰ शारदा कबीर की बढ़-चढ़कर तारीफ की।

सबसे पहले अम्बेडकर शारदा कबीर पर इस बात से बेहद नाराज़ हुए कि उन्होंने डॉ॰ मालवंकर के दिमाग में उन्हें दिल्ली ले जाने का विचार क्यों भरा था। उन्होंने कहा था, "तुम्हारी यह हरकत पागलपन जैसी है। जब मैं तुम्हारे मेरे साथ एक महीने के लिए दिल्ली जाकर रहने के प्रस्ताव को ठुकरा दूँगा, तो तुम शायद निराश होगी। मेरा पूरा जीवन एक सच्चरित्र व्यक्ति का जीवन रहा है और मैंने नैतिकता के सर्वोच्च आदर्शों का पालन किया है। यदि मेरे विरोधी भी मुझसे भय खाते हैं और मेरा सम्मान करते हैं, तो वह मेरे सच्चरित्र होने के कारण ही है। मैं अपनी इस छवि को किसी भी कीमत पर खण्डित नहीं कर सकता। यदि मेरी यह छवि खण्डित हो गई, तो मेरा पूरा जीवन ही तबाह नहीं हो जाएगा, बल्कि जिन लोगों के लिए मैं जीता आया हूँ, और जिनके लिए अभी तक मैंने बड़े से बड़ा त्याग किया है, और जो मुझे ईश्वर की भाँति पूजते हैं, उनकी नज़रों में भी मैं गिर जाऊँगा।

लेकिन यदि कुछ परिस्थितियाँ अपने संकल्प से डिगाने के लिए बाध्य भी करती हैं, तो भी मैं विवाह चाहे भले कर लूँ, किन्तु नर्स या किसी साथी को अपने साथ कदापि नहीं रखूँगा क्योंकि मेरे घर में मेरे अलावा दूसरा कोई नहीं रहता है। यह मेरे लिए लम्बी खोज हो सकती है कि कब मुझे एक ऐसी जीवन संगिनी मिलती है, जो मुझे सन्तुष्ट रख सके।" (लास्ट फ्यू इयर्स ऑफ डॉ॰ अम्बेडकर, पृ॰ 76-77)

पता नहीं शारदा और डॉ॰ अम्बेडकर के बीच ऐसा क्या हुआ कि अम्बेडकर ने चित्रे को लिखा, "मैंने शारदा कबीर से विवाह करने का फैसला कर लिया है। मेरे लिए वह सर्वथा उपयुक्त है। चाहे सही हो या गलत, लेकिन मैंने यह निर्णय ले लिया है।"

डॉ॰ अम्बेडकर ने अपने विश्वस्त साथी गायकवाड़ को भी अपने विवाह की सूचना दी। यद्यपि पत्नी की मृत्यु के पश्चात् उन्होंने दूसरा विवाह न करने का प्रण किया था, किन्तु अब उन्होंने दुबारा विवाह करने का निर्णय ले लिया था। वे

एक ऐसा जीवन साथी चाहते थे, जो खाना बनाने में कुशल होने के साथ-साथ एक मेडिकल प्रैक्टिशनर भी हो। चूँकि अनुसूचित जाति के लोगों में ऐसी महिला मिल पाना प्राय: असम्भव था, इसलिए उन्होंने शारदा कबीर को चुना।

जब अम्बेडकर के गुरु भारत रत्न प्रो॰ पी॰ वी॰ काणे को अपने शिष्य के इस निर्णय का पता चला कि वे शारदा कबीर से विवाह करने जा रहे हैं, तो उन्होंने अम्बेडकर को एक पत्र लिखा, "जिस महिला से तुम विवाह करने जा रहे हो, वह महिला तुम्हारे लिए उपयुक्त नहीं है। अच्छा होता कि तुमने एक वेश्या से विवाह किया होता, जो समाज में अपनी खोई हुई प्रतिष्ठा को पुन: हासिल कर लेती। इस महिला से विवाह करने से तुम्हारी प्रतिष्ठा, नाम और ख्याति पर विपरीत प्रभाव पड़ेगा।" (लास्ट फ्यू इयर्स ऑफ अम्बेडकर, पृ॰ 190)

दादा साहब गायकवाड़ ने भी डॉ॰ अम्बेडकर को समझाने का प्रयास किया था कि इस महिला से आपके विवाह कर लेने का हमारे समाज के लोगों पर विपरीत और दूरगामी प्रभाव पड़ेगा।

भारत रत्न काणे जैसे अपने गुरु तथा विश्वस्त साथी गायकवाड़ की चेतावनियों को भी नज़र अंदाज करते हुए अम्बेडकर ने 15 अप्रैल, सन् 1948 को नई दिल्ली स्थित अपने आवास पर सिविल मैरिज एक्ट के तहत विवाह कर लिया। इस विवाह में उनके कुछ चुनिन्दा घनिष्ठ मित्र ही सम्मिलित हुए।

विवाह के बाद शारदा कबीर ने अपना नाम बदलकर सविता अम्बेडकर रख लिया। यहाँ यह उल्लेखनीय है कि शारदा कबीर को कपड़े बदलने की भाँति ही नाम बदलते रहने का भी शौक था। वे इससे पहले शारदा, लक्ष्मी, लीला आदि नाम बदल चुकी थीं। अम्बेडकर की मृत्यु के बाद अपनी पहचान छिपाने तथा अपने प्रेम प्रसंग जारी रखने के लिए उन्होंने अपना नाम बदलकर बिट्टू रख लिया था। (वही, पृ॰ 206)

'द न्यूयॉर्क टाइम्स' ने उस समय इस विवाह को एक महत्त्वपूर्ण हस्ती तथा आम व्यक्ति के विवाह से कहीं अधिक महत्त्वपूर्ण कहा था।

टेरी पिलकिक ने लिखा था, "अम्बेडकर ने दो बार विवाह किया था। पहला विवाह 14 साल की उम्र में और दूसरा विवाह 56 साल की उम्र में तब किया था, जब उनकी पहली पत्नी का सन् 1935 में निधन हो गया था। पहला विवाह उनके पिता द्वारा तय किया गया था और उनकी अपनी ही जाति से स्वाभाविक रूप से हुआ था। लेकिन दूसरे विवाह को वे अपना 'सर्वश्रेष्ठ चयन' कहते हैं। इस बार उन्होंने एक ब्राह्मण डॉक्टर से विवाह किया है। लेकिन उनका यह

विवाह उनके अनुयायियों के बीच लोकप्रिय नहीं है। बार-बार मैं उनकी पहली पत्नी की फोटो देखता हूँ, जो शायद उनके जीवन काल में केवल एक बार ही खींची गयी थी और जो बौद्धों के घरों की दीवारों पर टँगी हुई है। उन्हें सतीत्व, धैर्य और समर्पण की प्रतिमूर्ति माना जाता है। लेकिन उनकी दूसरी पत्नी के विषय में लोगों के इसके ठीक विपरीत कटु विचार हैं। (वही, पृ॰ 199-200)

टेरी पिलकिक के ये विचार रमाबाई के प्रति उनके सम्मान तथा सविता के प्रति उनके असम्मान को दर्शाता है।

इस सारस्वत ब्राह्मण स्त्री के उनके साथ विवाह का अम्बेडकर की जीवन संध्या पर क्या दुष्प्रभाव पड़ा, इसका खाका नानक चन्द रत्तू ने अपनी पुस्तक 'लास्ट फ्यू इयर्स ऑफ अम्बेडकर' में विस्तारपूर्वक खींचा है।

उच्चतम न्यायालय के तत्कालीन न्यायाधीश न्यायमूर्ति मलिक जीवनलाल कपूर ने कहा था, "डॉ॰ अम्बेडकर निर्दयतापूर्वक ठगे गए और लूटे गए। उनके कद तथा व्यक्तित्व के अनुरूप यह स्त्री कदापि नहीं थी।" (वही, पृ॰ 190)

एक दिन गुस्से में भरकर डॉ॰ अम्बेडकर ने सविता से कहा, "जब मैं कार्यालय या संसद भवन चला जाता हूँ तो तुम सारे दिन ब्राह्मण अधिकारियों और मंत्रियों से उनके घरों पर मिलने के लिए कार से घूमा करती हो। तुम यहाँ कुम्भ मेले में आयी हो या मेरी सेवा करने के लिए आई हो। तुमने मुझसे वादा किया था कि तुम पुस्तकें झाड़ पोछकर मेरे सामने की मेज पर रखा करोगी। तुमने यह भी वादा किया था कि तुम मेरी ठीक तरह से देखभाल करोगी और मेरे खाने-पीने का विशेष ख्याल रखोगी। लेकिन ऐसा लगता है कि तुम यहाँ सिर्फ मौज उड़ाने के लिए आई हो। पिछले एक साल से मैं तुम्हारे व्यवहार पर गहरी नज़र रख रहा हूँ। जिन नालायकों ने मुझसे कहा था कि तुम मेरी अच्छी देखभाल और सेवा करोगी, उन्होंने मेरे साथ धोखा किया है।" (वही, पृ॰ 191)

अम्बेडकर ने जो कुछ कहा था उससे स्पष्ट था कि जीवन की उस अवस्था में न तो सेक्स उनकी कमज़ोरी थी और न ही वे सेक्स के लिए उतावले थे। लेकिन फिर ऐसा क्या था, जो उन्होंने सविता जैसे चरित्र वाली एक ब्राह्मण स्त्री से विवाह किया? मुझे ऐसा लगता है कि जैसा कि अम्बेडकर ने स्वयं कहा है, उसका इस्तेमाल कुछ 'नालायकों' ने अम्बेडकर के खिलाफ किया था।

यहाँ यह उल्लेखनीय है कि अम्बेडकर ने हिन्दू धर्म को त्याग कर बौद्ध धर्म स्वीकार करने का फैसला कर लिया था। ब्राह्मण मस्तिष्क ने इस खतरे को भाँप लिया था कि यदि अम्बेडकर अधिक समय तक जीवित रहे तो वे न

सिर्फ अनुसूचित जाति के लोगों का धर्मान्तरण करवा देंगे, बल्कि वे अधिकांश हिन्दू आबादी को भी बौद्ध बना देंगे, जिससे हिन्दू धर्म का पतन होने में देर नहीं लगेगी।

14 अक्तूबर, सन् 1956 को नागपुर में एक विशाल जनसमूह के समक्ष डॉ॰ अम्बेडकर अपने पाँच लाख भाइयों के साथ बौद्ध धर्म स्वीकार कर चुके थे और जिस प्रकार वे एक के बाद एक धर्मान्तरण के कार्यक्रमों की योजनाएँ बना चुके थे, उससे ऐसा प्रतीत हो रहा था कि वे भारत की एक बड़ी आबादी को जल्द ही बौद्ध बना देंगे। अम्बेडकर की असामयिक और दुर्भाग्यपूर्ण मृत्यु ने इस भय को दूर कर दिया।

नानक चन्द रत्तू अपनी पुस्तक 'लास्ट फ्यू इयर्स ऑफ डॉ॰ अम्बेडकर' के पृ॰ संख्या 207 पर लिखते हैं, "मैं थोड़ी सी हिचक के साथ यह बात कहना चाहूँगा कि यदि मैं कुछ उपलब्ध सबूतों, दस्तावेजों, मेरी व्यक्तिगत जानकारी और कड़वे अनुभवों के आधार पर उनके (सविता) जो खुलासे करूँगा, उन्हें पढ़कर शायद मेरे पाठक इस पुस्तक को किनारे रख देंगे, या पढ़ना बन्द कर देंगे और दुख से यह कहने लगेंगे कि ओह! बाबा साहब आपकी किस्मत में इतना दुखद अन्त होना लिखा था। इसलिए मैं ऐसे राज़ फाश नहीं कर पा रहा हूँ।"

डॉ॰ अम्बेडकर के धुर प्रशंसक के कृष्णमूर्ति ने अम्बेडकर को 22 मार्च सन् 1956 को एक पत्र लिखा, जिसके अन्त में उन्होंने लिखा था, "अब मुझे इस बात का पक्का यकीन हो गया है और मैं मैडम बेस्टियन (मैडम बेस्टियन एक फ्रेंच महिला थीं, जो अम्बेडकर का कॉस्मिक रेडिएशन से इलाज करने फ्रांस से आयी थीं) की इस बात से सहमत हूँ कि यदि आपकी समय से पूर्व निष्क्रियता अथवा ईश्वर न करे, आपकी असामयिक मृत्यु के लिए यदि कोई व्यक्ति जिम्मेदार होगा, तो यह आपके द्वारा सच को बार-बार ढँकने के बावजूद वह आपकी पत्नी होगी। वह आपकी भलाई की दुश्मन हैं। आप अपने चारों ओर घिरे चेहरों की सच्चाई से अनजान हैं। यदि हमारी किस्मत अच्छी होगी, जिसमें मुझे सन्देह है, तो आप परिस्थिति की गम्भीरता को ज़ल्द से ज़ल्द समझने लगेंगे और अपनी पत्नी के सुझावों की जंजीर को तोड़कर मैडम बेस्टियन के इलाज पर अमल करने लगेंगे।"

कृष्णमूर्ति ने दिनांक 25 मार्च, सन् 1956 को अम्बेडकर से मुलाकात करने का भरसक प्रयास किया, लेकिन उन्हें डॉ॰ अम्बेडकर से मिलने नहीं दिया गया। 26 मार्च, सन् 1956 को उन्होंने पुनः एक पत्र लिखा, जिसमें उन्होंने लिखा था, "जब मैं आपको पैरों से लड़खड़ाते हुए देखता हूँ तो मेरा हृदय खून के आँसू

रोता है। मेरी इच्छा होती है कि काश मैं अपने पैरों को काटकर आपको दे सकता। उनके इलाज से आपमें ज़रा सा भी सुधार नहीं हुआ है। दुर्भाग्य से यह मेरे अन्दर की आवाज़ है, जो कहती है कि आपकी इस दुर्दशा के लिए आपके अपने लोग विशेषकर आपकी पत्नी ही उत्तरदायी हैं। अगर यही सब चलता रहा तो मुझे भय है कि आप हमारी इच्छा से कम जीवन जी पाएँगे। अब यह आप पर है कि आपको अपने लाखों अनुसूचित जाति के लोगों की अधिक परवाह है या अपने पारिवारिक जीवन की अधिक चिन्ता है।"

कृष्णमूर्ति ने यह कहते हुए अपने इस पत्र को समाप्त किया, "यदि आप अपने इलाज से सन्तुष्ट हैं और इसे जारी रखना चाहते हैं, तो आप अपने सचिव के माध्यम से मुझे सूचित कर सकते हैं कि मैं आपको देखने कब आ सकता हूँ, लेकिन मेरे आने पर आपकी पत्नी का कोई हस्तक्षेप नहीं होना चाहिए।" (वही, पृ॰ 224-225)

नानक चन्द रत्तू एवं कृष्णमूर्ति ने जो कुछ कहा, उससे हर कोई यह निष्कर्ष आसानी से निकाल सकता है कि शारदा कबीर डॉ॰ अम्बेडकर की दूसरी पत्नी के तौर पर सिर्फ उनकी सेवा-शुश्रूषा या इलाज करने नहीं आयी थीं, बल्कि उन तथाकथित नालायकों के नापाक इरादों को पूरा करने आयी थी, जो उनके असामयिक निधन हेतु व्यग्र थे और उन्होंने ही अम्बेडकर को शारदा कबीर से शादी करने हेतु तैयार किया था।

4

दृष्टिकोण में बौद्ध, व्यवहार में हिन्दू

यह उल्लेखनीय है कि बौद्ध धर्म स्वीकार करने के फौरन बाद 30 अक्तूबर, सन् 1956 को अम्बेडकर ने संघ रक्षित को लिखा था, "मुझे इस बात की प्रसन्नता है कि कार्य को सफलतापूर्वक शुरू कर लेने के बाद हमें भविष्य की इसकी प्रगति पर सतत निगाह रखनी है। जिन लोगों ने धम्म स्वीकार कर लिया है और जो लोग मेरे कहने पर इसे स्वीकार करेंगे, उनमें बौद्ध धर्म के ज्ञान के प्रसार के तौर-तरीकों पर भी हमें विचार करना होगा। हमें निस्सन्देह ऐसे कार्यकर्ताओं को प्रशिक्षित करना होगा, जो लोगों को धम्म की शिक्षा दे सकें। लेकिन इसके लिए भिक्खु ही सबसे अधिक उपयुक्त होंगे। वे अपने साथ एक बड़ी प्रतिष्ठा एवं आभामण्डल लेकर चलेंगे, जो साधारण लोगों के वश की बात नहीं है।

मेरे ख्याल से जब भिक्खुओं को पता चलेगा कि उन्हें इतनी महत्त्वपूर्ण जिम्मेदारी दी जा रही है, तो वे खुशी से फूले नहीं समाएँगे। भिक्खुओं के साथ केवल एक ही समस्या है, वह यह कि वे जनता की भाषा सीखने में रुचि नहीं लेते। मुझे लगता है कि संघ को अपनी सोच में बदलाव लाना चाहिए और एकान्तवासी होने की जगह उन्हें ईसाई मिशनरियों की भाँति सामाजिक कार्यकर्ता और धर्मोपदेशक बनना चाहिए। जैसा कि मैंने आपको बताया, न तो आज वे अरिहंत हैं, और न ही वे समाज के उपयोगी सदस्य हैं। उन्हें यह बात स्पष्ट रूप से बताई जानी चाहिए और उन्हें यह अहसास कराया जाना चाहिए कि वे अपने धम्म का प्रचार करके ही बुद्ध की सच्ची सेवा कर सकते हैं।

मैं आपके इस विचार से सहमत हूँ कि एक ऐसी तार्किक पाठशाला होनी चाहिए, जिसमें भिक्खुओं को बौद्ध धर्म के मूलभूत सिद्धान्तों की शिक्षा दी जा सके और उन्हें भारत की विभिन्न भाषाएँ सिखाई जाएँ, ताकि उन्हें धर्म प्रचार के लिए देश के विभिन्न भागों में भेजा जा सके।"

यह आश्चर्य की बात है कि संघ रक्षित ने डॉ० अम्बेडकर के सुझावों पर बिल्कुल अमल नहीं किया और न ही किसी अन्य व्यक्ति ने उनके सुझावों पर कोई कार्य किया।

आज भी भारत में ऐसे अनेक भिक्खु हैं, जो अपने सम्प्रदाय के बारे में चिन्ता नहीं करते हैं, बल्कि वे सिर्फ बौद्ध धर्म के प्रति स्वयं के समर्थन तक सीमित रहते हैं। उनमें से कुछ ऐसे हैं, जिन्होंने इसका प्रशिक्षण लिया है और अधिकांश ऐसे हैं, जिन्हें इसकी बहुत कम जानकारी है। कुछ बुजुर्ग लोग वह हैं, जो इससे पहले हिन्दू संन्यासी रह चुके हैं। बाद में वे सिर्फ इस कारण से बौद्ध भिक्षु बन गए, ताकि वे अपना जीवन-यापन सुचारु ढंग से कर सकें।

बौद्ध धर्म में गिरावट के कारणों की चर्चा करते हुए आर०आर० दिवाकर अपनी पुस्तक 'भगवान बुद्ध' में लिखते हैं, "लगभग पन्द्रह सौ सालों के बाद भारत से बौद्ध धर्म का लुप्त हो जाना इस भूमि की एक बड़ी समस्या है। अपनी जन्मभूमि से ही यह धर्म इतने वर्षों तक प्रचलन में रहने के बाद क्यों लुप्त हो गया? इससे भी बड़ी बात यह है कि विश्व के अन्य भागों में न सिर्फ उस समय इसका प्रचार-प्रसार हुआ, बल्कि यह आज भी दुनिया के अनेक हिस्सों में प्रमुख धर्म के रूप में विद्यमान है। इसके जो भी तर्क दिए जाते हैं, उसमें एक प्रमुख तर्क, जिसमें सच्चाई भी प्रतीत होती है, संघ में उत्साह में कमी आयी है, जनता के बीच ले जाते इसमें शनैः-शनैः आया बदलाव और हिन्दू धर्म द्वारा इसके प्रमुख सिद्धान्तों, जैसे त्याग और अहिंसा को अपना लेना, हिन्दू धर्म द्वारा विरोध किया जाना और मुस्लिम आक्रमण आदि हैं।

बौद्ध धर्म के पराभव का बड़ा कारण संघों के उत्साह में कमी होना रहा है। संघ की प्रवृत्तियों में त्याग की भावना, आत्मानुशासन, खुले दिमाग का होना, उदारवाद, सेवा तथा दूसरों के लिए बलिदान की भावना आदि प्रमुख हैं। जब से ये प्रवृत्तियाँ क्षीण होने लगीं या समाप्तप्राय हो गयीं, तभी से इस धर्म का प्रभाव कम पड़ने लगा। स्वयं बुद्ध ने अपने जीवन के अन्तिम दिनों में एक स्थान से दूसरे स्थान तक जाकर लोगों को सत्यनिष्ठा का उपदेश दिया था और उनके अरिहंत शिष्यों जैसे सारिपुत्त, मोग्गालन आदि ने उनके इन्हीं विचारों का प्रचार-प्रसार किया था। ज्यों-ज्यों समय व्यतीत होता गया, त्यों-त्यों बौद्ध भिक्षुओं ने इन उच्च सिद्धान्तों पर चलने का भरसक प्रयत्न किया और विश्व के एक बड़े हिस्से को भगवान बुद्ध के पावन सन्देशों से परिचित कराया। भारत में भी अनेक महान सम्राटों एवं राजाओं ने न सिर्फ बौद्ध धर्म स्वीकार किया, बल्कि धम्म के

प्रचार-प्रसार में महत्त्वपूर्ण भूमिका निभाई। छठीं शताब्दी में बुद्ध के जाने के बाद ग्यारहवीं शताब्दी तक देश भर में अध्ययन हेतु अनेक विशाल विश्वविद्यालय तथा केन्द्र हुआ करते थे, जिनमें प्रत्येक बौद्ध भूमि के लगभग 10,000 विद्यार्थी अध्ययन किया करते थे। इन संस्थाओं के रखरखाव एवं व्यय हेतु राजा, विद्वान, व्यापारी तथा आम लोग उदार भाव से धन दिया करते थे। ऐसे महत्त्वपूर्ण निवेशों तथा राजाओं के संरक्षण के कारण ये बौद्ध संस्थाएँ मजबूत सम्पन्न तो बन गयीं, परन्तु इसी के साथ भिक्षु त्याग और बलिदान के उन उच्च आदर्शों को भूलने लगे, जिन पर ये संस्थाएँ टिकी हुई थीं। समय बीतने के साथ भिक्षु अकादमिक जीवन की आरामदेह जिन्दगी और धार्मिक समारोहों में रम गए, वे शिथिल होते गए और अपने आदर्शों के विपरीत सांसारिक कार्य कलापों में पड़ गए, जो जनता के दैनिक कार्यों से कतई भिन्न नहीं था। इससे यह अनुशासन विभिन्न सम्प्रदायों में बँटने लगा और संघ के नैतिक मानकों में ह्रास होने लगा, जिससे आम जनता में इनका प्रभाव घटने लगा और जन सामान्य का इस धर्म में विश्वास और समर्पण शनैः-शनैः कम होता गया।"

दिवाकर आगे लिखते हैं, "भारत में बौद्ध धर्म के ह्रास का दूसरा प्रमुख कारण यह है कि इसे कट्टरपंथी पारम्परिक हिन्दुओं से कड़ी चुनौती का सामना करना पड़ा। हिन्दू धर्म के कट्टरपंथी लोग हमेशा से बौद्ध धर्म के खिलाफ थे क्योंकि उनकी स्वयं की जनता पर से पकड़ ढीली हो रही थी। बौद्ध धर्म के उत्कर्ष के दिनों में राजाओं का संरक्षण मिला होने के कारण कट्टरपंथी हिन्दू बौद्ध धर्म के विरोध में अपनी आवाज़ नहीं बुलन्द कर सके, लेकिन इसके पराभव के बाद कट्टरपंथी हिन्दुओं ने बौद्धों में एक मजबूत नेतृत्व के अभाव का फायदा उठाते हुए धीरे-धीरे बौद्ध मन्दिरों को हिन्दू मन्दिरों में परिवर्तित कर दिया। इसका विरोध करने वाली बौद्ध आवाजें भी धीरे-धीरे क्षीण होती गयीं। भारत के जो हिस्से मुस्लिम आक्रान्ताओं से अछूते रह गए थे, उनमें जाति व्यवस्था के दबावों ने बौद्ध धर्म का खात्मा कर दिया।"

यदि अम्बेडकर कुछ और वर्षों तक जीवित रह गए होते, तो वे निश्चित रूप से भारत में बौद्ध धर्म का प्रचार-प्रसार करने के लिए बुद्ध की भाँति एक स्थान से दूसरे स्थान तक जाकर लोगों को बौद्ध धर्म स्वीकार करने के लिए प्रेरित करते। दुर्भाग्यवश, वे बौद्ध धर्म को स्वीकार करने के सिर्फ सात सप्ताह बाद ही इस दुनिया से विदा हो गए।

बौद्ध पाठशालाएँ

मैसूर के महाराजा से प्राप्त दान की भूमि पर सन् 1954 में अम्बेडकर ने एक बौद्ध पाठशाला खोलने का विचार किया था, लेकिन वे अपने जीवनकाल में इस विचार को मूर्त्त रूप नहीं दे सके। यद्यपि यह विचार अभी तक मृत नहीं हुआ है, किन्तु अम्बेडकर के तथाकथित अनुयायियों में से किसी ने भी इसे आज तक अमली जामा नहीं पहनाया है।

ऐसा प्रतीत होता है कि बुद्ध की आवाज़ें आज भदंत विमलकीत्ति गुणसिरी के कानों में गूँज रही हैं और उनसे कह रही हैं कि संघर्ष से मत भागो, बल्कि संघर्षों का सामना करो और जीवन में आगे बढ़ने तथा विकास के लिए महान उपलब्धियाँ घटित होते देखो। ऐसा नहीं होता तो वे सन् 2006 में 'महानाग शाक्यमुनि विज्जासन' नाम से भला कैसे एक पाठशाला खोल पाते? वह भी उस समय जब नागपुर में अम्बेडकर के अनुयायियों ने ही उनका भारी विरोध किया था और उन्हें नागपुर से खदेड़ने का भी प्रयास किया था।

आज महाराष्ट्र सरकार ने नागपुर विश्वविद्यालय से सम्बद्ध ऐसी ही एक बौद्ध पाठशाला एक महाविद्यालय के रूप में खोली है। विमलकीत्ति शीघ्र ही एक अन्य बौद्ध पाठशाला मुम्बई में भी स्थापित करने जा रहे हैं। बौद्ध धर्म को देखने का उनका पूर्वाग्रहमुक्त दृष्टिकोण सभी जातियों एवं समुदायों के युवाओं को तेज़ी से आकृष्ट कर रहा है और ये युवा भिक्खु बनने का प्रशिक्षण लेने हेतु तत्पर हो रहे हैं।

विमलकीत्ति एक ऐसे व्यक्ति हैं, जिन्होंने युवावस्था से ही अपना जीवन भारत तथा विदेशों में सच्चे बौद्ध धर्म के उपदेशों का प्रचार करने हेतु समर्पित कर दिया है। उन्होंने सांसारिक जीवन के समस्त ऐश्वर्यों को ठुकराकर बौद्ध भिक्षु बनना स्वीकार किया है। उनकी बौद्ध धर्म तथा बोधिसत्व बाबा साहब अम्बेडकर में अपार श्रद्धा है। लेकिन 26 जून, 2010 को मुझसे बात करते हुए रुँधे गले से उन्होंने मुझसे कहा था–

> "दुर्भाग्यवश अम्बेडकर के अनुयायियों ने बौद्ध धर्म को महारों का पर्याय बना डाला है। वे स्वयं को जन्म से बौद्ध समझते हैं।"

विमलकीत्ति मराठी में 'विजित संग्राम' नाम से एक पत्रिका का सम्पादन करते हैं, जिसमें वे विचारोत्तेजक सम्पादकीय तथा लेख लिखते रहते हैं। 'बौद्ध समाज कोथे आहे? (बौद्ध कहाँ हैं?) शीर्षक से अप्रैल-मई 2010 के अपने सम्पादकीय तथा 'अम्बेडकरी चालवालीचे औदित' (अम्बेडकर आन्दोलन का

लेखा-जोखा) शीर्षक से उनके लेख हमारी आँखे खोलने के लिए पर्याप्त हैं और उन लोगों को आत्मान्वेषण के लिए विवश करता है, जो स्वयं को धर्मान्तरित बौद्ध कहते हैं और अम्बेडकर का अनुयायी होने का दावा करते हैं।

अपने सम्पादकीय में वे लिखते हैं, "महाराष्ट्र में बौद्ध वे हैं, जो पहले महार हुआ करते थे। वे अपनी आवाज़ें ऊँची करते हुए खुद को बौद्ध बताते हैं, जिससे आम जनता में यह विश्वास जमने लगा है कि यदि कोई व्यक्ति बौद्ध है, तो वह महार ही होगा। इस कारण बौद्ध धर्म महारों का पर्याय बनकर रह गया है।"

अम्बेडकर के महापरिनिर्वाण के पश्चात् चाहे कोई माने या ना माने, यह सत्य है कि बौद्ध धर्म की लहर थम सी गयी है और मुझे भय है कि यदि इस पर गम्भीरतापूर्वक ध्यान नहीं दिया गया, तो यह लहर बिल्कुल थम जाएगी।

बुद्ध और अम्बेडकर दोनों को अनेक लोगों ने प्रभावशाली ढंग से देवतुल्य बनाने का कार्य किया। वे पुत्र प्राप्ति हेतु प्रार्थना अथवा परीक्षा में उत्तीर्ण होने की विनती आदि के साधन बन गए हैं। पर्वों के अवसरों पर अम्बेडकर का जयघोष देखा जा सकता है। इसी तरह के कई सन्देह धम्म के आचरण में भी प्रविष्ट हो चुके हैं। भिक्खुओं ने पुरोहितों का स्थान ले लिया है। सत्यनारायण पूजा के दौरान परित्राण का भी सस्वर पाठ किया जाने लगा है। कैलाशवासी का स्थान बुद्धवासी लेने लगे हैं और इसी प्रकार की कई अन्य परम्पराएँ भी शुरू हो गयी हैं।

आज बौद्ध भिक्षु, जो अपने श्लोकों में विवाह की सफलता की कामना करते हैं, वे भी हिन्दू विवाहों की भाँति यह क्रिया सम्पन्न कराने लगे हैं। इन श्लोकों का भाव भले ही भिन्न हो, किन्तु उच्चारण एक समान होता है। बौद्ध धर्म में पुंगीफल या सुपारी की पत्तियों तथा सुपारी को विवाह में आमंत्रित अतिथियों को देने की प्राचीन परम्परा आज भी निभाई जाती है, लेकिन धर्मान्तरित बौद्ध अतिथियों के मस्तक पर लाल गेरू लगाने के स्थान पर नीला पाउडर लगाते हैं। हिन्दुओं में आमंत्रित अतिथि नवयुगल को आशीर्वाद के रूप में उन पर हल्दी रँगे चावल छिड़कते हैं। नव बौद्ध ऐसा फूलों के रूप में करते हैं। विवाह का समय तथा मौसम नव बौद्धों एवं हिन्दुओं का एक जैसा ही है।"

बौद्ध विवाहों की वैधानिकता

श्रीमती बेबी ने जयन्त महादेव जगताप के विरुद्ध बम्बई उच्च न्यायालय में एक याचिका दायर की, जिसमें हिन्दू मैरिज एक्ट 25, 1955 के अनुछेद 2, 7(2) तथा अनुच्छेद 3(ए) के तहत सन् 1956 में अनुसूचित जाति से बौद्ध धर्म

में धर्मान्तरित लोगों के पारम्परिक विवाहों की महाराष्ट्र में वैधता को चुनौती दी थी।

अपनी याचिका में शिकायतकर्ता पहली पत्नी ने अपने दोनों विपक्षियों को संविधान की धारा 494 तथा 109 के अन्तर्गत दण्डनीय होने के बावजूद दोषमुक्त किए जाने के आदेश को चुनौती दी थी। शिकायतकर्ता तथा विपक्षी दोनों ही अनुसूचित जाति के थे और सन् 1956 के आस-पास बौद्ध धर्म में धर्मान्तरित हो गए थे, जबकि उनका विवाह इसके बहुत बाद में सन् 1971 में हुआ था। इस याचिका में जो प्रश्न उठाया गया था वह बौद्ध धर्म में धर्मान्तरित लोगों के लिए अत्यधिक महत्त्वपूर्ण था। इसमें प्रश्न यह था कि हिन्दू कानूनों में स्वीकृत वैवाहिक परम्पराओं से इतर अन्य परम्परा में किए गए विवाहों को मान्यता दी जाए अथवा नहीं। विवाह का यह रूप इस प्रकार था–

> "वर तथा वधू स्नान तथा नए वस्त्र धारण करने के पश्चात विवाह स्थल पर लाए जाते हैं। विवाह स्थल पर एक कुर्सी पर भगवान बुद्ध और डॉ॰ बाबा साहब अम्बेडकर के चित्र रखे हुए हैं। वे लोग उन चित्रों की पूजा करते हैं तथा उन पर मालाएँ चढ़ाते हैं। इसके बाद वर तथा वधू इन दोनों चित्रों के सामने हाथ जोड़ते हैं और इन चित्रों के सामने श्रद्धापूर्वक झुकते हुए कहते हैं–
>
> "बुद्धम् शरणम् गच्छामि, धम्मम् शरणम् गच्छामि, संघम् शरणम् गच्छामि।"

इसके पश्चात् अन्य मंत्र पढ़े जाते हैं तथा समारोह आयोजित किए जाते हैं और मंगल सूत्त का वाचन किया जाता है। वर तथा वधू एक दूसरे को माला पहनाते हैं और पति-पत्नी के रूप में साथ-साथ रहने की शपथ लेते हैं और वे एक दूसरे की ओर प्रसन्नतापूर्वक देखते हैं। इस शपथ को ले लेने के बाद विवाह स्थल पर उपस्थित अतिथिगण वर तथा वधू पर पुष्प वर्षा करते हैं और इसके बाद अतिथियों में सुपारी के पत्तों तथा सुपारी का वितरण किया जाता है तथा बाजा बजाया जाता है।"

यह अपील न्यायमूर्ति भोंसले द्वारा सुनी गयी। अपने निर्णय में उन्होंने कहा, "हिन्दू मैरिज एक्ट, 1955 के अनुच्छेद 2 के अनुसार बौद्ध धर्म में धर्मान्तरित व्यक्ति भी हिन्दू हैं और चूँकि इस समुदाय के रीति-रिवाजों तथा समारोह के बारे में प्रत्यक्षदर्शियों ने यहाँ जो वर्णन किया है, वह हिन्दू धर्म के रूपों 'सप्तपदी' और 'लज्जा होम' के अन्तर्गत नहीं आता और यह परम्परा इस एक्ट के अनुच्छेद 7 (2) तथा 3(ए) के अन्तर्गत प्राचीनता की कोटि में भी नहीं आती। इसलिए

इन्हें वैधानिक कहा जाना सम्भव नहीं है। यदि किसी सम्प्रदाय द्वारा भिन्न तथा नई वैवाहिक परम्पराएँ ग्रहण की जाती हैं, तो कानून को उसी समय उनका संज्ञान लेना होगा और कानून की दृष्टि के अनुरूप उन्हें मान्यता देनी होगी। विवाह की ऐसी परम्पराओं को मान्यता प्रदान करने से इन्कार करने से इस सम्प्रदाय के लोगों को विषम सामाजिक परिस्थितियों में घोर कष्ट झेलने होंगे। इसलिए इस मामले में इस समुदाय में पिछले 25 से अधिक वर्षों से बिना किसी रूकावट के चल रहे रीति-रिवाजों एवं कर्मकाण्डों को बौद्ध सम्प्रदाय के वैध विवाह की संज्ञा देने के लिए स्वीकृति प्रदान की जानी चाहिए।"

सम्माननीय न्यायामूर्ति भोंसले ने अपने निर्णय में महाराष्ट्र राज्य विधि आयोग की 'हिन्दू मैरिज एक्ट, 1955' के कुछ पहलुओं पर दी गयी अनुशंसाओं का भी सन्दर्भ दिया था। ऐसी ही एक अनुशंसा 'हिन्दू मैरिज एक्ट, 1955' के 7वें अनुच्छेद में संशोधन से सम्बन्धित है। आयोग ने सिफारिश की थी कि हिन्दू तथा बौद्ध सम्प्रदायों के विवाहों के समारोहों के सम्बन्ध में कुछ सरलीकरण किए जाने चाहिए। चूँकि इस राज्य के हिन्दू सम्प्रदाय के विभिन्न समूहों में भिन्न-भिन्न वैवाहिक परम्पराएँ प्रचलन में हैं, अत: इस बात पर विशेष ज़ोर दिया गया था कि कुछ विवाहों की परम्पराओं को न्यायालय वैध विवाह के रूप में मान्यता नहीं देता क्योंकि इन विवाहों में 'सप्तपदी' या 'लज्जा होम' की परम्पराओं का निर्वाह नहीं किया जाता। विधि आयोग की रिपोर्ट में हिन्दू मैरिज एक्ट में कुछ संशोधन के सुझाव दिए गए थे। निम्नांकित अनुच्छेदों हेतु सुझाव दिए गए थे–

अनुच्छेद 7 (ए)

1. अनुच्छेद 7 में कतिपय प्रावधान होने के बावजूद हिन्दू विवाह रिश्तेदारों, मित्रों तथा अन्य व्यक्तियों की उपस्थिति में इनमें से किसी प्रकार से किए जा सकते हैं–

(अ) विवाह के दोनों पक्ष एतद् द्वारा दोनों पक्षों को समझ में आने वाली भाषा में यह घोषणा करें कि दोनों पक्ष एक दूसरे को अपना पति अथवा पत्नी, जैसा भी मामला हो, स्वीकार करते हैं तथा विवाह हेतु दोनों पक्ष एक दूसरे को माला पहनाएंगे।

(ब) विवाह करने वाले दूसरे पक्ष में प्रचलित विवाह के रीति-रिवाज़ों के अनुसार विवाह सम्पन्न हुआ हो।

2. अनुच्छेद 7 में कतिपय प्रावधान होने के बावजूद, किन्तु अधिनियम के अन्य प्रावधानों के अनुरूप हिन्दू मैरिज एक्ट (महाराष्ट्र संशोधन) से पहले

सम्पन्न हुआ विवाह, ऐसे विवाह के सम्पन्न होने की तिथि से कानूनन वैध माना जाएगा।

विधि आयोग का मत था कि प्रस्तावित नया अनुच्छेद 7(ए) हिन्दू संहिता के अन्तर्गत आने वाले विभिन्न सम्प्रदायों के विवाहों के सरल एवं सस्ते विवाहों को वैध ठहराने की दिशा में एक सही कदम होगा।

विद्वान न्यायाधीश महोदय ने अपने निर्णय की एक-एक प्रति महाराष्ट्र सरकार, विधि एवं न्याय विभाग के पास यह कहते हुए भेजी कि महाराष्ट्र सरकार भारत सरकार को हिन्दू मैरिज एक्ट में वे संशोधन करने के लिए बाध्य करे, जो महाराष्ट्र राज्य विधि आयोग ने सुझाए थे। चूँकि यह विषय करोड़ों लोगों के जीवन तथा उनके परिवारों को प्रभावित कर रहा है तथा उनके बच्चों का सामाजिक जीवन एवं वैधता भी प्रश्नों के घेरे में आ रही है, इसलिए सरकार को तत्काल इस पर निर्णय लेना चाहिए।

लेकिन अभी तक भारत सरकार हिन्दू मैरिज एक्ट में सुझाए गए संशोधनों हेतु कोई कदम उठाती प्रतीत नहीं हो रही है। (आल इण्डिया रिपोर्टर, 1981, बम्बई पृ॰ 283-299)

विष्णु कुमार कर्दम नामक व्यक्ति ने बौद्ध विवाह की परम्पराओं के विषय में अम्बेडकर से मार्गदर्शन प्रदान करने का अनुरोध किया था। 26 नवम्बर, सन् 1956 को अम्बेडकर ने उन्हें सूचित किया था, "बौद्ध विवाह का समारोह अत्यन्त सरल है। इसमें कोई होम नहीं होता और न ही कोई सप्तपदी होती है। इस समारोह की विशेषता यह है कि इसमें वर तथा वधू के बीच में एक स्टूल पर जल से पूरी तरह भरा हुआ मिट्टी का कलश रखा जाता है और वर तथा वधू कलश के दोनों ओर खड़े होते हैं। वे कलश में एक सूती धागा डालते हैं और दोनों लोग अपने-अपने हाथों में इसका एक-एक सिरा पकड़ते हैं। कोई एक व्यक्ति मंगल सूत्त का वाचन करता है। वर तथा वधू को इस अवसर पर श्वेत वस्त्र धारण करने चाहिए।"

बौद्ध विहारों तथा अन्य बौद्ध समारोहों में बुद्ध के चित्र की उपस्थिति भारतीय बौद्धों को मुख्य बौद्ध परम्पराओं से अलग करती है। आज भारत के पारम्परिक बौद्धों के समारोहों में अम्बेडकर के चित्र को भी रखना, उनके प्रति सम्मान की भावना का परिचायक है, जो एक नवीनतम दृष्टिगत खोज है। बुद्ध तथा अम्बेडकर के प्लास्टर, स्टोन, पोस्टर आर्ट अथवा पेण्टिंग से बने चित्र या प्रतिमाएँ, जो आज लगभग समान महत्त्व की विभूतियाँ हैं और वर्तमान में एक के बगैर दूसरे की कल्पना भी नहीं की जा सकती, इस बात का प्रमाण हैं कि

समकालीन भारतीय बौद्ध मुख्य बौद्ध परम्पराओं के साथ अपनी परम्पराओं का भी गर्व के साथ समावेश करते हैं। प्रत्येक अवसर पर इन दोनों विभूतियों को माला पहनाई जाती है, पहले भगवान बुद्ध के स्वरूप को माला पहनाई जाती है, फिर अगरबत्ती जलाई जाती है और भगवान गौतम बुद्ध तथा परमपूज्य बाबासाहब अम्बेडकर का नाम लेकर वक्ता सभा के अध्यक्ष तथा भाइयों एवं बहनों को सम्बोधित करता है।

गाँवों में अम्बेडकर की प्रतिमाओं को भारत का संविधान हाथ में लिए हुए प्रदर्शित किया जाता है और उनके नाम का उच्चारण ही प्रार्थना के समान माना जाता है। यद्यपि ग्रामवासी अम्बेडकर के प्रति पूरी श्रद्धा रखते हैं लेकिन वास्तव में उन्हें नहीं मालूम होता कि अम्बेडकर ने भगवान बुद्ध के सन्देशों का प्रचार-प्रसार किया था। अम्बेडकर के प्रति सम्मान प्रदर्शित करने का एक दूसरा तरीका यह है कि वे शरण की सूची में डॉ॰ अम्बेडकर का पहला नाम 'भीमराव' जोड़कर 'भीमम् शरणम् गच्छामि' भी उच्चारण करते हैं और अब ये तीन से बढ़कर चार हो गए हैं–

"बुद्धम् शरणम् गच्छामि,
धम्मम् शरणम् गच्छामि,
संघम् शरणम् गच्छामि,
भीमम् शरणम् गच्छामि।"

(डेटलेफ कैण्टोवस्की, बुद्धिस्टेन इन इण्डियन हॉट, पृ॰ 13, 18, 21, 23, 24)

दीक्षा

अपने दीक्षा भाषण में अम्बेडकर ने कहा था, "केवल वे लोग ही बौद्ध धर्म स्वीकार कर सकते हैं, जो इसके प्रति अपार श्रद्धा रखते हैं। यदि वे इसमें विश्वास नहीं रखते हैं या यह धर्म उन्हें प्रभावित नहीं करता, तो उन्हें इस धर्म को स्वीकार नहीं करना चाहिए।"

भगवान बुद्ध ने भी कहा था, "केवल मेरे प्रति सम्मान होने के कारण ही मेरे नियमों को किसी को नहीं स्वीकार करना चाहिए। पहले उसे इन्हें स्वर्ण को आग में तपाने की भाँति अपनी कसौटी पर कसना चाहिए।"

प्रत्येक बौद्ध से अपेक्षा की जाती है कि वह दीक्षा लेगा और पंचशील, अष्टांग मार्ग तथा अम्बेडकर द्वारा निर्धारित 22 संकल्पों का पालन करेगा। लेकिन व्यवहार में दीक्षा को अनिवार्य नहीं बनाया गया है। पंचशील, अष्टांग मार्ग तथा

डॉ॰ अम्बेडकर द्वारा निर्धारित 22 संकल्पों के पालन के विषय में जितना कम कहा जाए, उतना ही बेहतर होगा। यदि एक सच्चा सर्वेक्षण किया जाता है, तो जो निष्कर्ष निकलेंगे, वह हमें हिलाकर रख देंगे।

नायक पूजा

अपने स्वर्ण जयन्ती समारोह के अवसर पर डॉ॰ अम्बेडकर ने कहा था, "आप पिछले 15 वर्षों से मेरा जन्म दिवस मना रहे हैं। मैं इन समारोहों में कभी शामिल नहीं हुआ। मैं हमेशा से ऐसे कार्यक्रमों का विरोध करता रहा हूँ। आज आपने मेरी स्वर्ण जयन्ती मना ली है और अब इतना काफी है। आगे से ऐसा कोई भी समारोह नहीं होना चाहिए।" उन्होंने आगे कहा, "अपने नेताओं के प्रति अतिशय सम्मान जनता के आत्मविश्वास की जड़ें खोद डालता है और जब संकट का अवसर आता है या जब उनका नेतृत्व कोई सन्दिग्ध व्यक्ति करता है, तो वे असहाय हो जाते हैं।"

उन्होंने कहा, "हिन्दू समाज के पतन तथा इसमें आ रही गिरावट का सबसे बड़ा कारण है कि कृष्ण ने उन्हें आज्ञा दी है कि वे जब-जब संकट में होंगे, तब-तब कृष्ण के अवतार उनको संकट से मुक्ति दिलाएंगे। इससे आपातकालीन परिस्थितियों में हिन्दू समाज असहाय होकर रह गया। मैं नहीं चाहता कि आप भी ऐसे विनाशकारी उपदेशों का पालन करें। मैं नहीं चाहता हूँ कि आप अपनी मुक्ति के लिए किसी व्यक्ति विशेष पर निर्भर रहें। आपकी मुक्ति आपके अपने प्रयासों में आपके अपने हाथों में निहित है।"

मद्रास से प्रकाशित होने वाले 'जय भीम' के विशेषांक के सन्देश में अम्बेडकर ने लिखा था, "यह दुर्भाग्यपूर्ण सत्य है कि भारत में राजनैतिक नेताओं की भगवान मानकर पूजा की जाती है। ऐसा सिर्फ भारत देश में ही है कि यहाँ पर भगवानों और नेताओं के जन्म दिवस धूमधाम से मनाए जाते हैं। ऐसा किया जाना दुर्भाग्यपूर्ण है। व्यक्तिगत तौर पर मैं अपने जन्मदिन को मनाने के खिलाफ हूँ। मैं व्यक्ति पूजा का विरोधी हूँ, जो लोकतंत्र के लिए घातक है। एक नेता के प्रति प्रशंसा, प्रेम, सम्मान और समर्पण किया जाना तो स्वीकार किया जा सकता है, लेकिन अपने नेता की पूजा करने का अनुमति कदापि नहीं दी जा सकती। यह दोनों ही के लिए अनैतिक होगा।"

आज डॉ॰ अम्बेडकर की सलाह की परवाह किए बगैर उनका जन्म दिवस बड़े ही भव्य स्तर पर मनाया जाता है। पुणे तथा औरंगाबाद में क्रमशः रेलवे स्टेशन के पास तथा भटकल गेट के पास स्थित अम्बेडकर की प्रतिमाएँ इस

समारोह का केन्द्र स्थल होती हैं। सभी स्थानों से चलकर आने वाले जुलूस एवं शोभायात्राएँ अम्बेडकर चौराहे पर लाई जाती है। आगरा, लखनऊ समेत अन्य शहरों में भी ऐसा ही किया जाता है। यह महात्मा गाँधी की जयन्ती तथा पुण्य तिथि के आयोजनों से कतई भिन्न नहीं है।

धर्मान्तरित बौद्धों एवं बौद्ध धर्म में रुचि लेने वाले सभी लोगों को स्वामी विवेकानन्द के ये शब्द अवश्य ध्यान में रखने चाहिए, जिसमें उन्होंने कहा था, "मेरे पास न तो इतना समय है और न ही मेरी इच्छा है कि मैं बौद्ध धर्म के मार्ग में आने वाली समस्याओं की चर्चा करूँ, परन्तु फिर भी मैं यह अवश्य कहना चाहूँगा कि मस्तिष्क ने धर्म के नाम पर सर्वाधिक अशिष्ट रूप को यदि किसी जगह एकत्र किया है, तो वह पराभवशील बौद्ध धर्म में ही किया है।" (स्वामी विवेकानन्द, माई इण्डिया : द इण्डिया इटरनल, पृ॰ 133–134)

वेद कहते हैं, "जागो और तब तक मत रुको, जब तक तुम्हें अपना लक्ष्य प्राप्त न हो जाए..... साहसी बनो। आपने बन्धुओं का नेतृत्व करने का प्रयास करने के स्थान पर उनकी सेवा करो। जीवन के प्रवाह में नेतृत्व करने के उन्माद ने अनेक जीवन रुपी जहाजों को डुबो दिया है। इसका विशेष ध्यान रखो अर्थात् अपनी मृत्युपर्यन्त कार्य करते हुए निस्वार्थ भाव से सेवा करो।"

यद्यपि अम्बेडकर का वेदों में विश्वास नहीं था फिर भी आज भारत में बौद्ध धर्म को पुनर्जीवित करने के लिए वेदों में वर्णित इसी भावना एवं संकल्प शक्ति की आवश्यकता है। और ऐसा सिर्फ भगवान बुद्ध की इस सलाह को मानकर ही किया जा सकता है, जिसमें उन्होंने कहा था, "सभी भूमियों तक जाओ और सन्देशों को पहुँचाओ। उन्हें यह बताओ कि अमीर और गरीब, ऊँचे और नीचे सभी मानव एक समान हैं। जिस तरह समुद्र में जाकर सभी नदियाँ एक हो जाती हैं, उसी तरह इस धर्म में आकर सभी जातियाँ एक हो जाती हैं।"

संयुक्त आन्दोलन की शुरुआत

अपने दीक्षा भाषण में अम्बेडकर ने कहा था कि भारत में कुछ लोग ऐसा अवश्य कहेंगे कि बौद्ध धर्म अस्पृश्यों का धर्म है। वे इसके खिलाफ दुष्प्रचार करेंगे और ओछे आक्षेप लगाएंगे। उन्होंने यह भी कहा था कि महारों को ऐसा कुछ नहीं करना चाहिए, जिससे उनका नाम खराब हो। उन्हें ऐसा जीवन जीना चाहिए, जो उन्हें प्रतिष्ठा दे सके। उन्हें यह कदापि नहीं सोचना चाहिए कि उनके लिए यह धर्म कुत्ते के गले में बँधी जंजीर के समान है।

नव बौद्धों तथा अम्बेडकर के अनुयायियों को स्वयं से ये प्रश्न अवश्य पूछने चाहिए–

1. क्या उन्होंने बौद्ध धर्म को अस्पृश्यों का धर्म बनाकर तो नहीं रख दिया है?
2. उनके बारे में आज आम जनता की क्या राय है?
3. क्या लोग उन्हें सम्मान की भावना से देखते हैं या उनका तिरस्कार करते हैं?
4. क्या उन्होंने कुत्ते के गले में बँधी जंजीर के समान इस धर्म को धारण किया है?
5. क्या उन्होंने धर्मान्तरण को मज़ाक बनाकर रख दिया है?

उनकी अन्तरात्मा ही इन सवालों के जवाब देकर उन्हें सच्चाई तक पहुँचा सकती है।

यद्यपि अभी भी समय है कि वे अम्बेडकर के सुझावों पर अमल करें। डॉ॰ अम्बेडकर की अपने अनुयायियों को सलाह थी, "आपका कर्त्तव्य है कि आप बौद्ध धर्म को उत्कर्ष की ओर ले जाएँ। आपको ऐसे कार्य करने होंगे, जिनसे लोगों में आपके प्रति सम्मान की भावना जाग्रत हो और लोग आपसे प्रेरणा प्राप्त करें। आपको पूरी ईमानदारी से बौद्ध धर्म का पालन करना होगा और हमेशा यह प्रयास करना होगा कि इस महान धर्म को उसके पुराने गौरव तक वापस लाना है। यदि आप ऐसा नहीं करते हैं तो लोग आपके धर्मान्तरण का मज़ाक उड़ाएंगे।"

हमें यश के आदर्शों को अपने सामने रखना होगा और यह जानना होगा कि वे किस प्रकार भगवान बुद्ध के अनुयायी बने और बौद्ध धर्म के प्रचार-प्रसार के लिए उन्होंने क्या किया। आपको याद दिलाने के लिए मैं यश के बारे में कुछ विवरण उदधृत कर रहा हूँ, जो निम्नलिखित हैं–

यश

बनारस में एक करोड़पति के पुत्र का नाम यश था, जो वैभवपूर्ण एवं विलासितापूर्ण जीवन व्यतीत कर रहा था। एक सुबह वह तड़के ही उठ गया और उसने देखा कि उसकी महिला परिचारिकाएँ तथा संगीतज्ञ अस्त-व्यस्त मुद्रा में सोए हुए हैं। यह पूरा दृश्य इतना घृणित था कि पूरा महल एक भद्दे कब्रिस्तान जैसा आभास दे रहा था। इस प्रकार सांसारिक जीवन की व्यर्थता को महसूस करते हुए वह घर से निकल पड़ा और कहने लगा, "मैं बहुत दुखी हूँ। मैं बहुत

पीड़ित हूँ।" और तब वह इसीपाटन की दिशा में चल पड़ा, जहाँ कुछ समय के लिए निवास करने हेतु महात्मा बुद्ध आए हुए थे और अपने पाँच भिक्खुओं को अरिहंत बना चुके थे। पाँचवें दिन जब पाँचों भिक्खु अरिहंत बन चुके और प्रथम धर्मोपदेश पूर्ण हुआ, तभी यह घटना घटित हुई।

उस समय महात्मा बुद्ध एक खुली जगह पर धीरे-धीरे अपने कदम बढ़ा रहे थे। यश को दूर से आते हुए देखकर वे अपनी आनन्द मुद्रा से बाहर आए और एक आसन पर बैठ गए। उनसे थोड़ी ही दूर पर यश ज़ोर-ज़ोर से चिल्ला रहा था, "मैं बहुत दुखी हूँ! मैं बहुत पीड़ित हूँ।"

तब बुद्ध ने कहा, "ऐ यश! यहाँ पर कोई भी पीड़ा नहीं है। ऐ यश! यहाँ आओ और अपना आसन ग्रहण करो। मैं तुम्हें धम्म की दीक्षा दूँगा।"

महात्मा बुद्ध के उत्साहपूर्ण शब्दों को सुनकर दुखित यश प्रसन्न हो गया। अपनी सोने की चप्पलों को उतारकर वह बुद्ध के पास गया और उन्हें प्रणाम कर एक ओर बैठ गया। महात्मा बुद्ध ने उसे धम्म की दीक्षा दी और उसने संत की प्रथम अवस्था 'सोतपत्ति' प्राप्त कर ली।

सबसे पहले भगवान बुद्ध ने उसे दान, शील, सग्ग (स्वर्ग) नेक्खम्मनीशमीश (त्याग) के विषय में बताया। जब उन्होंने देखा कि यश का मस्तिष्क एकाग्र हो गया है और वह गहन उपदेश ग्रहण करने की अवस्था में पहुँच गया है, तब उन्होंने उसे चार महासत्यों की शिक्षा दी। यश ने भगवान बुद्ध से अनुरोध किया कि वे उसे उच्च तथा निम्न कोटि के विधानों के विषय में ज्ञान प्रदान करें। उच्च कोटि के विधानों हेतु भगवान बुद्ध ने यश से कहा, "ऐ भिक्खु! आओ। सही समझना ही श्रेष्ठ सिद्धान्त है। दुखों से पूर्णतः मुक्त होकर एक पावन जीवन व्यतीत करो।" भदन्त यश के जुड़ जाने से अरिहंतों की संख्या 5 से बढ़कर 6 हो गयी।

यश के चार घनिष्ठ मित्र थे, जिनके नाम विमल, सुबाहु, पन्नाजी और गवमपति थे। जब उन्हें पता चला कि उनके अभिन्न मित्र ने अपने बाल तथा दाढ़ी मुड़वा दी है और पीला लबादा ओढ़ लिया है और वैराग्य ले लिया है, तब वे भी उसके पास आए और उसकी भाँति बनने की आकांक्षा व्यक्त की। यश ने उन्हें भगवान बुद्ध से मिलवाया और धम्म की दीक्षा लेकर वे भी अरिहंत बन गए। यश के पचास अन्य मित्र भी, जो विभिन्न जनपदों में वैभवशाली जीवन व्यतीत कर रहे थे, बुद्ध से दीक्षा लेकर वे सभी अरिहंत बन गए और संघ की

शरण में आ गए। यश के बोधि प्राप्त करने के दो माह के भीतर ही अरिहंतों की संख्या बढ़कर साठ हो गयी।

इन साठ शुद्ध अनुयायियों को केन्द्र में रखकर महात्मा बुद्ध ने ब्रह्मचर्य का क्रम निर्धारित किया। ये सभी समाज के ऊँचे तबके से आए थे और पूर्ण शिक्षित तथा धनी व्यक्ति थे, लेकिन संघ सभी योग्य व्यक्तियों के लिए खुला हुआ था और उसमें जाति, वर्ग या श्रेणी का कोई भेदभाव नहीं था। सभी जातियों के वृद्ध तथा युवा सभी प्रकार के लोग संघ में स्वच्छन्दत: सम्मिलित किए जाते थे और बिना किसी भेदभाव के वे सभी भाई चारे के साथ वहाँ निवास करते थे। भिक्खुओं का ब्रह्मचर्य क्रम संसार में ब्रह्मचर्य का प्राचीनतम इतिहास है, जो आज भी प्रचलित है।

गौतम बुद्ध द्वारा प्रतिपादित प्राचीन बौद्ध धर्म तथा अम्बेडकर द्वारा पुनर्जीवित बौद्ध धर्म में विविधता है, किन्तु दोनों का लक्ष्य एक ही है। आज आवश्यकता इस बात की है कि प्राचीन बौद्ध धर्म तथा नव बौद्ध धर्म को एक किया जाए। वर्तमान समय में दोनों अपने-अपने रास्तों से एक ही लक्ष्य को पाने का प्रयास कर रहे हैं। लेकिन यदि भगवान बुद्ध के दृष्टिकोण को ध्यान में रखकर ये दोनों अपने हाथ मिला लेते हैं और एक साथ मिलकर एक बड़ा आन्दोलन शुरू करते हैं, तो भारत में बौद्ध धर्म को पुनर्जीवित करने के प्रयासों को पंख लग जाएंगे और इसका परिणाम निश्चय ही सकारात्मक होगा।

एक बौद्ध विश्वविद्यालय की आवश्यकता

बौद्ध धर्म के प्रचार एवं प्रसार के लिए हमें एक वृहत् तंत्र की आवश्यकता है। जैसा कि भगवान बुद्ध ने कहा था, हमें उसके अनुरूप भारत के विभिन्न हिस्सों तक महात्मा बुद्ध के सन्देशों को पहुँचाने हेतु तथा भिक्खुओं को प्रशिक्षित करने हेतु एवं बुद्ध की शिक्षाओं के अध्ययन हेतु एक विशालकाय शिक्षण संस्था की आवश्यकता है। इस उद्देश्य की पूर्ति के लिए हमें औरंगाबाद में एक बौद्ध विश्वविद्यालय स्थापित करना चाहिए, जो अम्बेडकर की तीन इच्छाओं में से एक इच्छा थी। यद्यपि यह प्रस्ताव आज भले ही स्वप्न सरीखा प्रतीत होता हो, किन्तु यदि हम अपना बल तथा संसाधन इस दिशा में लगाते हैं, तो यह स्वप्न सत्य हो सकता है।

5
अम्बेडकर के राजनीतिक दलों का उत्थान एवं पतन

अम्बेडकर ने ब्रिटिश लेबर पार्टी की तर्ज पर सन् 1936 में इण्डिपेण्डेण्ट लेबर पार्टी की स्थापना की थी। 11 नवम्बर, सन् 1936 को 'द टाइम्स ऑफ इण्डिया' समाचार पत्र को दिए गए साक्षात्कार में डॉ॰ अम्बेडकर ने कहा था, "यह पार्टी लोकतन्त्र के सिद्धान्तों के आधार पर जनता को जागरूक करेगी, उनके समक्ष सच्ची विचारधारा प्रस्तुत करेगी और कानूनों के द्वारा उन्हें राजनैतिक कार्यों हेतु संगठित करेगी।"

इण्डिपेण्डेण्ट लेबर पार्टी के कार्यक्रमों का विश्लेषण करते हुए एक अंग्रेजी समाचार पत्र ने लिखा था, "इस प्रान्त में अम्बेडकर ने अभी हाल ही में इण्डिपेण्डेण्ट लेबर पार्टी की स्थापना की है, यह पार्टी देश के भविष्य का रुख मोड़ने तथा लोगों के जीवन को बेहतर बनाने में महत्त्वपूर्ण साबित हो सकती है। यह महत्त्वपूर्ण है कि ऐसी एक पार्टी के लिए देश में स्थान भी रिक्त था और देश को ऐसी पार्टी की आवश्यकता भी थी। अब यह आशा ही की जा सकती है कि यह पार्टी समाजवादियों के साथ मिलकर साम्प्रदायिकता के उन्माद के विरोध में एक मजबूत विपक्ष तैयार कर सकती है। निश्चित रूप से यह नई पार्टी इस देश के सर्वाधिक महत्त्वपूर्ण राजनैतिक समूहों में से एक होगी।" (धनंजय कीर, अम्बेडकर : लाइफ एण्ड मिशन, पापुलर प्रकाशन, पृ॰ 286)

बम्बई विधानसभा

अम्बेडकर ने बम्बई विधानसभा के सन् 1937 के चुनावों में भाग लिया, जिसकी कुल 175 सीटों में से 15 सीटें आरक्षित थीं, लेकिन अम्बेडकर ने महसूस किया कि इतनी कम सीटों पर चुनाव लड़कर वे एक सशक्त विपक्ष के रूप में उभरकर सामने नहीं आ पाएंगे। इसलिए उन्होंने सामान्य सीटों पर

भी अपनी पसन्द के कुछ और प्रत्याशियों को चुनाव में खड़ा करने का फैसला किया। उन्होंने कुछ निर्दलीय प्रत्याशियों का भी समर्थन किया।

अम्बेडकर ने स्वयं बम्बई सीट से चुनाव लड़ा। कांग्रेस पार्टी ने उनके खिलाफ सुप्रसिद्ध भारतीय गेंदबाज पालवंकर को खड़ा किया। कांग्रेस ने अम्बेडकर की हार सुनिश्चित करने के लिए परदे के पीछे से पी॰ एन॰ राजभोज तथा देउरकर को भी समर्थन दिया। 17 फरवरी, सन् 1937 को चुनाव हुआ और कांग्रेस की निराशा को बढ़ाते हुए अम्बेडकर भारी मतों से चुनाव जीत गए।

इण्डिपेण्डेण्ट लेबर पार्टी द्वारा इस चुनाव में 17 उम्मीदवार खड़े किए गए थे, जिनमें 15 चुनाव जीतकर विधानसभा में पहुँचे। यह किसी भी नई पार्टी के लिए बड़ी सफलता थी।

बम्बई विधानसभा में किए गए कार्य

9 जुलाई, सन् 1937 को अम्बेडकर ने बम्बई विधानसभा के एक सदस्य के रूप में शपथ ली। कांग्रेस विधायकों ने ब्रिटिश सम्राट के प्रति निष्ठा व्यक्त करते हुए शपथ ग्रहण की। अम्बेडकर ने 'भगवद्गीता' द्वारा शपथ लेने से मना कर दिया और दृढ़ प्रतिज्ञा की शपथ ली। अम्बेडकर सन् 1939 तक इस विधानसभा के सदस्य बने रहे क्योंकि सन् 1939 में द्वितीय विश्व युद्ध शुरू हो जाने के कारण इस विधानसभा को अनिश्चित काल के लिए स्थगित कर दिया गया था। दो साल के अपने संक्षिप्त कार्यकाल के दौरान अम्बेडकर ने निम्नलिखित विधेयकों पर अपने विचार व्यक्त किए थे, जो भारत को इक्कीसवीं शदी में ले जाने के लिए उनकी आकांक्षा को अभिव्यक्त करते हैं–

सन् 1937

मंत्रियों के वेतन सम्बन्धी विधेयक (23 अगस्त, सन् 1937), हेरेडिटरी आफ़िसेज़ संशोधन विधेयक (17 सितम्बर, सन् 1937), दि बॉम्बे हेरेडिटरी आफ़िसेज़ विधेयक (21 अक्तूबर, सन् 1937), खोती प्रथा उन्मूलन विधेयक (21 अक्तूबर, सन् 1937).

सन् 1938

स्थानीय निकाय विधेयक संशोधन बिल (18 जनवरी, 1938), अपराधियों की रोकथाम हेतु बिल (20 जनवरी, सन् 1938), स्थानीय परिषद् संशोधन बिल (22 जनवरी, सन् 1938), लघु कृषि बिल 2 (24 जनवरी, सन् 1938), बजट 3 (2 मार्च, सन् 1938), तम्बाकू ड्यूटी कर विधेयक संशोधन बिल (5 मार्च, सन् 1938), न्यायपालिका की स्वाधीनता सम्बन्धी बिल (7 मार्च, सन् 1938),

प्रथक प्रान्त निर्माण बिल (4 अप्रैल, सन् 1938), बाम्बे प्रथमिक शिक्षा विधेयक संशोधन बिल 1 (21 अप्रैल, सन् 1938), बाम्बे पुलिस विधेयक संशोधन बिल 1 (21 अप्रैल, सन् 1938), बाम्बे पुलिस विधेयक संशोधन बिल 2 (28 अप्रैल, सन् 1938), बाम्बे पुलिस विधेयक संशोधन बिल 3 (29 अप्रैल, सन् 1938), बम्बई प्राथमिक शिक्षा विधेयक संशोधन बिल 2 तथा 3 (30 अप्रैल, सन् 1938), बम्बई म्युनिसिपल विधेयक संशोधन बिल (3 मई, सन् 1938), विधानसभा कार्रवाई बिल (10 सितम्बर, सन् 1938), औद्योगिक विवाद बिल (15 सितम्बर. सन् 1938).

सन् 1939

बजट 4 (21 फरवरी, सन् 1939), दंगा जाँच कमेटी रिपोर्ट (17 मार्च, सन् 1939), वित्त विधेयक संशोधन बिल (28 अगस्त, सन् 1939), युद्ध में सहभागिता 1 (25 अक्तूबर, सन् 1939), युद्ध में सहभागिता 2 (26 अक्तूबर, सन् 1939), युद्ध में सहभागिता 3 (27 अक्तूबर, सन् 1939)।

डॉ॰ अम्बेडकर ने उपर्युक्त बिलों पर हुई चर्चा में जो विचार व्यक्त किए थे, उनका विस्तृत विवरण महाराष्ट्र सरकार द्वारा प्रकाशित 'राइटिंग्स एण्ड स्पीचेज़' के द्वितीय खण्ड में देखा जा सकता है।

मंत्रियों के वेतन, प्रथक कर्नाटक प्रान्त के गठन एवं औद्योगिक विवादों सम्बन्धी बिन्दु वर्तमान समय में भी प्रासंगिक हैं। इसलिए इन विषयों पर उनके द्वारा व्यक्त किए गए विचार संक्षेप में नीचे दिए जा रहे हैं–

मंत्रियों के वेतन

23 अगस्त, सन् 1937 को बम्बई विधानसभा में चर्चा हेतु प्रस्तुत मंत्रियों के वेतन सम्बन्धी बिल पर हुई चर्चा में भाग लेते हुए डॉ॰ अम्बेडकर ने कहा था, "ऐसी कौन-सी परिस्थितियाँ उत्पन्न हो गयी हैं, जो एक मंत्री का वेतन तय करने की बात की जा रही है? महोदय, ऐसी चार परिस्थितियाँ ही हो सकती हैं, जिनके कारण मंत्रियों का वेतन तय करना पड़े। पहली है–मंत्रियों की सामाजिक प्रतिष्ठा का ध्यान रखा जाना, जो निश्चित रूप से समुदाय के सामाजिक नेता हैं। दूसरी योग्यता को ध्यान में रखा जाना है, तीसरी लोकतंत्र को ध्यान में रखना है और चौथी प्रशासन में शुद्धता और ईमानदारी का ध्यान रखने से सम्बन्धित है।

इस देश के मंत्री इस देश के प्रथम नागरिक भी हैं और उन्हें एक सुसंस्कृत जीवन जीना चाहिए। ये वे लोग हैं, जो कला एवं ज्ञान के प्रति चिंतित रहते हैं और इन्हें शेष जनता के सामने एक आदर्श के रूप में प्रस्तुत होना चाहिए।

लेकिन हमारे साथी इस तथ्य की ओर ध्यान देने की कोशिश नहीं करते। मैं मंत्रियों के वेतन सम्बन्धी विचारों को त्याग देने को भी तैयार हूँ, लेकिन फिर भी मेरा यह मानना है कि मंत्रियों का वेतन सुनिश्चित करते समय योग्यता, लोकतन्त्र और ईमानदारी की अनदेखी नहीं की जा सकती।

अगर यह सोच है कि मंत्री सैर-सपाटे और ध्वजारोहण करने तथा सुन्दर स्त्रियों से गार्ड ऑफ ऑनर लेने के अलावा कुछ और काम नहीं करते तो मामला अलग किस्म का हो जाता है। मेरे विचार से और मैं इस बात पर विशेष बल देना चाहूँगा कि हम मंत्रालय से सर्वाधिक महत्त्वपूर्ण कार्य यह चाहते हैं कि वह सुयोग्य एवं कार्य सक्षम हो। मेरे मन में इसके प्रति कोई सन्देह नहीं है कि राज्य के तीन अंगों–विधायिका, कार्यपालिका और न्यायपालिका में कार्यपालिका सर्वाधिक महत्त्वपूर्ण है। यह कार्यपालिका ही है, जो देश की समस्याओं पर विचार करती है और उन समस्याओं का समाधान निकालने का प्रयास करती है। महोदय, यदि संक्षेप में कहें तो कार्यपालिका के दिमाग से ही हम अपने संविधान के तहत देश में व्याप्त समस्याओं के हल की दिशा में अग्रसर होते हैं।

मेरे दिमाग में एक प्रश्न कौंधता है कि क्या जो वेतन प्रस्तावित किया जा रहा है, उससे सुयोग्य लोगों को इस क्षेत्र में कार्य करने हेतु आमंत्रित किया जा सकता है? निष्पक्ष होकर यदि इस प्रश्न पर विचार किया जाए तो मैं इसका सकारात्मक उत्तर नहीं दे पाता। सर्वप्रथम, सच्चाई यह है कि अन्य क्षेत्रों में मिलने वाला वेतन इन मंत्रियों को मिलने वाले वेतन की तुलना में कहीं अधिक है। ऐसे अनेक लोग जो इस कार्य के लिए सुयोग्य हैं और उनमें महत्वाकांक्षाएँ हैं, वे मंत्रालय में आकर मंत्री पद सँभालने की अपेक्षा जीवन के अन्य क्षेत्रों में जाना अधिक पसन्द करते हैं। मैं चाहता हूँ कि यदि मंत्रालय यह कानून बना दे कि किसी भी नौकरी में वेतन पाँच सौ रुपए प्रतिमाह से अधिक नहीं होगा, तो स्थितियाँ बदली जा सकती हैं। लेकिन हम ऐसा कुछ नहीं कर रहे हैं। हम अपने सुयोग्य नागरिकों को इस ओर आकर्षित करने की बजाए दूसरे क्षेत्रों का रुख करने दे रहे हैं। यह इस मामले का एक पहलू है। दूसरा पहलू यह है कि इस पर विचार करते समय और भारत की परिस्थितियों को ध्यान में रखते हुए मैं यह कहने को बाध्य हूँ कि हम जिस बुद्धिजीवी वर्ग से आते हैं, उनकी इस देश में संख्या बहुत कम है। महोदय, इस देश में सामाजिक व्यवस्था की वजह से शिक्षा एक छोटे से समूह तक सीमित होकर रह गयी है और ब्रिटिश शासन ने भी इसमें सुधार के लिए अभी तक कुछ खास नहीं किया है। शिक्षा यहाँ पर अधिकांश लोगों के लिए उपलब्ध नहीं है। वास्तव में चतुर्वर्ण की व्यवस्था के

कारण एक वर्ग को ही शिक्षा का अधिकार दिया गया और शेष को इससे वंचित कर दिया गया। इस कारण जनता का एक बड़ा समूह ऐसे नेताओं को अपने बीच में से पैदा नहीं कर सकता, जो प्रशासन को अपने कन्धों पर लेकर मंत्रालय का कामकाज सँभाल सकें। इसलिए मेरा मानना है कि मंत्रियों का वेतन इतना नहीं है, कि वह प्रशासन में कार्य करने हेतु सुयोग्य व्यक्तियों को आकर्षित कर सके।

अब लोकतन्त्र के प्रश्न पर आता हूँ। प्रश्न यह है कि वेतन का क्या प्रभाव होगा? मै अपनी बात को घुमा फिराकर नहीं कहूँगा। मैं स्पष्ट ढंग से कहना चाहता हूँ कि इस वेतन का प्रभाव या तो यह होगा कि वे लोग, जिन्हें धन की चिन्ता नहीं है, लेकिन वे सत्ता हथियाना चाहते हैं ताकि सत्ता की शक्ति का इस्तेमाल करके वे अपने स्वयं के समूह या अपने समुदाय को आगे बढ़ा सकें। दूसरा प्रभाव यह होगा कि जो लोग जीवन के अन्य क्षेत्रों में विफल रहे हैं, वे ही मंत्रालय में आ जाएंगे। इनके अलावा और कोई प्रभाव नहीं हो सकता।

मुझे यह कहने में कोई हिचक नहीं है कि इस बिल का यही प्रभाव पड़ेगा। जो प्रभाव मैंने बताए हैं, उनसे अधिक दुष्प्रभाव हो ही नहीं सकते। हम नहीं चाहते कि भारत सरकार अधिनियम के अन्तर्गत दी गयी राजनैतिक सत्ता उन चन्द लोगों के हाथों तक सीमित रहे, जिनके पास धन की कोई कमी नहीं है और उन्हें वेतन की भी कोई चिन्ता नहीं है। न ही हम यह चाहेंगे कि राजनीतिक सत्ता अयोग्य लोगों के हाथों में चली जाए क्योंकि यह जनता के हित में नहीं होगा।

अब प्रशासनिक ईमानदारी और शुद्धता के प्रश्न पर आते हैं। मेरे एक कांग्रेसी मित्र ने एक बात मुझसे कही थी, जो मैं आज इस सदन के समक्ष दोहराना चाहता हूँ। उन्होंने कहा था कि यदि राज्यपाल महोदय मुझे मंत्रियों की सप्लाई करने का ठेका दे दें, तो वह खुशी-खुशी यह ठेका लेने को तैयार हैं और मुझे ठेका देने के एवज़ में मैं बम्बई की प्रेसीडेंसी को भी 'कुछ' दे सकता हूँ। महोदय, मैं समझता हूँ कि यह टिप्पणी अत्यन्त गम्भीर है। यूरोप में ऐसे कई होटल हैं, जहाँ मैनेजरों को इस बात के लिए पैसे दिए जाते हैं कि वे प्रतीक्षा में उन्हें रखने की अनुमति दें। यह स्पष्ट तौर पर दर्शाता है कि ऐसे होटल या लोग किस प्रकार से पैसे से सुविधा हासिल न होने पर दूसरे रास्ते से यह सुविधा देते या लेते हैं।

मैं स्वीकार करता हूँ कि अधिक वेतन का लाभ देकर भी आप एक बेइमान व्यक्ति की बेइमानी को नहीं खरीद सकते। लेकिन यहाँ यह सवाल नहीं उठता है। सवाल यह है कि क्या आप एक ऐसा वेतन मंत्रियों के लिए नहीं तय कर सकते, जो उन्हें लालच से दूर रखे। महोदय, इस प्रान्त में हमने 4000 रुपए

तथा 3000 रुपए वेतन भी पहले दिया है, लेकिन फिर भी अतीत में हमने कई घोटाले देखे हैं। इसलिए इस विषय में सिर्फ यह प्रश्न ही महत्त्वपूर्ण नहीं है कि कितना वेतन पर्याप्त है अथवा कितना नहीं। लेकिन मेरा यह दृष्टिकोण है कि यह चर्चा का अन्त नहीं है। वेतन की समस्या को दो दृष्टिकोणों से देखा जाना चाहिए। एक व्यक्ति के तौर पर पर्याप्त वेतन का होना आवश्यक है और सरकार के दृष्टिकोण से प्रशासन की शुद्धता एवं सुरक्षा अधिक महत्त्वपूर्ण है। कोई भी व्यक्ति यह कह सकता है कि एक निश्चित वेतन ही उनके लिए पर्याप्त है, लेकिन इसका मतलब यह नहीं है कि एक पर्याप्त वेतन के बारे में जनता की राय को ही मान लिया जाना चाहिए। सुरक्षित मानक के लिए न्यूनतम का मानक ही ज़रूरी नहीं है। मैं मानता हूँ कि मेरे विपक्षी मित्र भी जब कभी ठेके देते होंगे तो इस अनुच्छेद को अवश्य देखते होंगे कि किसी का न्यूनतम टेण्डर होना ही उसे ठेका देने के लिए पर्याप्त नहीं होता। हम कभी-कभी ऐसे लोगों को केवल इसलिए ठेका नहीं देते क्योंकि उनके कार्य की गुणवत्ता सही नहीं है और इसी प्रकार हम मंत्री पद पर ऐसे लोगों को नहीं बने रहने दे सकते हैं, जो सिर्फ न्यूनतम वेतन पर ही कार्य करने को तैयार हों। हमें इस प्रश्न के दूसरे पहलू को भी ध्यान में रखना होगा कि क्या न्यूनतम टेण्डर देने वाला ठेकेदार इस कार्य को सही ढंग से कर पाने में सक्षम है? इसलिए मेरा सुझाव है कि यद्यपि आदरणीय मंत्री महोदय कह सकते हैं कि 500 रुपए का वेतन पर्याप्त है लेकिन इससे इस चर्चा का अन्त नहीं हो जाता। सदन को यह तथ्य भी ध्यान में रखना चाहिए कि क्या इस आधार पर हम यह उम्मीद और आशा कर सकते हैं कि हम एक ऐसा प्रशासन दे पाएंगे, जो भ्रष्टाचार से मुक्त रहकर काम कर सकेगा?

इस बिल में वेतन का निर्धारण करते समय कौन से सिद्धान्तों का पालन किया गया है? अक्सर मैं यह सुना करता हूँ कि वेतन लोगों की आमदनी के अनुसार तय किया जाना चाहिए। मैं एक सवाल करता हूँ कि यदि यही उचित है तो क्या यह विश्वासपूर्वक कहा जा सकता है कि 500 रुपए का वेतन जनता की आमदनी के अनुसार सही है? लोगों की आमदनी कितनी है? मेरे पास 'हरिजन' समाचार पत्र में दिए गए आंकड़े मौजूद हैं। मैं इसे एक मानक मानता हूँ और इसे उद्धृत कर रहा हूँ–

इस समाचार पत्र में दिए गए आंकड़ों के मुताबिक यूनाइटेड किंगडम में लोगों की आमदनी 50 पाउण्ड प्रतिवर्ष, अमेरिका में 100 पाउण्ड प्रति वर्ष, फ्रांस में 40 पाउण्ड प्रति वर्ष, आस्ट्रेलिया में 70 पाउण्ड प्रतिवर्ष और भारत में 4 पाउण्ड प्रतिवर्ष है। महोदय, यदि ऐसा इस सिद्धान्त के आधार पर तय किया

गया कि वेतन लोगों की आमदनी के आधार पर निश्चित होना चाहिए, तो मैं यह नहीं समझ पा रहा हूँ कि 500 रुपए प्रतिमाह वेतन का सुझाव किस प्रकार से लोगों की आमदनी के अनुरूप माना जाएगा, जबकि यहाँ के लोगों की सालाना आमदनी केवल 4 पाउण्ड है। यदि हमारे सम्मानित मित्र महोदय ने यह बिल सदन के पटल पर इस सिद्धान्त के अनुसार तय किया गया है, तो मैं मानता हूँ कि 500 रुपए प्रति माह का वेतन बहुत अधिक है और इसे 100 रुपए से कम या 75 रुपए प्रति माह होना चाहिए। यदि वे ईमानदार हैं और वे न्याय के आधार पर इस वेतन को तय करने के इच्छुक हैं, न कि जनता की आमदनी का आधार ले रहे हैं, तो आप अपने तर्कों में ईमानदारी क्यों नहीं लाते? क्यों एक ऐसी रकम निर्धारित नहीं करते, जिसका लोगों की आमदनी से कोई लेना-देना न हो? दूसरी बात यह है कि कम वेतन के समर्थन में यह तर्क भी दिया गया है कि कम वेतन देने से मंत्री भी जनता की भाँति ही सादा जीवन व्यतीत करेंगे और मंत्रियों एवं आम जनता के बीच कोई अन्तर दिखना भी नहीं चाहिए।

महोदय, यदि इस मंत्रालय का यही लक्ष्य है कि सभी प्रकार के भेदभाव खत्म होने चाहिए और मंत्रियों को भी जनता जैसा ही दिखना चाहिए और तब जनता का भी उन पर पूर्ण विश्वास होगा कि वे भी हम जैसे ही हैं, तो मेरा मानना है कि जनता के विश्वास को जीतने का यह सही तरीका नहीं हैं। महोदय, इस देश में सामाजिक और धार्मिक दरारें संसार के और देशों की तुलना में कहीं अधिक गहरी हैं। यहाँ पर इस समय मैं इस प्रेसीडेंसी में बोल रहा हूँ तो यहाँ पर भी ब्राह्मण और गैर ब्राह्मण का भेदभाव है, सवर्णों तथा अस्पृश्यों का भेदभाव है। मैं हिन्दुओं की सीमा में ही महाराष्ट्रीय बनाम गुजराती एवं गुजराती बनाम कन्नड़ का भेदभाव पाता हूँ। इसके अलावा हिन्दुओं और मुसलमानों में भेदभाव तो है ही। यदि आप प्रशासन में विश्वास पैदा करना चाहते हैं, तो यह उचित तरीका नहीं है कि हमारे मंत्री अधनंगे होकर सड़कों पर फिरें या सिगरेट की जगह बीड़ी के कश फूँकें या तृतीय श्रेणी में अथवा बैलगाड़ी में यात्रा करें। अगर आप लोगों का विश्वास जीतना चाहते हैं, तो आप अपनी सरकार, अपना मंत्रालय, अपनी सिविल सेवाएँ इस प्रकार बनाएँ कि उनमें एक वर्ग विशेष या सम्प्रदाय विशेष का वर्चस्व स्थापित न हो सके। हमें देखना है कि मंत्रालय इस दिशा में क्या कदम उठाता है। लेकिन अगर वे ऐसा करके लोगों का विश्वास हासिल करने का दिखावा करते हैं, तो मैं इसे उनका बचपना कहूँगा और मैं मान लूँगा कि ऐसा कोई भी प्रयास निश्चित रूप से विफल होगा।

महोदय, उस समय मंत्रालय त्याग करने का ढोंग करती नज़र आएगी। यह मुझे मध्यकालीन भिक्षुओं के जीवन जीने के ढंग और बर्ताव की याद दिलाता है। मध्यकालीन भिक्षु जब भिक्षु के रूप में अपने जीवन की शुरुआत करते थे, तो उन्हें ब्रह्मचर्य, सत्यनिष्ठा और निर्धनता के तीन संकल्प लेने होते थे।

मुझे नहीं मालूम कि मेरे सम्मानित मित्रों ने ब्रह्मचर्य की शपथ ली है या नहीं। मैं समझता हूँ कि अब बहुत देर हो चुकी है और उनके लिए ऐसा कर पाना मुमकिन नहीं है। मैं यह भी नहीं जानता कि उन्होंने सत्यनिष्ठा का संकल्प लिया है या नहीं, लेकिन अगर उन्होंने यह संकल्प लेकर इसे तोड़ा है, तो यह निश्चित रूप से पूरे सदन के लिए एक गम्भीर चिन्ता का विषय है। लेकिन मैं यह पूरे विश्वास के साथ कह सकता हूँ कि उन्होंने निर्धनता का संकल्प अवश्य ले लिया है, जो इस बिल में स्पष्ट दिखाई देता है। मध्यकालीन बौद्ध ब्रह्मचर्य का पालन कर पाने में मुश्किल से ही सफल हो पाते थे, लेकिन निर्धनता का संकल्प वे आसानी से निभा लिया करते थे।

मैं यह कह सकता हूँ कि यह बिल किसी पावन उद्देश्य को पूरा करने के लिए कतई नहीं लाया गया है और इस बिल के पीछे एक रणनीति छिपी हुई है। यह रणनीति यह है कि वे हमेशा सत्ता में बने रहें और कोई दूसरा उनकी जगह न लेने पाए।

डॉ॰ जॉनसन ने कहा था कि नीचों का अन्तिम ठिकाना देश प्रेम होता है। वे इसे बदलकर यह भी कह सकते थे कि भारत की राजनीति नीचों का अन्तिम ठिकाना बन गयी है और यही कहने के लिए मैं खड़ा हुआ था।"

यदि हम विधानसभाओं तथा संसद के सदस्यों को ध्यानपूर्वक देखें तो पाएंगे कि अम्बेडकर ने जो कुछ भी कहा था, वह अक्षरशः सत्य था। हमारे निर्वाचित प्रतिनिधि जनता की भलाई से अधिक ज़रूरी अपनी भलाई समझते हैं। उनकी कमाई का बढ़ता ग्राफ इसका स्पष्ट प्रमाण है।

प्रथक कर्नाटक प्रान्त का गठन

"हम अनुसूचित जाति के लोग स्वयं को महाराष्ट्रीय, गुजराती या कन्नड़ कहे जाने में किसी प्रकार के गर्व का अनुभव नहीं करते क्योकि ऐसे कई कारण हैं जिनकी मैं आज यहाँ पर चर्चा करना नहीं चाहता, जिनसे हमें महसूस होता है कि यह हमारी भूमि नहीं है। फिर भी मैं इस चर्चा में भाग ले रहा हूँ क्योंकि मैं इस सदन को दिखाना चाहता हूँ कि इन परिस्थितियों में मैं एक निष्पक्ष दृष्टिकोण रख सकता हूँ। महोदय, यह आवश्यक और उचित होगा कि

इस सदन के सदस्य एक सर्वाधिक महत्त्वपूर्ण बात को इस सम्बन्ध में अवश्य ध्यान में रखें। एक्ट के अमल में आने से पहले बम्बई इकाइयों में विभक्त थी। पिछले 115 वर्षों तक सिन्ध हमारे साथ था। इसे अलग कर दिया गया। पिछले 115 वर्षों से इसकी तीन इकाइयाँ एक साथ हैं और जो लोग इस एकता को खण्डित करना चाहते हैं, उन्हें केवल भावावेश में नहीं, बल्कि गम्भीरतापूर्वक इस पर विचार करने की आवश्यकता है।

मैं पहली बात यह कहना चाहूँगा कि हमारे जो मित्र यह प्रस्ताव लेकर आए हैं, उन्होंने कहा है कि यह प्रस्ताव एक बड़ी मांग की दिशा में उठा एक छोटा सा कदम है और आगे वे कर्नाटक के सभी लोगों को एकजुट करने की दिशा में प्रवृत्त होंगे। महोदय, अब मैं यह प्रश्न करना चाहूँगा कि क्या इसी आदर्श से मेरे सम्मानित मित्र का सभी कर्नाटकवासियों को एकजुट करने का सपना पूरा हो सकेगा? मुझे यह कहने में कोई हिचक नहीं है कि यह एक ऐसा सपना है, जो कभी पूरा नहीं होगा। और ऐसा कहने के पीछे मेरे पास सटीक तर्क हैं।

मुझे मराठी कहलाने में कोई गर्व की अनुभूति नहीं होती लेकिन यह बिन्दु अवश्य विचारणीय है कि मैं यह बात शिकायत के तौर पर नहीं कह रहा हूँ कि कि जब भी मैं इसका इस्तेमाल करता हूँ, तो क्या हम नौकरी के मामले में या अन्य कारणों से गुजराती और कन्नड़ बोलने वाले लोगों के प्रति अन्याय नहीं करते। इस सदन में इस पर चर्चा होने से पहले मैंने अपने आदरणीय मित्र श्री जोग जी को स्पष्ट तौर पर बताया था कि क्या वे यह साबित कर सकते हैं कि इस सदन में उन्हें उपयुक्त प्रतिनिधित्व नहीं मिला, या उन्हें किसी प्रकार की कोई समस्या का सामना करना पड़ा हो या कैबिनेट में उन्हें उचित प्रतिनिधित्व हासिल न हुआ हो।

मुझे ऐसा लगता है कि बम्बई प्रेसीडेंसी में कर्नाटक के लोगों के साथ ऐसी कोई समस्या नहीं रही है। प्रान्त को अलग कर देने से केवल कुछ उन लोगों की आकांक्षाएँ पूरी हो सकेंगी, जो उस प्रान्त के मुखिया बनना चाहते हैं, लेकिन उन लोगों का क्या होगा, जो रोटी, कपड़ा और मकान चाहते हैं? हममें से कोई भी ऐसे हालात को सहन नहीं कर सकता। मैं पूरा ज़ोर देकर यह बात कहना चाहता हूँ कि आखिरकार ये कौन से जिले हैं। इनमें से दो जिले अकालग्रस्त हैं। पूरा का पूरा बीजापुर जिला अकाल की चपेट में है। बेलारी जिला भी भीषण अकाल झेल रहा है। इन अकालग्रस्त क्षेत्रों से हम कितना राजस्व हासिल कर पाएंगे? बम्बई प्रेसीडेंसी से इन्हें अलग कर देने भर से क्या हम इन्हें दुधारू गाय बना देंगे?

तब एक दूसरा प्रश्न उठता है कि मैं अल्पसंख्यक समाज का सदस्य होने के नाते अल्पसंख्यकों के दृष्टिकोण को भी रखना चाहूँगा। मैं अत्यन्त प्रसन्न हूँ कि इस प्रस्ताव के पक्ष में बोलने वाले सभी सदस्यों ने हमें आश्वासन दिया है कि मुसलमानों तथा हरिजनों के हितों की पूर्ण सुरक्षा की जाएगी। लेकिन फिर भी मैं कहना चाहता हूँ कि इन प्रान्तीय क्षेत्रों को विभाजित कर देने से अल्पसंख्यकों का भी विभाजन होने जा रहा है। मैं इस तथ्य को नहीं भूल सकता कि कर्नाटक में हमारे पास केवल दो सीटें हैं। मुझे पूरा विश्वास है कि कर्नाटक से जीत कर आए अनुसूचित जाति के हमारे इन दो सदस्यों को यह अवश्य महसूस होता होगा कि बम्बई प्रेसीडेंसी के अन्य भागों से जीतकर आए अनुसूचित जाति के 13 सदस्य हमारा ध्यान रखेंगे। उनका आगे क्या होगा? इसी प्रकार से आठ सीटें हमारे मुस्लिम सदस्यों ने जीती हैं।

मैं अधिक समय तक चर्चा नहीं कर सकता क्योंकि समय की बाध्यता है लेकिन हम सदस्यों के इस प्रकार के बँटवारे को स्वीकार नहीं कर सकते। बहुसंख्यक समुदाय के सदस्यों के लिए यह कहना अच्छा हो सकता है कि वे विनम्र और दयालु बने रहेंगे लेकिन हम उनकी विनम्रता और दयालुता पर आश्रित रहना नहीं चाहते। हम अधिकार चाहते हैं और अधिकार विनम्रतापूर्वक नहीं दिए जाते। एक छोटा सा अल्पसंख्यक समुदाय यदि सोचता भी है कि वह हमारे हितों की रक्षा के लिए कुछ करेंगे तो भी वे कुछ लाख की आबादी को क्या देंगे? शायद इस बिन्दु पर मैं इस प्रस्ताव का समर्थन कर सकूँ, लेकिन मैं सदस्यों के विभाजन के प्रस्ताव का समर्थन नहीं कर सकता। हमारी शक्ति बहुभाषी प्रशासन में निहित है। हालांकि मैं कहना नहीं चाहता फिर भी मुझे भय है कि यदि एक प्रथक प्रान्त के रूप में कर्नाटक का गठन किया जाता है, तो यह लिंगायत बनाम अन्य होगा। मैं मसले को उलझा नहीं रहा हूँ लेकिन फिर भी उदाहरण के लिए यदि यह विभाजन हो गया, तो मराठों के खिलाफ कन्नड़ों का संघर्ष हो सकता है और मैं ऐसी किसी भी बात के पक्ष में नहीं हूँ और तब ऐसा कुछ भी एक समान नहीं होगा, जिसका आज हम आनन्द ले पा रहे हैं।

मैं जानता हूँ कि कई लोग मुझसे इस बात पर सहमत नहीं होंगे कि अंग्रेज़ों ने इतिहास में हमारे साथ जो कुछ भी गलत किया हो या जो कुछ भी अच्छा कर पाने में वे विफल रहे हों लेकिन उनके स्वयं के हित के कारण उन्होंने दो अच्छे कार्य किए है, जो उनके जाने के बाद भी इस देश में मौजूद रहेंगे। पहला अच्छा कार्य यह है कि उन्होंने हमें एक समान कानून दिए। आप कश्मीर से लेकर दक्षिण भारत तक घूम आइए और आप यह जान जाएंगे कि कोई कत्ल

चाहे आपने कश्मीर में किया हो, पंजाब या उत्तर-पश्चिमी सीमांत प्रांत में किया हो या आपने मद्रास के राजमुंदरी में किया हो, उसकी सजा पूरे देश में एक ही है। इसी प्रकार प्रापर्टी का ट्रांसफर है, उसके लिए पूरे देश में एक सा कानून है। महोदय, मैं कहना चाहता हूँ कि इससे पहले हमारे पास यह सुविधा नहीं थी। अंग्रेज़ों ने दूसरी अच्छी बात यह की है कि उन्होंने हमें हम सबके लिए एक केन्द्र सरकार दी है। इससे पहले हमारे पास ऐसा कुछ भी नहीं था। शायद एक केन्द्र सरकार के लाभ हमें प्रत्यक्ष रूप से दिखाई न देते हों, लेकिन मैं समझता हूँ कि हमारे लिए यह अत्यन्त महत्त्वपूर्ण है। आज यदि हम एक राष्ट्र के निर्माण की दिशा में अग्रसर हैं और हममें एकता की भावना है, तो यह इसी कारण है क्योंकि हमारे पास एक केन्द्रीय सत्ता है। यह इसलिए है क्योंकि हमने यह महसूस किया है कि हम एक सरकार के ही नागरिक हैं।

महोदय, मैं इस सदन के सदस्यों से यह अपील करना चाहूँगा कि वे ऐसा कोई भी कार्य न करें, जिनसे इन दो अच्छे लाभों पर आघात पहुँचे। व्यक्तिगत तौर पर मेरा मानना है कि इस देश में हिन्दू संस्कृति, मुस्लिम संस्कृति या कन्नड़ अथवा गुजराती संस्कृति के लिए कोई स्थान नहीं होना चाहिए। हम इस बात से इन्कार नहीं कर सकते कि ये सब हमारे देश में मौजूद नहीं हैं, किन्तु इनका इस्तेमाल तथाकथित स्वार्थों की पूर्ति के लिए नहीं होना चाहिए। यदि इससे हमारी देशभक्ति पर चोट पहुँचती है और यह हमें महान लक्ष्य से विचलित करती है, तो हमें इसे हानि के रूप में देखना चाहिए। हमारा महान लक्ष्य हममें भारतीय होने की भावना पैदा करना है। जब कुछ लोग यह कहते हैं कि हम पहले भारतीय हैं, उसके बाद हिन्दू या मुसलमान हैं, तो मुझे उनकी यह बात पसंद नहीं आती। मैं इतने भर से सन्तुष्ट नहीं हूँ। मैं बिना किसी संकोच के कहता हूँ कि मुझे इतना ही स्वीकार नहीं है। मैं नहीं चाहता कि हमारी भारतीयता की भावना को किसी भी अन्य भावना से तनिक भी चुनौती मिले, फिर चाहे वह धर्म हो, या संस्कृति अथवा भाषा। मैं चाहता हूँ सभी लोग खुद को सर्वप्रथम भारतीय समझें और सबसे अन्त में भी भारतीय ही समझें, इससे कम मुझे कुछ भी स्वीकार नहीं है। और इसलिए मैं कहता हूँ कि यह प्रस्ताव इस आदर्श का विरोधी है। महोदय, यह एक ऐसा महान आदर्श है, जिसे हम सभी को खुशी-खुशी अपनाना चाहिए। मैं यह बात भली-भाँति समझ सकता हूँ कि अमरीका, जर्मनी तथा यूरोप के देशों में एकता की भावना गहराई तक व्याप्त है और इसीलिए वहाँ के लोगों को कभी यह महसूस नहीं कराना पड़ता कि वे सिर्फ जर्मन ही नहीं हैं और वे किसी भी प्रकार के अलगाववादी चरित्र को स्वीकार नहीं करते लेकिन

हमारे यहाँ भारतीयता की भावना अभी शैशवावस्था में है और इसे परिपक्व होने में अभी समय लगेगा। इसलिए ऐसे समय में अन्य भावनाओं जैसे संस्कृति की भावना आदि को यदि राष्ट्रीयता की भावना के साथ विकसित होने दिया गया तो मैं जानबूझकर कहता हूँ कि यह घोर अपराध होगा और मैं स्वयं इस अपराध का भागीदार बनना नहीं चाहता और इसीलिए मैं पूरी मज़बूती के साथ इस प्रस्ताव का विरोध करता हूँ।"

एक के बाद एक कई प्रान्तों का गठन करना आशीर्वाद के स्थान पर अभिशाप सिद्ध हो रहा है। जैसा कि अम्बेडकर ने कहा था कि ऐसा करने से ऐसे कुछ लोगों को तो सन्तुष्ट किया जा सकता है, जो उस प्रान्त के मुखिया बनने के इच्छुक हैं। लेकिन ऐसा करने से गरीबों की एक बड़ी आबादी के और अधिक गरीब तथा अमीरों को और अधिक अमीर हो जाने का भी खतरा है। और इस बात की आशा कम ही है कि सत्तालोलुप राजनीतिज्ञों में विवेक जाग्रत हो जाएगा और वे लोगों की भावनाओं से खेलना बन्द कर देंगे और भाषाई आधार पर नए प्रान्तों की मांग आगे भी नहीं उठेगी। यदि निकट भविष्य में वर्तमान काल के क्षत्रप पुराने महाराजाओं की भाँति राज चलाने लगें, तो मुझे कोई आश्चर्य नहीं होगा। मुझे भय है कि इसका दुष्परिणाम यह भी हो सकता है कि बहुराष्ट्रीय निगमों के रूप में ईस्ट इण्डिया कम्पनी का शासन फिर से वापस आ सकता है।

औद्योगिक विवाद तथा हड़तालें

"कहा जाता है कि हड़ताल से बेहतर कुछ भी नहीं होता, लेकिन मेरा जवाब है कि यह वक्तव्य केवल ऐसा व्यक्ति ही दे सकता है, जो हड़ताल के बारे में ठीक से न जानता हो। मेरे अनुसार तो 'हड़ताल' शब्द का अर्थ समझौते को तोड़ने से अधिक नहीं है और यदि माननीय सदस्यगण मेरे इस अर्थ को स्वीकार करते हैं तो हड़ताल का दूसरा नाम स्वतन्त्रता का अधिकार भी है। यह स्वतन्त्रता का अधिकार और कुछ नहीं, बल्कि एक व्यक्ति द्वारा दी गयी सेवाओं के बदले में हर कीमत पर चाहा जाने वाला अधिकार पाने की स्वतन्त्रता है। और एक बार आप इस स्वतन्त्रता के अधिकार को स्वीकार कर लेते हैं, तो आप हड़ताल के अधिकार को भी मान लेते हैं क्योंकि जैसा मैंने पहले कहा कि हड़ताल स्वतन्त्रता का अधिकार है। यह कहकर इसे उचित ठहराने का प्रयास किया जाता है कि यह राजाओं के अलौकिक अधिकारों के समान है। महोदय, इसके प्रत्युत्तर में मैं केवल यह कहना चाहूँगा कि किसी तर्क का उत्तर कविता की चाशनी में लपेटकर या सुन्दर चित्र दिखाकर नहीं दिया जा सकता। मैंने ऐसा

कहीं नहीं देखा है और न्यायालयों में तो ऐसा बिल्कुल नहीं होता है। यदि आप इस स्वतन्त्रता के अधिकार को अलौकिक अधिकार मान लेते हैं तो मैं हड़ताल के अधिकार को भी एक मौलिक अधिकार मानने को तैयार हूँ। मैं इससे भी आगे जाकर कहना चाहता हूँ कि यदि दस लोग या बीस लोग या दो सौ लोग एक साथ हड़ताल करते हैं, तो कानून की दृष्टि में इससे अधिक फर्क नहीं आता।

मेरे विचार से वास्तव में इस बिल का नाम 'श्रमिक स्वतन्त्रता निलम्बन अधिनियम' रखा जाना चाहिए। इसके लिए यही शीर्षक उपयुक्त होगा। कुछ लोग यह तर्क देते हैं कि यह निलम्बन केवल दो माह के लिए ही रखा गया है, तब तक वार्ता के दरवाजे यदि बन्द हो जाते हैं, तो श्रमिक यदि चाहें तो हड़ताल पर जा सकते हैं। महोदय, मैं कहना चाहूँगा कि यह गलत सोच है। मेरा मानना है कि इस बिल को पारित कर देने से श्रमिक गुलाम बनकर रह जाएंगे और वे कभी भी हड़ताल पर नहीं जा सकेंगे। हम इसके प्रावधानों की ओर देखें तो पाएंगे कि सर्वप्रथम इस बिल में यह प्रावधान किया गया है कि जब यह अधिनियम लागू हो जाएगा, उस तारीख से एक साल तक कोई हड़ताल नहीं होगी। चाहे परिस्थितियाँ एक श्रमिक के अनुकूल हों या प्रतिकूल उसे इस प्रावधान को मानना ही होगा। इसका मतलब यह हुआ कि वह एक साल तक गुलामों की भाँति अत्याचार झेलने को विवश रहेगा। इसकी द्वितीय अनुसूची में किया गया यह प्रावधान श्रमिकों को स्वीकार करना होगा, वे इससे बच नहीं सकते। लेकिन एक साल बीत जाने के बाद क्या होगा? उसके बाद यह होगा कि आपको हड़ताल के लिए नोटिस देनी होगी और नोटिस के दौरान आप हड़ताल पर नहीं जा सकते क्योंकि नोटिस देने के बाद जवाब देने के लिए समय देना होगा। उत्तर मिलने तक आप हड़ताल नहीं कर सकते। इसके बाद बातचीत के दौर शुरू होंगें। ये दो महीने तक जारी रह सकते हैं। यदि दोनों पक्ष सौभाग्यशाली हैं, दोनों पक्ष तार्किक हैं तो भी बिल में प्रावधान है कि यह अवधि चार महीने तक बढ़ाई जा सकती है। इसलिए श्रमिकों की समस्याएँ शुरू होने के दिन से चार महीने और 25 दिनों तक एक श्रमिक कुछ नहीं हासिल कर सकता। यह गणना मैंने की है और यदि इस गणना में कोई गलती हो तो मेरे साथी उसे दुरुस्त कर सकते हैं। वह न तो इस बारे में बातचीत कर सकता है, न ही कोई भाषण दे सकता है और न ही लोगों को संगठित कर सकता है। इसका मतलब है कि वह कुछ भी नहीं कर सकता। इस दौरान इनमें से एक का भी उल्लंघन करने पर उस पर जुर्माना लगाया जा सकता है।

कल्पना कीजिए कि चार महीने और पच्चीस दिनों तक हुई वार्त्ता का कोई नतीजा नहीं निकलता है, जो कि एक लम्बा समय है, फिर इसके बाद क्या होगा? वार्त्ता का समय बीत जाने के बाद श्रमिक सिर्फ दो महीने तक के लिए ही हड़ताल कर सकता है। मैं नहीं जानता कि इस बिल को पेश करने वाले मेरे आदरणीय मित्र यह जानते हैं या नहीं कि दो महीने का समय श्रमिकों को तितर-बितर करने के लिए अत्यधिक लम्बा समय है या उन्हें कार्य के लिए एकजुट रखने के लिए पर्याप्त है? मैं श्रमिक क्षेत्र का एक सक्रिय कार्यकर्ता रहा हूँ। मैं नहीं कहता कि मैं फील्ड का व्यक्ति हूँ और मैं यह नहीं जानता कि श्रमिक को संगठित करने वाले व्यक्ति को कितनी परेशानियाँ झेलनी पड़ती हैं। लेकिन बम्बई शहर का एक जागरूक प्रेक्षक होने के कारण स्थितियों को देखकर मुझे यह कहने में ज़रा भी हिचक नहीं है कि श्रमिकों को चार महीने और पच्चीस दिनों तक लटकाए रखने के बाद उन्हें हड़ताल के लिए एकजुट होने और हड़ताल पर रहने के लिए दो महीने का समय कदापि पर्याप्त नहीं है। चार महीने और पच्चीस दिनों तक उनसे यह कहा जाए कि इंतजार करो और देखो हम क्या करते हैं और इन चार महीनों और पच्चीस दिनों के खत्म होने के बाद यदि आप सोचते हैं कि आप हड़ताल कर सकते हैं, लेकिन वह भी सिर्फ दो महीने के लिए। अगर आप ऐसा नहीं करते हैं और कोई अन्य समस्या उठाते हैं, तो भी आपको दोबारा चार महीने और पच्चीस दिनों तक प्रतीक्षा करनी होगी। महोदय, मैं जानना चाहूँगा कि क्या निषेध के इस प्रकार के दौर झेलना एक श्रमिक के लिए हमेशा की एक पूर्ण दासता को आमंत्रित करना नहीं है? यदि इस बिल से श्रमिकों के बीच गुलामी नहीं आती है, तो मैं जानना चाहूँगा कि ऐसा कौन सा दूसरा बिल हो सकता है, जिसके द्वारा गुलामी लाई जा सकती हो?

हड़ताल के सम्बन्ध में इस बिल के प्रस्तावित प्रावधानों की तुलना सन् 1929 के व्यापारिक विवाद अधिनियम के प्रावधानों से की जानी चाहिए। वह एक ऐसा अधिनियम था, जो हड़ताल के अधिकारों पर भी कुछ बन्दिशें लगाता था और ऐसा होना उचित भी था। इसलिए इस बिल के प्रावधानों की तुलना उस अधिनियम के प्रावधानों से अवश्य की जानी चाहिए ताकि सदन को यह पता चल सके कि हम किस दिशा में आगे बढ़ रहे हैं। कहीं हम गुलामी की दिशा में तो आगे नहीं बढ़ रहे है? महोदय व्यापारिक विवाद अधिनियम, सन् 1929 श्रमिकों के हड़ताल के अधिकारों पर कुछ बन्दिशें लगाता था और मेरे लिए इसके दो अनुच्छेदों का हवाला देना उचित होगा। यदि कोई हड़ताल राजनैतिक उद्‌देश्य की प्राप्ति के लिए की जाती है, तो सन् 1929 के इस अधिनियम में

जुर्माना लगाने का प्रावधान था। यह इस अधिनियम के 16वें अनुच्छेद में है और मेरे विचार से इसका 15वाँ अनुच्छेद इससे भी अधिक महत्त्वपूर्ण है, जिसमें नोटिस दिए बिना हड़ताल करने पर जुर्माना लगाने का प्रावधान है। सन् 1929 के अधिनियम और प्रस्तावित बिल में कुछ समानताएँ भी हैं जैसे इस बिल में भी नोटिस दिए बिना हड़ताल करने पर जुर्माने का प्रावधान रखा गया है, लेकिन महोदय, इस एक समानता को छोड़कर सन् 1929 के विधेयक तथा वर्तमान बिल में जमीन आसमान का अन्तर है। एक की दूसरे के साथ कोई तुलना ही नहीं है और यदि तुलना की भी जाए तो मुझे यह कहने में कोई हिचक नहीं है कि यह बिल प्रतिक्रियावादी और प्रतिगामी है और इस बिल के लेखक महोदय सन् 1929 के अधिनियम के लेखक की तुलना में कहीं बड़े राजभक्त हैं।

यह हमेशा से देखा गया है कि जब कभी आप हड़ताल के अधिकार पर बन्दिशें लगाना चाहते हैं और इसे अवैध घोषित करते हैं, तो आप आवश्यक सेवाओं को हड़ताल से दूर रखकर ऐसा करते हैं। अब यह स्पष्ट है कि यह बिल प्रत्येक उद्योग और प्रत्येक व्यापार को इसमें शामिल करता है। मैं केवल हँसी के लिए यह बात नहीं कह रहा हूँ कि कल को यदि महिलाएँ अपने होठों को रँगने का फैशन अपनाना शुरू कर दें और कुछ व्यापारी पैसा कमाने के लिए लिपिस्टिक के कारखाने खोल लें और इस नियम के तहत उस कारखाने के कर्मचारी यदि हड़ताल पर चले जाते हैं तो इस बिल के तहत इन श्रमिकों के सिरों पर तलवार लटकी रहेगी। क्या कोई भी व्यक्ति ऐसा होगा, जो यह मानने को तैयार होगा कि लिपिस्टिक आवश्यक सेवाओं में आती है? या इसके श्रमिकों के हड़ताल के अधिकार पर इसलिए पाबंदियाँ लगाई जानी चाहिए क्योंकि लिपिस्टिक उद्योग सेवा है और हड़ताल के अधिकार को लागू करने से कुछ महिलाएँ अपने होठों को रँगने से वंचित रह जाएगी? महोदय, इस सरकार को सन् 1929 के अपने निर्णय पर ही टिका रहना चाहिए जिसमें साफ कहा गया था कि केवल सामाजिक सेवाओं में की जाने वाली हड़तालों पर ही बदिशें होंगी। लेकिन आज सन् 1929 के प्रावधानों से भी आगे जाकर इन्होंने अफसरशाही को बहुत पीछे छोड़ दिया है। कम से कम अफसरशाही को इतना ध्यान तो था कि वे यह महसूस कर सकते थे कि चूँकि हड़ताल का अधिकार एक महत्त्वपूर्ण मसला है, इसलिए जन सुरक्षा के चार कोनों के बाहर जाकर इस हेतु जुर्माना नहीं लगाया जाना चाहिए। यहाँ एक ऐसा बिल रखा जा रहा है, जो मैं दोबारा कहता हूँ कि लिपिस्टिक उद्योग की हड़ताल तक पर बन्दिशें लगाता है।

यह सब किसलिए? इन उपायों और कानूनों को हम अपने गरीब मजदूरों पर लागू करके भला क्या हासिल कर पाएंगे? इसका नतीजा जैसा कि मैं देख पा रहा हूँ, यह होगा कि यह बिल जिन्हें वार्त्ताकार कहता है, उनकी टेबुल पर चार माह पच्चीस दिनों तक इन श्रमिकों को आस भरी नज़रों से देखने को बाध्य करेगा। इसके अलावा मैं कुछ नहीं देखता।

इस बिल में जो भी प्रावधान किए जा रहे हैं, उन्हें फिर से समझना चाहिए या फिर इस बिल के लेखकों में यह साहस होना चाहिए कि वे कह सकें, "आप चाहें मानें या न माने हम यह प्रावधान जरूर करेंगे।" यह एक अलग मसला होता, जिस पर मैं सहमत या असहमत हो सकता था। अगर आपने यही सोच रखी होती तो इस बात की कल्पना आसानी से की जा सकती है कि चार माह और पच्चीस दिनों के बाद कुछ सुस्पष्ट नतीजे ही मिलेंगे।

यह सब किसके लिए किया जा रहा है? आपको इसके लिए तीन चरणों से होकर जाना पड़ेगा, ये चरण हैं–एक रजिस्ट्रार, एक वार्त्ताकार और यदि दोनों पक्ष सहमत हों, तो एक मध्यस्थ। इससे इतना ही होगा कि कुछ शान्तिप्रिय लोग अनेक लोगों से मीठी-मीठी बातें करेंगे और उन लोगों से भी उम्मीद रखेंगे कि वे उनसे शान्त चित्त होकर बातें करें। मैं इससे कोई लाभ नहीं देख पा रहा हूँ। इसलिए मेरे विचार से ऐसा करना व्यर्थ होगा, इसका कोई सार्थक नतीजा नहीं निकलेगा। इसका एक ही स्पष्ट परिणाम होगा कि चार महीने और पच्चीस दिनों तक उनकी मांगों को लटकाए रखने के बाद वे श्रमिक शायद हड़ताल ही न कर सकें।

अगर यहाँ वाकई लोकतंत्र है, जो कि होना भी चाहिए, तो मैं नहीं समझता कि इसे सच्चा लोकतंत्र कहा जा सकता है क्योंकि इसमें श्रमिक वर्ग को गुलाम बनाया जा रहा है, उन्हें शिक्षा से दूर रखा जा रहा है, उन्हें संगठित होने से रोका जा रहा है, जीवन के सभी आनन्दों से उन्हें वंचित किया जा रहा है, उन्हें विवेक का इस्तेमाल करने से रोका जा रहा है। मैं समझता हूँ कि यह लोकतंत्र का मखौल उड़ाना है। इस बिल के प्रावधानों से ऐसा ही प्रतीत होता है।

महोदय, इस बिल में कुछ और भी प्रावधान हैं, जिनकी चर्चा करना चाहता हूँ और ये प्रावधान बिल के उपवाक्य 4 से लेकर 20 में विनिर्दिष्ट हैं। इन उपवाक्यों को देखने से ऐसा लगता है कि ये चार भिन्न-भिन्न उपविषय हैं। ये संघों, मान्यता प्राप्त संघों, पंजीकृत संघों तथा प्रतिनिधित्व युक्त संघों में विभक्त हैं। महोदय, मुझे इस बिल के पूर्ववर्ती प्रारूप को भी पढ़ने का अवसर प्राप्त हुआ था। पूर्ववर्ती बिल की शब्दावली इससे भिन्न थी, जैसे–क्षैतिज संघ, ऊर्ध्व

संघ, वर्णवत् संघ और लम्बवत् संघ। मुझे प्रसन्नता है कि ऐसी जटिल शब्दावली अब हटा दी गई है।

इन उपवाक्यों में दूसरी मुख्य बात है कि संघों के विभिन्न प्रकारों के पंजीकरण के सम्बन्ध में बनाए गए नियम तथा उपनियम। तीसरी बात है इन पंजीकृत संघों को प्रतिनिधित्व युक्त संघ का दर्जा देने के लिए वर्णित नियम एवं शर्तें और चौथी बात है संघ के पंजीकरण तथा एक संघ का प्रतिनिधित्व युक्त स्वरूप खत्म करने के विषय में बनाए गए नियम एवं शर्तें। महोदय, मैं यह नहीं समझ पा रहा हूँ कि इन उपवाक्यों का बिल के प्रमुख प्रावधानों के साथ क्या व्यावहारिक सम्बन्ध है? इस बिल के प्रमुख प्रावधानों में सर्वप्रथम अनिवार्य वार्त्ता और दूसरा वार्त्ता के दौरान हड़ताल जारी रखने पर जुर्माने का प्रावधान होना है। इन उपवाक्यों का इस प्रस्तावित बिल में वर्णित दो उप-वाक्यों के साथ क्या सम्बन्ध है, यह मैं नहीं समझ पा रहा हूँ, जो इस बिल का मुख्य उद्देश्य है। और इस बिल के शीर्षक से ऐसा दिखता है कि यह इस उद्देश्य को दर्शाने की जगह छिपाने का प्रयास कर रहा है। इस बिल का शीर्षक 'वार्त्ता और मध्यस्थता के माध्यम से औद्योगिक विवादों का शान्तिपूर्ण एवं सौहार्द्रपूर्ण निबटारा करने के प्रावधान करने हेतु तथा अन्य उद्देश्यों हेतु बिल' है। महोदय, ये अन्य उद्देश्य क्या हैं? यह ऐसा कुछ है, जिस पर हमें शर्म महसूस होती है। और इन उद्देश्यों को इस बिल के शीर्षक में स्पष्ट क्यों नहीं किया गया? यही वह बात है, जिस पर हमें शर्म महसूस करनी चाहिए। मैं नहीं जानता कि इस बिल के दोनों भागों का आपस में क्या सम्बन्ध है, और यदि कोई सम्बन्ध है भी तो उसे स्पष्ट किया जाना चाहिए। यदि इन दोनों के बीच में कोई सम्बन्ध नहीं है, तो तार्किक निष्कर्ष यही निकलता है कि इस बिल से ये चीजें हटा दी जानी चाहिए। लेकिन महोदय, मुझे इस बात के लिए इनाम मिलना चाहिए कि मैंने इन दोनों के बीच के सम्बन्ध को खोज निकाला है। इनके सम्बन्ध को समझने के लिए हमें इस बिल की उपधारा 75 पर नज़र दौड़ानी चाहिए। उपधारा 75 कहती है, "इस अधिनियम के अन्तर्गत कोई भी कर्मचारी किसी कार्रवाई में कर्मचारियों के प्रतिनिधियों के अतिरिक्त अन्य किसी माध्यम से भाग नहीं लेगा।"

महोदय, यह उपधारा देखने में अत्यन्त साधारण सी है और मैं कहता हूँ कि यह भारत के ट्रेड यूनियन के इतिहास की सबसे खतरनाक उपधारा है। वार्त्ता की कार्रवाइयों में कर्मचारियों का प्रतिनिधि कौन होगा, जो श्रमिकों का प्रतिनिधित्व करेगा? इस बात से कोई फर्क नहीं पड़ता कि एक कर्मचारी की योग्यता क्या है, वह तब तक किसी औद्योगिक विवाद के निबटारे में कोई भाग नहीं लेगा,

जब तक वह इस बिल की परिभाषा के अनुसार कर्मचारियों का प्रतिनिधि नहीं होगा। और श्रमिकों का प्रतिनिधि चुनने के लिए मेरे आदरणीय साथी ने इस बिल में उपधारा 4 से 20 तक का प्रावधान किया है। ये सभी इसी अनुच्छेद में शामिल हैं। इसलिए अब सबसे बड़ा प्रश्न यह है कि इस बिल के अन्तर्गत कर्मचारियों का प्रतिनिधि कौन होगा?

महोदय, इस बिल के अन्तर्गत संघों की दो श्रेणियाँ होंगी, जिन्हें श्रमिकों का प्रतिनिधित्व करने का अधिकार होगा। पहली वह यूनियन या संघ होगी, जिसमें कम से कम 20 प्रतिशत कर्मचारी इसके सदस्य होंगे। दूसरे वह संघ, जिसके 50 प्रतिशत से अधिक सदस्य कर्मचारी होंगे, वह वार्त्ताओं में भाग ले सकेगी। ये दो ही श्रेणियाँ होंगी, जिनके संघ वार्त्ताओं में भाग ले सकते हैं। अब महोदय मेरे आदरणीय मित्र मंत्री महोदय इन दोनों को 'प्रतिनिधि संघ' कहकर पुकारते हैं। मुझे उनकी इस शब्दावली पर एतराज है। मैं समझता हूँ कि एक कुदाल को कुदाल ही बुलाना चाहिए। कुदाल को कुदाल कहने से मेरा अभिप्राय है कि निस्सन्देह इस बिल में दो प्रकार के प्रतिनिधि संघ हैं, लेकिन यहाँ यह उल्लेखनीय है कि एक गुलाम संघ है और दूसरा स्वतन्त्र संघ है। महोदय यह अतिश्योक्ति नहीं होगी कि यदि मैं यह कहूँ कि वही संघ वैधानिक कहलाएगा और उसे ही प्रतिनिधित्व करने या बोलने का अधिकार होगा, जो इसके लिए अपने मालिक का पूर्ण अनुमोदन रखता हो अर्थात् यह एक गुलाम संघ होगा और दूसरा संघ स्वतन्त्र होगा। मैं चाहता था कि वे 'अनुमोदन' शब्द का इस्तेमाल इसके लिए करें क्योंकि 'मान्यता प्राप्त' शब्द इसके लिए अपर्याप्त है। इसकी उचित परिभाषा शब्द भी इसके लिए अपर्याप्त है। इसकी उचित परिभाषा 'नियोक्ता द्वारा अनुमोदित संघ' होनी चाहिए। हमने इसके प्रारूप में यही देखा था और हमें इसी को स्वीकृति देने को कहा गया था।

हमारे इस देश में आज क्या हो रहा है? मैं खेदपूर्वक कहना चाहता हूँ कि हमें कटु यथार्थ का चित्र खींचना ही होगा। बम्बई नगर में आज जो भी मिले हैं, वे ज्यादातर पारसियों की हैं या फिर गुजरातियों की हैं और कुछ यहूदियों एवं यूरोपियों लोगों की भी हैं।

इन सभी मिलों के बारे में एक आश्चर्यजनक तथ्य यह है कि इन सभी मिलों में जबर्दस्त भाई-भतीजावाद व्याप्त है। सैंकड़ों नकारा लोग इनमें ऊँचे वेतन पर केवल इस कारण से कार्य कर रहे हैं क्योंकि वे इसकी देखभाल करने वालों के रिश्तेदार हैं। आप एक पारसी मिल में जाएँ तो पाएँगे कि सैंकड़ों पारसी उस मिल में कार्य कर रहे होंगे चाहें, उनकी वहाँ ज़रूरत हो या न हो। यही हाल

गुजरातियों और यहूदियों की मिलों का भी है। एक श्रमिक की आमदनी का एक बड़ा हिस्सा मैनेजर हड़प लेते हैं क्योंकि उन्हें अयोग्य लोगों का भी पेट भरना है। ये सभी लोग, जो इस इण्डस्ट्री के कर्ता-धर्ता हैं, पैसा कमाकर एक बड़ा अंश येन केन प्रकारेण हड़प कर जाते हैं। जब एक श्रमिक शिकायत करता है कि उसे कम वेतन मिल रहा है, तो इस इण्डस्ट्री को चलाने वाले लोग उससे कहते हैं कि यह मेरी पूँजी है। यह सारी पूँजी फर्जी होती है या फिर बेइमानी की कमाई होती है। इण्डस्ट्री की कमाई का एक बड़ा हिस्सा में लोग हड़प लेते हैं, फिर भी कुछ शेष रह जाता है तो उसे ही ये दीन-हीन श्रमिक हासिल कर पाते हैं। यदि आदरणीय प्रधानमंत्री जी इक्विटी लागू करना चाहते हैं, तो उन्हें सबसे पहले यह सुनिश्चित करना चाहिए कि इण्डस्ट्री के लाभ के पहले हकदार ये श्रमिक होंगे। मैं नहीं जानता कि क्यों किसी भी इण्डस्ट्री के मालिक के लिए वार्षिक बजट प्रस्तुत करने की व्यवस्था नहीं की गयी है?

सरकार हर साल अपना बजट पेश करती है। उस बजट में सरकार हमें बताती है कि कितने मंत्री कार्य कर रहे हैं, कितने अधीक्षक हैं, क्लर्क हैं या अन्य व्यवस्थाएँ। इससे यह सदन यह समझ सकता है कि अधिक व्यय हो रहा है या नहीं। यह सदन यह भी जान जाता है कि धन का सही तरीके से इस्तेमाल हो रहा है या नहीं। एक मिल मालिक, जो केवल अपनी पूँजी से ही नहीं बल्कि दूसरे लोगों की मेहनत से कमाता है, वह क्यों अपने प्रबन्धन को आय-व्यय के पूरे विवरण नहीं बताता? इसके लाभ भी होंगे। यह एक उचित मांग है और इसके लाभ भी होंगे। जब इस प्रकार का एक बजट इण्डस्ट्री के मालिक द्वारा पेश किया जाएगा, तो श्रमिक भी यह महसूस करने की स्थिति में होंगे कि जो भी लाभांश उनके बीच में बाँटा जा रहा है, वह सही है या नहीं। या फिर मालिक उनकी मेहनत की कमाई से प्राप्त लाभ हड़पे ले रहा है। वार्त्ताकार बोर्ड या कंसीलिएशन बोर्ड की क्या ज़रूरत है कि वह कर्मचारियों से उनकी एकाउण्ट बुक लाने को कहे, वह भी तब जब कर्मचारी को वास्तव में इण्डस्ट्री की माली हालत का ठीक-ठीक पता ही न हो। यदि मेरे सुझाव को मान लिया जाता है, तो मुझे यकीन है कि श्रमिकों की समस्याओं में कमी आएगी, वार्त्ताएँ अधिक प्रभावशाली होंगी और उद्योग जगत में अपेक्षाकृत अधिक शान्ति होगी।"

अम्बेडकर के उपर्युक्त दृष्टिकोण से स्पष्ट है कि वे मालिकों द्वारा कर्मचारियों एवं श्रमिकों का शोषण किए जाने से अत्यन्त चिन्तित थे और वे कर्मचारियों को उनके अत्याचारों से मुक्ति दिलाना चाहते थे। उस समय की परिस्थिति में अम्बेडकर ने मिल मालिकों तथा उनके द्वारा कर्मचारियों के शोषण

की जो बातें कहीं थीं, वे आज भी कमोबेश जारी हैं। बिड़ला, डालमिया, मोदी, धूत, अंबानी, सिंघानिया, माल्या, किर्लोस्कर या आज के किसी भी बड़े या छोटे व्यापारिक समूह को ले लें, वहाँ भी आपको ऐसी ही विषम परिस्थितियाँ देखने को मिलेंगी कि वेतन और भत्तों के रूप में वास्तव में असली फसल कौन काट रहा है। और कोई नहीं, बल्कि इनके नातेदार और रिश्तेदार अपनी-अपनी जेबें गरम कर रहे हैं।

इण्डिपेण्डेण्ट लेबर पार्टी की अल्प आयु

इण्डिपेण्डेण्ट लेबर पार्टी ने सन् 1937 में 17 में से 15 सीटें जीतकर अच्छा प्रदर्शन किया था, लेकिन इसके बावजूद यह अधिक समय तक प्रभावशाली नहीं रह सकी। इस पार्टी की अल्प आयु होने के पीछे कई कारण थे। इसका सबसे बड़ा कारण था कि यह पार्टी सिर्फ महारों के बीच ही लोकप्रिय थी। इस तथ्य की पुष्टि इस बात से भी की जा सकती है कि इस पार्टी द्वारा चुनाव में खड़े किए गए प्रत्याशियों में से ज़्यादातर महार थे। इसके विपरीत कांग्रेस पार्टी ने ग़ैर महार अस्पृश्य जातियों, जैसे–मंग, ढोर और चमारों को भी चुनाव में खड़ा किया था।

अम्बेडकर ने महसूस कर लिया था कि कामकाजी वर्ग को एकजुट करके मजबूत मोर्चा बनाने का उनका प्रयास अव्यावहारिक है क्योंकि इस कामकाजी वर्ग में जाति विभेद कर पाना मुश्किल है। इसलिए वे इस निष्कर्ष पर पहुँचे कि यदि एक बार जाति को खत्म कर दिया गया तो स्वाभाविक रूप से वर्ग उभरकर प्रधान प्रवृत्ति बन जाएगा। इस विचार ने ही डॉ० अम्बेडकर को इस बात की प्रेरणा दी कि यदि उन्हें दलित वर्ग को संगठित करना है, तो उन्हें एक रणनीति के तौर पर इण्डिपेण्डेण्ट लेबर पार्टी मॉडल को त्यागना होगा। इसके विकल्प के तौर पर उन्हें अस्पृश्यों पर ही निर्भर रहते हुए एक मजबूत राजनैतिक ताकत बनाना होगा, ताकि वे अपने आन्दोलन को गति दे सकें। यह रणनीति इस विश्वास पर आधारित थी कि अस्पृश्य लोग अपने राजनैतिक आन्दोलन में सहयोग हासिल करने तथा एकजुटता पाने के लिए सवर्णों पर भरोसा नहीं कर सकते, इसलिए उन्हें अपने लिए एक ऐसा स्वतंत्र संगठन खड़ा करना होगा, जो सिर्फ उनके हितों के लिए संघर्ष कर सके। इसके परिणामस्वरूप जुलाई, सन् 1942 में आल इण्डिया शेड्यूल्ड कॉस्ट्स फ़ेडरेशन का जन्म हुआ।

धनंजय कीर अपनी पुस्तक 'डॉ० बाबा साहब अम्बेडकर : लाइफ एण्ड मिशन' में पृष्ठ संख्या 343 पर लिखते हैं, "ब्रिटेन ने दलितों के प्रति जो नई नीति अपनानी शुरू की थी, उसके कारण मजबूर होकर अम्बेडकर को एक

लेबर नेता की भूमिका को छोड़कर नया रास्ता लेना पड़ा। बातचीत के दौरान क्रिप्स ने अम्बेडकर से पूछा था कि वे श्रमिकों का प्रतिनिधित्व कर रहे हैं या दलितों का प्रतिनिधित्व कर रहे हैं? उन्होंने अम्बेडकर से उनकी पार्टी की शाक्ति के सम्बन्ध में भी सवाल किए थे। इससे डॉ॰ अम्बेडकर को अपनी भूमिका नए सिरे से परिभाषित करने को बाध्य होना पड़ा। और एक बार जब उन्हें यह लगने लगा कि जिन दलितों के हितों की रक्षा के लिए वे पिछले पच्चीस वर्षों से संघर्ष करते आए हैं, उनके हितों के लिए उन्हें दलितों को नेतृत्व प्रदान करना ही होगा, तो उन्होंने ऐसा ही किया और 30 तथा 31 मार्च सन् 1942 को उन्होंने दिल्ली में उपस्थित सभी दलित नेताओं की एक बैठक बुलाई और उनसे क्रिप्स मिशन के प्रस्तावों पर विचार-विमर्श किया। एम॰सी॰ राजा उस समय तक डॉ॰ अम्बेडकर का विरोध कर रहे थे, लेकिन उन्होंने भी इसके बाद उनसे सुलह कर ली। राजभोज पहले से ही डॉ॰ अम्बेडकर से अपने मतभेद दूर कर चुके थे। इस बैठक में यह निर्णय लिया गया कि अब जुलाई, 1942 में एक अखिल भारतीय दलित सम्मेलन का आयोजन किया जाना चाहिए, ताकि सभी प्रान्तों में परस्पर सहयोग हेतु दलितों का एक अखिल भारतीय संगठन तैयार किया जा सकें।"

आल इण्डिया शेड्यूल्ड कॉस्ट्स फ़ेडरेशन

17 जुलाई से 20 जुलाई, सन् 1942 को नागपुर में एक अखिल भारतीय दलित सम्मेलन का आयोजन किया गया। कहा जाता है कि इस बैठक में 75000 से अधिक दलित पुरुषों तथा 20,000 से अधिक दलित महिलाओं ने हिस्सा लिया, जो भारत के विभिन्न प्रान्तों से आए दलितों के प्रतिनिधि थे।

इस सम्मेलन की बातचीत एवं चर्चा पर सन्तोष जताते हुए डॉ॰ अम्बेडकर ने इस बात पर बल दिया कि हमें एक ऐसे अखिल भारतीय राजनैतिक संगठन की ज़रूरत है, जो केवल दलितों की आवाज को मुखर कर सके। वर्तमान में जो भी राजनैतिक संगठन विभिन्न प्रान्तों में कार्य कर रहे हैं, वे सब इसमें शामिल हो जाने चाहिए। उन्होंने कहा, "ऐसा होने से आपको ताकत मिलेगी और आप एक संगठित मोर्चा तैयार कर सकेंगे। मेरी हार्दिक इच्छा है कि हमारे इस संगठन की शाखाएँ प्रत्येक प्रान्त में ही नहीं बल्कि प्रत्येक कस्बे और नगर में हों।"

डॉ॰ अम्बेडकर ने आगे कहा, "मेरी आपको अन्तिम सलाह यह है कि आप शिक्षित हों, संगठित हों और संघर्ष करें। आपको अपने ऊपर विश्वास होना चाहिए। जब न्याय आपके पक्ष में होगा, तो निश्चित ही आप जंग जीत जाएंगे। मेरे लिए संघर्ष आनन्द की वस्तु है। यह संघर्ष मेरे लिए अध्यात्म का पर्याय

है। इसमें कुछ भी भौतिक या सामाजिक नहीं है। हमारे लिए यह जंग पैसा या ताकत हासिल करने की नहीं है, बल्कि यह आज़ादी हासिल करने की जंग है। यह मानव व्यक्तित्व को पुनः प्राप्त करने की जंग है।"

उन पर अक्सर यह आरोप लगाया जाता था कि उन्हें अपने समाज की कोई परवाह नहीं है और वे सिर्फ पुस्तकों में डूबे रहते हैं। इसका जवाब देते हुए उन्होंने कहा, "उनके मन में किसी के प्रति कोई दुर्भावना नहीं है और उनका मकसद किसी को अपमानित करना भी नहीं है। हमें कम से कम समय में अधिक से अधिक प्रगति हासिल करनी है। बहुत से हिन्दू मुझे अपना शत्रु मानते हैं लेकिन मेरे कई ऐसे घनिष्ठ मित्र भी हैं जो ब्राह्मण हैं। मैं जहाँ पर खड़ा हुआ हूँ, वहाँ रहकर मेरी यह जिम्मेदारी है कि मैं उन ब्राह्मणों के असामाजिक कार्यों की भर्त्सना करूँ, जो मेरे लोगों को कुत्तों और बिल्लियों से भी बदतर समझते हैं और उनकी प्रगति की राह में रोड़े अटकाते हैं। (धनंजय कीर, डॉ॰ अम्बेडकर, लाइफ एण्ड मिशन, पॉपुलर प्रकाशन, मुम्बई, पृ॰ 351-53)

अम्बेडकर जार्ज बर्नार्ड शॉ के इस कथन की जीवंत मिसाल थे, जिसमें उन्होंने कहा था, "मेरे लिए जीवन कोई छोटी सी मोमबत्ती नहीं है। यह एक प्रकार की तेज़ रोशनी देने वाली टॉर्च के समान है, जिसे इस समय मैंने अपने हाथों में पकड़ रखा है और मैं चाहता हूँ कि इसे भविष्य की पीढ़ियों को सौंपने से पहले जितनी तेज़ रोशनी तक जला सकूँ, जलाऊँ।"

इस अखिल भारतीय दलित सम्मेलन में यह प्रस्ताव पारित किया गया कि दलितों के लिए आल इण्डिया शेड्यूल्ड कॉस्ट्स फ़ेडरेशन नामक एक केन्द्रीय राजनैतिक संगठन खड़ा किया जाएगा। अन्य सभी दलित संगठनों से यह अपील भी की गयी कि वे अपने-अपने संगठनों का विलय इसमें कर दें। राव बहादुर एन॰ शिवराज इसके पहले अध्यक्ष चुने गए।

नानक चन्द रत्तू अपनी पुस्तक 'लास्ट फ़्यू इयर्स ऑफ़ डॉ॰ अम्बेडकर' में पृष्ठ संख्या 44-45 पर लिखते हैं, "शुरुआत से ही इस फ़ेडरेशन को दलितों का भरपूर समर्थन मिला। यह ऐसा इकलौता संगठन था, जिसने उनमें आशा, विश्वास और जोश का संचार किया। उनके नेताओं के आह्वान के प्रति इन दलितों में इतना अधिक उत्साह और जोश था कि इस संगठन ने आकांक्षाओं से बेहतर काम किया और शीघ्र ही यह दलितों का इकलौता प्रतिनिधि संगठन बन गया। ऐसा इस संगठन के समर्पित एवं परिश्रमी कार्यकर्ताओं के कारण सम्भव हो सका, जिन्होंने इसके प्रचार-प्रसार के लिए अथक परिश्रम किया। इस फ़ेडरेशन ने अपनी राजनैतिक माँगें दृढ़तापूर्वक सामने रखीं, दलितों में सम्मान की भावना

जाग्रत की तथा उनमें यह अहसास जगाने का काम किया कि सिर्फ तुम्हारे ऊपर अत्याचार करने वालों और शताब्दियों से तुम्हें गुलाम बनाकर रखने वालों का शासन बर्दाश्त मत करो, बल्कि खुद शासक बनने का प्रयास करो।"

जिस समय अम्बेडकर नागपुर में ही थे, उसी समय उनके पास सन्देश आया कि उन्हें वायसरॉय की एक्ज़ीक्यूटिव कांउसिल में श्रम तथा लोक निर्माण विभाग के सदस्य के रूप में शामिल कर लिया गया है।

वायसरॉय की एक्ज़ीक्यूटिव कांउसिल की सदस्यता

17 जनवरी, सन् 1943 को मराठा तथा अन्य जातियों ने बम्बई में उनका भव्य अभिनन्दन किया। इस दौरान अपने भाषण में उन्होंने उन कारणों की चर्चा, जिनकी वजह से बम्बई और मद्रास प्रान्त में 20 वर्षों से सत्ता में रहने के बावजूद गैर ब्राह्मण राजनैतिक दल आज हाशिए पर पहुँच गए हैं। उन्होंने कहा "इसका पहला कारण यह है कि गैर ब्राह्मण दलों ने सत्ता हथियाने के लिए घृणित हथकण्डे अपनाने में भी गुरेज नहीं किया। उनके पास ऐसी कोई सुविचारित नीति नहीं थी, जिससे उनके समर्थकों को फायदा होता, जो मुख्यत: किसान और श्रमिक थे। इतना ही दुखद यह भी था कि गैर ब्राह्मण पार्टियों ने जिन लोगों को नेतृत्व सौंपा, वे सत्ता पाने के बाद अपने उस वर्ग को ही भूल बैठे, जिससे होकर वे स्वयं वहाँ तक पहुँचे थे और उनके साथ बेगानों जैसा व्यवहार करने लगे। पश्चिम में लोकतंत्र पूरी तरह से विफल इसीलिए हो गया है क्योंकि वहाँ यह राजभक्तों के हाथों में पहुँच गया है। यदि अल्पसंख्यक ब्राह्मण समुदाय यहाँ भी सत्ता में आ जाता है, तो इस देश की भी यही दशा होने वाली है। उन्होंने कहा कि एक राजनीतिक दल को शक्तिशाली बनाने के लिए तीन चीजों का होना आवश्यक है। पहला यह है कि उसके नेता इतने विराट व्यक्तित्व के हों कि वे अन्य पार्टी के नेताओं के साथ बराबरी कर सके, दूसरी ज़रूरत इस बात की है कि वह संगठन अनुशासित हो और तीसरी महत्त्वपूर्ण बात यह है कि उस संगठन का सुस्पष्ट कार्यक्रम होना चाहिए। यदि भारत की सत्ता को राजभक्तों के शिकंजे से बचाना है और भारत में लोकतंत्र को सफल बनाना है, तो ये शर्तें पूरी करना आवश्यक है।"

10 मई, सन् 1943 को चैम्बर ऑफ कॉमर्स को सम्बोधित करते हुए डॉ॰ अम्बेडकर ने कहा था, "आज दुनिया युद्धों से थक चुकी है और वह एक देश का दूसरे देश पर शासन, रंगभेद तथा निर्धनता नामक तीन बीमारियों से ग्रसित है।" निर्धनता की चर्चा करते हुए उन्होंने कहा कि वे यह सोचकर

आशंकित हो जाते हैं कि मानव सभ्यता को नष्ट करने के लिए आज कई देश हथियारों पर भारी खर्च कर रहे हैं। उन्होंने कहा कि वे यह नहीं समझ पाते कि ब्रिटेन 14 करोड़ रुपए प्रतिदिन और अमेरिका भी लगभग इतना ही प्रतिदिन तथा भारत भी काफी धन हथियारों की खरीद पर खर्च कर रहे हैं, ये लोग इसका आधा धन भी शान्तिकाल में निर्धनों के कल्याण पर क्यों नहीं खर्च करते ताकि पीड़ित मानवता को बेहतर सुविधाएँ मिल सकें। दुनिया को अपने रुख में बदलाव लाना पड़ेगा, उसे झुककर अपने कुछ विशेषाधिकारों का त्याग करना होगा, ताकि निर्धनता का उन्मूलन किया जा सके।

नवम्बर, सन् 1943 को नयी दिल्ली में अनुसूचित जातियों के नेताओं तथा कार्यकर्ताओं के साथ बैठक करते समय उन्होंने बताया कि लेबर पार्टी के सदस्य के रूप में सत्ता में पहुँचकर उन्होंने अपने लोगों के लिए क्या लाभ अर्जित किए है। उन्होंने बताया कि उन्होंने सरकारी सेवाओं में साढ़े आठ प्रतिशत पद हासिल किए हैं, लन्दन में तकनीकी शिक्षा में भी आरक्षण का प्रावधान कराया है तथा सेण्ट्रल असेम्बली में एक अधिक सीट एवं राज्यों की विधान सभाओं में एक-एक सीट दलितों हेतु आरक्षित कराई है।

अम्बेडकर सरकारी सेवाओं में दलितों के लिए एक निश्चित प्रतिशत आरक्षण का प्रावधान कराना चाहते थे क्योंकि उनका मानना था कि यदि दलित हिन्दू सरकारी सेवाओं में आ जाते हैं, तो सवर्ण उन पर अत्याचार नहीं कर सकेंगे और दूसरे ऐसा होने से दलितों की आर्थिक दशा में सुधार आएगा एवं वे सरकारी मामलों में भी न्याय हासिल कर सकेंगे।

शेड्यूल्ड कॉस्ट्स फ़ेडरेशन का कानपुर अधिवेशन

29 जनवरी, सन् 1944 को शेड्यूल्ड कॉस्ट्स फ़ेडरेशन का वार्षिक अधिवेशन कानपुर में आयोजित किया गया। इसमें बोलते हुए डॉ॰ अम्बेडकर ने कहा, "भारत सरकार में हिन्दुओं, मुसलमानों तथा अस्पृश्यों का बराबर का हिस्सा होना चाहिए और यदि अस्पृश्यों को बराबर का हिस्सा नहीं दिया जाता है तो वे इस लक्ष्य को हासिल करने के लिए बड़ा आन्दोलन छेड़ेंगे।"

जनवरी, सन् 1945 को कलकत्ता में दलितों के एक साप्ताहिक समाचार पत्र 'पीपुल्स हेराल्ड' का विमोचन करते हुए डॉ॰ अम्बेडकर ने कहा कि चूँकि शेड्यूल्ड कॉस्ट फ़ेडरेशन एक महत्त्वपूर्ण पार्टी है और इसे नैतिक एवं राजनैतिक दृष्टि से इस देश की सशक्त पार्टी बनाने के उद्देश्य के लिए उन्होंने स्वयं को समर्पित कर दिया है।

सन् 1945 के आम चुनाव

वायसरॉय लार्ड लिनथिनगो ने सितम्बर 1945 में आम चुनाव कराए जाने की घोषणा की। इससे सभी राजनीतिक दल चुनाव मैदान में कूद पड़े। 4 अक्तूबर को डॉ॰ अम्बेडकर ने पुणे से अपने चुनाव अभियान की शुरुआत की। उन्होंने इस सभा में कहा कि दलितों को कांग्रेसियों के हाथों का खिलौना नहीं बनना चाहिए। कांग्रेस एक ऐसी पार्टी है जो बार-बार आत्मसमर्पण करती है और पूँजीपतियों के हाथों में खेलती रहती है। समाज की भावनाओं की इसे तनिक भी परवाह नहीं है, न ही इसने जनता की समस्याओं को दूर करने का कोई प्रयास किया है। इसका समाधान अब आपके हाथों में है और इसलिए आपको अब सत्ता पर कब्जा करने का प्रयास करना चाहिए, जो अब आपके लिए जीवन-मरण का प्रश्न बन चुका है। आपको स्वयं को सत्ता के गलियारों का भाग्यविधाता बनाना होगा और अपने अधिकारों की रक्षा करनी होगी। अन्त में उन्होंने कहा कि यदि ऐसा नहीं हुआ तो आप काग़ज़ी बनकर रह जाएंगे। आने वाले चुनाव आपके लिए जीवन-मरण का प्रश्न बन गए हैं क्योंकि इन्हीं प्रान्तीय विधायकों में से संविधान सभा के सदस्य भी चुने जा सकते हैं।

शेड्यूल्ड कॉस्ट्स फ़ेडरेशन द्वारा बड़े जोर-शोर से चुनाव प्रचार शुरू किया गया। इस प्रचार को और अधिक धार देने के उद्देश्य से 29 तथा 30 नवम्बर को एक प्रान्तीय सम्मेलन अहमदाबाद में आयोजित किया गया। अम्बेडकर ने इस सम्मेलन में कहा कि आज आप लोग जो भी लाभ हासिल कर रहे हैं, वे मैंने आपको दिलवाए हैं, वरना गाँधी तो आपकी मांगों का विरोध करने के लिए मुसलमानों की आड़ तथा सहयोग ले रहे थे।

अपने चुनाव प्रचार को तेज़ करने के लिए डॉ॰ अम्बेडकर ने दक्षिण भारत की यात्रा की। वहाँ पर उन्होंने मद्रास, कोयम्बतूर तथा मदुरई में जनसभाओं को सम्बोधित किया।

13 जनवरी, सन् 1946 को डॉ॰ अम्बेडकर बम्बई वापस आए और वहाँ से शोलापुर गए। शोलापुर में चुनावी रैली को सम्बोधित करते हुए उन्होंने घोषणा की कि यदि शेड्यूल्ड कॉस्ट्स फ़ेडरेशन के अनेक प्रत्याशी चुनाव नहीं जीतते हैं, तो वे सफेद टोपी पहनकर कांग्रेस के आगे आत्मसमर्पण कर देंगे और कांग्रेस में शामिल हो जाएंगे। इस चुनाव में अम्बेडकर को अपनी इस पार्टी की विजय के प्रति इतना अधिक आत्मविश्वास था कि वे ऐसी घोषणा कर बैठे। लेकिन चुनाव के नतीजे उनके लिए बड़े आघात से कम नहीं थे। शेड्यूल्ड कॉस्ट्स

फ़ेडरेशन का चुनावों में पूरी तरह से सूपड़ा साफ हो गया था और अम्बेडकर को हाथ मलते रह जाना पड़ा था।

सन् 1952 के आम चुनाव

सन् 1952 के प्रथम चुनावों से पहले डॉ॰ अम्बेडकर ने आल इण्डिया शेड्यूल्ड कॉस्ट्स फ़ेडरेशन में प्राण फूँकने का भरसक प्रयास किया। अक्तूबर, सन् 1951 के पहले हफ्ते में फ़ेडरेशन की कार्यकारिणी की बैठक उनके दिल्ली स्थित आवास पर हुई, जिसमें पार्टी के चुनाव घोषणापत्र पर विचार किया गया। अन्त में घोषणा पत्र को निम्नांकित रूप दिया गया–

1. शेड्यूल्ड कॉस्ट्स फ़ेडरेशन किसी ऐसे राजनैतिक दल का समर्थन नहीं करेगी, जिसके सिद्धान्त फ़ेडरेशन के सिद्धान्तों के खिलाफ होंगे।
2. फ़ेडरेशन निर्दलीय प्रत्याशियों का समर्थन नहीं करेगी।
3. फ़ेडरेशन पिछड़े वर्गों तथा अनुसूचित जनजातियों के साथ सहयोग करना चाहेगी क्योंकि उनकी हालत भी अनुसूचित जातियों जैसी ही है।
4. फ़ेडरेशन हिन्दू महासभा या राष्ट्रीय स्वयंसेवक संघ जैसी किसी प्रतिक्रियावादी पार्टी के साथ कोई गठजोड़ नहीं करेगी।
5. फ़ेडरेशन कम्युनिस्ट पार्टी के साथ कोई समझौता नहीं करेगी।
6. फ़ेडरेशन एकाधिकार में यकीन नहीं रखती है और वह किसी ऐसी राजनीतिक पार्टी का साथ नहीं देगी, जो पूरी तरह निरंकुश हो और विपक्षी पार्टियों को आगे न बढ़ने देना चाहती हो।
7. फ़ेडरेशन राजनीतिक पार्टियों की अधिकता का विरोध करती है और वह ब्रिटिश लेबर पार्टी की तर्ज पर भारत में भी अपनी स्थिति मजबूत करना चाहती है।
8. फ़ेडरेशन एक ऐसी पार्टी की इकाई बनने को तैयार है, जिसके सिद्धान्त सुस्पष्ट हों, फ़ेडरेशन विरोधी सिद्धान्त न हों और वह पार्टी अनुसूचित जातियों के सामाजिक एवं आर्थिक उत्थान के प्रति अपना संकल्प व्यक्त करे। ऐसी पार्टी को फ़ेडरेशन संगठन के रूप में अपने अन्तर्गत शेड्यूल्ड कॉस्ट्स फ़ेडरेशन को एक स्वायत्त इकाई के रूप में अपनी गतिविधियाँ जारी रखने की अनुमति देनी होगी और पार्टी किसी ऐसी दूसरी पार्टी से जुड़ी न हो, जो फ़ेडरेशन पार्टी द्वारा उसकी इकाई के रूप में स्वीकृत न हो।

9. जो लोग फ़ेडरेशन की सहायता लेना चाहते हैं, उन्हें इस फ़ेडरेशन का सहयोगी सदस्य बनना होगा और यह संकल्प लेना होगा कि वे फ़ेडरेशन के सिद्धान्तों, नीतियों, कार्यक्रमों तथा अनुशासन को स्वीकार करते हैं। 27 अक्तूबर, सन् 1951 को शाम के समय डॉ॰ अम्बेडकर ने जालन्धर में चुनाव प्रचार की शुरुआत करने के बाद डी॰ए॰वी॰ कॉलेज, जालन्धर में आयोजित 'पोलिटिकल साइंटिस्ट्स पार्लियामेण्ट' के विशेष सत्र को सम्बोधित किया। इस अवसर पर बोलते हुए उन्होंने चेतावनी के लहजे में कहा कि यदि इस देश में संसदीय लोकतंत्र विफल हो जाता है और इसकी पूरी आशंका भी है, तो ऐसा सत्ताधारी पार्टी के वर्ताव के कारण होगा। इसका नतीजा विद्रोह, अराजकता और साम्प्रदायिकता के रूप में पूरे देश को झेलना होगा। तब इस देश के भाग्य का सूर्य डूब जाएगा।

संसदीय व्यवस्था के अनेक नियमों की विस्तारपूर्वक चर्चा करते हुए उन्होंने कहा, "पहले भारत में संसदीय संस्थाएँ हुआ करती थीं। हमारे साहित्य में ऐसे असंख्य विवरण भरे पड़े हैं, जिनसे पता चलता है कि सरकार की संसदीय व्यवस्था हमारे लिए नई नहीं है। संसदीय व्यवस्था का अर्थ है पैतृक शासन को अस्वीकार करना। कोई भी व्यक्ति केवल इस वजह से यह दावा नहीं कर सकता कि पैतृक व्यवस्था के तहत वह शासक बनेगा। जो भी व्यक्ति संसदीय व्यवस्था में शासन करना चाहता है, उसे समय-समय पर जनता द्वारा निर्वाचित होना आवश्यक है। उसे जनता का अनुमोदन चाहिए। सरकार की संसदीय व्यवस्था में उत्तराधिकार से प्राप्त सत्ता के बिना कोई स्थान नहीं है।

संसदीय व्यवस्था की दूसरी विशेषता यह है कि जनता के जीवन से जुड़ा हुआ कोई भी कानून, कोई भी नियम जनता द्वारा चुने गए लोगों की सलाह से ही बनाया जा सकता है। कोई इकलौता व्यक्ति स्वयं को सर्वशक्तिमान मानकर यह दावा नहीं कर सकता कि वह सर्वज्ञ है और वह खुद कानून बना सकता है तथा सरकार अकेले ही चला सकता है। कानून संसद में बैठे हुए जनप्रतिनिधि ही बना सकते हैं। ये वे लोग हैं, जो उस व्यक्ति को इस बारे में सलाह दे सकते हैं, जिसके नाम पर यह कानून बनाया जाना है।

इसकी तीसरी विशेषता यह है कि सरकार की संसदीय व्यवस्था का अर्थ है कि समय-समय पर उन लोगों का नवीनीकरण, जो जनता के विश्वास से निर्वाचित हुए हैं और जो लोग संघ के प्रधान के सलाह देना चाहते हैं। लेकिन इतना ही पर्याप्त नहीं है। संसदीय व्यवस्था चर्चा द्वारा चलाई जाने वाली सरकार

से भी आगे है। सरकार की संसदीय व्यवस्था मुख्यतः दो स्तम्भों पर टिकी हुई है। इन दो फोरमों पर ही इसका सम्पूर्ण कार्यकलाप संचालित होता है। ये दो स्तम्भ हैं–

(1) एक विपक्ष

(2) स्वतंत्र एवं निष्पक्ष चुनाव

पिछले बीस या तीस सालों से हम इकलौते राजनैतिक दल के अभ्यस्त हो गए हैं। हम शायद यह भूल गए हैं कि संसदीय लोकतंत्र के फलने-फूलने के लिए विपक्ष का होना अनिवार्य है। हमें लगातार यह समझाया जाता है कि विपक्ष बुरी चीज़ होती है। यहाँ हम फिर से यह भूल जाते हैं कि हमारे इतिहास से हमें क्या सबक लेने चाहिए। आप जानते होंगे कि वेदों तथा स्मृतियों की व्याख्या करने के लिए 'निबन्धकार' हुआ करते थे। वे श्लोकों तथा सूत्रों पर अपनी बात की शुरुआत करते हुए सर्वप्रथम इसके 'पूर्व पक्ष' की चर्चा करते थे और इसके बाद इसके उत्तर पक्ष अर्थात् दूसरे पहलू की चर्चा करते थे कि उठाया गया प्रश्न कोई सरल प्रश्न नहीं है, यह वह प्रश्न है, जिस पर भारी विवाद है, सन्देह हैं तथा जिस पर काफी चर्चा हो चुकी है। इसके पश्चात् वे उसका उत्तर देते थे, जिसे वे 'अधिकरण' नाम देते थे, जिसमें वे पक्ष तथा विपक्ष दोनों की समालोचना करते थे। अन्त में वे अपना स्वयं का निर्णय देते थे, जिसे वे 'सिद्धान्त' कहते थे। यहाँ हम पाते हैं कि हमारे प्राचीन गुरुजन सरकार की द्वि-दलीय व्यवस्था में विश्वास करते थे।

संसदीय लोकतंत्र की एक महत्त्वपूर्ण बात यह है कि यदि किसी प्रश्न के दो उत्तर हैं, तो जनता को उसके दोनों पक्षों के बारे में पता होता है। इसलिए एक कार्य करने वाले विपक्ष की ज़रूरत रहती है। विपक्ष स्वतन्त्र राजनैतिक जीवन की कुंजी है। इसके बिना लोकतंत्र कुछ भी नहीं कर सकता। सरकार की संसदीय व्यवस्था को लागू करने वाले दो देशों कनाडा तथा ब्रिटेन में इस महत्त्वपूर्ण तथ्य को स्वीकार किया गया है और इन दोनों देशों के विपक्ष के नेता को भी सरकार द्वारा वेतन दिया जाता है। वे विपक्ष को एक आवश्यक पक्ष मानते हैं। इन देशों के लोगों का मानना है कि विपक्ष को भी सरकार जितना ही जीवंत होना चाहिए। सरकार तथ्यों को छिपा सकती है, वह एक पक्षीय दुष्प्रचार कर सकती है और इन दो देशों के लोगों ने इससे बचने के लिए ही द्वि-दलीय व्यवस्था का प्रावधान किया है।

स्वतन्त्र तथा निष्पक्ष चुनाव इस व्यवस्था का दूसरा स्तम्भ है, जिस पर संसदीय लोकतंत्र टिका हुआ है। शान्तिपूर्ण ढंग से एवं रक्तपात के बिना सत्ता

का एक समुदाय से दूसरे समुदाय को हस्तान्तरण करने के लिए स्वतन्त्र एवं निष्पक्ष चुनाव कराया जाना जरूरी है। पुराने समय में जब कोई राजा मर जाता था, तो उसके राजमहल में कम से कम एक कत्ल अवश्य होता था। नए राजा को अपने देश की शासन व्यवस्था सँभालने से पहले क्रान्ति का खूनी खेल अवश्य खेलना पड़ता था। तभी वह सत्ता पर अपना पूरा अधिकार कर पाता था। भारत का इतिहास इन घटनाओं से भरा पड़ा है। इसलिए चुनाव स्वतन्त्र एवं निष्पक्ष होने चाहिए। यह लोगों पर छोड़ दिया जाना चाहिए कि वे अपने विधायक के रूप में किसे चुनना चाहते हैं।

अब सवाल यह उठता है कि कोई भी सत्ताधारी दल किसी भी प्रकार के विपक्ष को भला क्यों बर्दाश्त करेगा? कांग्रेस किसी भी तरह का विपक्ष नहीं चाहती। कांग्रेस भिन्न-भिन्न दृष्टिकोण वाले लोगों को केवल अपनी छतरी के नीचे रखना चाहती है। मैं आपसे पूछना चाहता हूँ कि क्या यह इस देश की राजनीति के लिए सही है?

उन्होंने सरकारी कर्मचारियों पर भी सत्ताधारी पार्टी की सहायता करने का आरोप लगाते हुए कहा, "हमें यह भी पता चला है कि सरकारी कर्मचारी चुनाव में उस पार्टी का पक्ष ले रहे हैं, जो उनके तथा उनके आश्रितों का भरण-पोषण कर रही है। अभी हाल ही में दिल्ली में आयोजित भारतीय जनसंघ के उद्घाटन सत्र में डॉ॰ श्यामाप्रसाद मुखर्जी जैसे बड़े नेता ने भी सरकारी कर्मचारियों पर कांग्रेस पार्टी की मदद करने का आरोप लगाया था कि इससे ये चुनाव स्वतन्त्र और निष्पक्ष नहीं रह गए हैं। इन परिस्थितियों में आप लोग क्या इस बात की कल्पना कर सकते हैं कि यहाँ पर संसदीय लोकतन्त्र कभी सफल हो पाएगा?"

चुनावों में बड़े व्यापारियों की भूमिका की चर्चा करते हुए उन्होंने कहा, "यह बहुत खतरनाक बात है। यदि धनवान व्यक्ति चुनावी फण्ड में चन्दा देकर चुनावों को एक पार्टी विशेष के पक्ष में प्रभावित करने का प्रयास करेंगे, तो इसका क्या परिणाम होगा? यदि जिस पार्टी को उन्होंने पैसा दिया है, वह जीतकर सत्ता में आ गई, तो वे उस पार्टी से अपने लिए कुछ रियायतें कराने का प्रयास करेंगे। इसके लिए वे वर्तमान नियमों को संशोधित करने का दबाव बनाएंगे या फिर वे अपने लिए लाभदायक कानून पारित करवाने का प्रयास करेंगे।"

18 नवम्बर, सन् 1951 को डॉ॰ अम्बेडकर बम्बई आए। शेड्यूल्ड कॉस्ट्स फ़ेडरेशन तथा सोशलिस्ट पार्टी द्वारा यहाँ उनका भव्य स्वागत किया गया। उस समय प्रजा मज़दूर पार्टी एवं शेड्यूल्ड कॉस्ट्स फ़ेडरेशन के नेताओं की एक ओर चुनावी गठबंधन के लिए बातचीत चल रही थी, तो वहीं दूसरी ओर सोशलिस्ट

पार्टी एवं शेड्यूल्ड कॉस्ट्स फ़ेडरेशन भी आपस में चुनावी गठजोड़ के लिए चर्चा कर रहे थे। सोशलिस्ट पार्टी के नेताओं जयप्रकाश नारायण और अशोक मेहता ने डॉ॰ अम्बेडकर से मुलाकात की और नयी विपक्षी रणनीति के बारे में गहन मंत्रणा की।

अम्बेडकर ने प्रजा मजदूर पार्टी तथा जनसंघ दोनों को ही साम्प्रदायिक पार्टी कहते हुए इनके साथ कोई भी गठजोड़ करने से मना कर दिया।

शेड्यूल्ड कॉस्ट्स फ़ेडरेशन

शेड्यूल्ड कॉस्ट्स फ़ेडरेशन ने नवम्बर, सन् 1951 में सोशलिस्ट पार्टी के साथ हाथ मिला लिया और एक साथ चुनाव में उतरने का फैसला किया। 25 नवम्बर सन् 1951 को बम्बई के शिवाजी पार्क में अम्बेडकर ने शेड्यूल्ड कॉस्ट्स फ़ेडरेशन तथा सोशलिस्ट पार्टी की संयुक्त जनसभा को सम्बोधित किया, जिसमें उन्हें सुनने के लिए दो लाख से अधिक लोग जमा हुए। अम्बेडकर ने जनता से इस बात पर बल दिया कि वह सत्ताधारी पार्टी पर अंकुश लगाने के लिए सशक्त विपक्ष को संसद भेजे। उन्होंने कहा "संख्या का उतना महत्त्व नहीं है। विपक्ष की गुणवत्ता संख्या से ज़्यादा महत्त्वपूर्ण है। उन्होंने जनता से अपील करते हुए कहा कि अगर शेड्यूल्ड कॉस्ट्स फ़ेडरेशन के द्वारा संयुक्त रूप से खड़े किए गए सभी प्रत्याशियों को न जिता सके, तो कम से कम सर्वश्रेष्ठ प्रत्याशियों को तो अवश्य जिताइए।

सोशलिस्ट पार्टी के महासचिव अशोक मेहता ने जनता से कहा कि यह गठबन्धन एक बड़ी ताकत के रूप में उभरकर सामने आया है। जवाहरलाल नेहरू ने बम्बई तथा मद्रास की चुनावी जनसभाओं में शेड्यूल्ड कॉस्ट्स फ़ेडरेशन तथा सोशलिस्ट पार्टी के गठजोड़ को अपवित्र कहा।

जनवरी, 1952 में संसदीय चुनाव हुए। डॉ॰ अम्बेडकर ने इन चुनावों में बम्बई उत्तरी आरक्षित सीट से चुनाव लड़ा। कांग्रेस के उम्मीदवार से वे पराजित हो गए, लेकिन शेड्यूल्ड कॉस्ट्स फ़ेडरेशन से पी॰एन॰ राजभोज लोकसभा के लिए और बी॰ सी॰ कांबले बम्बई विधानसभा के लिए निर्वाचित हुए।

शेड्यूल्ड कॉस्ट्स फ़ेडरेशन तथा सोशलिस्ट पार्टी के गठजोड़ को इन चुनावों में करारी मात मिली। अपनी हार पर प्रतिक्रिया व्यक्त करते हुए डॉ॰ अम्बेडकर ने कहा, "बम्बई की जनता ने जो अभूतपूर्व समर्थन दिखाया है, वह संदिग्ध है और चुनाव आयुक्त को इसकी जाँच करनी चाहिए। जयप्रकाश नारायण भी नहीं समझ पा रहे थे कि बम्बई में सोशलिस्टों को भारी जनसमर्थन प्राप्त होने के बावजूद उनकी पार्टी चुनाव कैसे हार गयी।

कुछ दिनों के बाद अम्बेडकर तथा अशोक मेहता ने एक चुनावी याचिका दायर की, जिसमें कहा गया था कि दो सदस्यों वाले निर्वाचन क्षेत्रों में एक ही प्रत्याशी के पक्ष में वोट डालने हेतु मतदाता को बरगलाना चुनाव आचार संहिता के खिलाफ है और इसलिए इन चुनावों को अवैध घोषित किया जाना चाहिए। यह याचिका एस॰ए॰ डांगे, डॉ॰ देशमुख, डॉ॰ वी॰बी॰ गाँधी तथा काजरोलकर एवं अन्य के विरुद्ध दायर की गयी थी।

अक्तूबर, सन् 1952 के पहले हफ्ते में इलेक्शन ट्रिब्यूनल में इस चुनावी याचिका पर सुनवाई शुरू हुई। अम्बेडकर इसमें स्वयं उपस्थित हुए और उन्होंने कहा कि यह दुष्प्रचार किया गया कि हमें वोट देना अपने वोट को बर्बाद करना है, जो अवैध है। इससे मतदाताओं में साम्प्रदायिक भावनाएँ भी भड़काने का काम किया गया लेकिन उनकी यह अपील खारिज कर दी गई। (धनंजय कीर, डॉ॰ अम्बेडकर, लाइफ एण्ड मिशन, पॉपुलर प्रकाशन, मुम्बई, पृ॰ 444)

डॉ॰ अम्बेडकर की हार पर मीडिया ने तीखी प्रतिक्रिया व्यक्त करते हुए लिखा, "चुनावों में अम्बेडकर की हार से उनकी राजनैतिक महत्त्वाकांक्षाओं पर गहरा आघात लगा है और शेड्यूल्ड कॉस्ट्स फ़ेडरेशन की प्रतिष्ठा पर भी आँच आयी है। एक राजनीतिज्ञ के रूप में यह अम्बेडकर की हार है। उनकी महान योग्यताएँ उनके ही उन्मादी साम्प्रदायिक विचारों के कारण कुंद हो गयीं। वे स्वयं को अस्पृश्यों का मसीहा घोषित करते थे। उनके चुनावी भाषण शत्रुतापूर्ण एवं अर्द्धसत्य हुआ करते थे। वे नायक से खलनायक बन गए और प्रतिभाशाली होने के बावजूद उन्होंने सम्मान खो दिया है। अब उनके लिए यह कहना असंगत होगा कि स्वतंत्र भारत में उनके लोगों के साथ उचित व्यवहार नहीं किया जा रहा है। हमारे समाज में जातिगत विभेद हैं और इन्हें खत्म होने में अभी बरसों लगेंगे लेकिन डॉ॰ अम्बेडकर जिस तरह इन्हें मिटाना चाहते हैं, वैसे यह नहीं मिट पाएगा। उन्होंने हरिजनों के दुर्भाग्य पर लगातार प्रहार करके हालात खराब कर दिए हैं। अन्य जातियों में भी निर्धनता है। हरिजनों की असहायता तभी खत्म होगी जब पूरे देश का सामाजिक परिवर्तन होगा। लेकिन अम्बेडकर इस तथ्य की अनदेखी कर रहे हैं।"

यह उल्लेखनीय है कि अम्बेडकर ने भारत के संविधान का प्रारूप तैयार करके देश की महान सेवा की थी फिर भी उन्हें पराजित होना पड़ा। यह परम्परावादी हिन्दू मस्तिष्क की मानसिकता को उजागर करता है। मैं चुनौती देते हुए कहना चाहता हूँ कि संविधान के प्रारूप को तैयार करने जैसा महत्त्वपूर्ण कार्य यदि किसी हिन्दू ब्राह्मण ने किया होता, तो उसके प्रति पूर्ण सम्मान व्यक्त

करते हुए उसे निर्विरोध निर्वाचित किया जाता। लेकिन मेरी इस बात से कोई सहमति हो या न हो लेकिन मुझे ऐसा लगता है कि इन चुनावों में हिन्दू मस्तिष्क की महारों के प्रति कटुता उजागर हो गई।

हालांकि मार्च, सन् 1953 के मध्य में अम्बेडकर को बम्बई राज्य से राज्यसभा में लाया गया। निश्चित रूप से राज्यसभा में उनका प्रवेश 'बैकडोर इण्ट्री' या पिछले दरवाजे से प्रवेश था। वे चाहते थे कि वे लोकसभा जाकर जनता के प्रत्यक्ष प्रतिनिधि बनें। इसलिए उन्होंने मई, 1954 में भण्डारा से लोकसभा का उपचुनाव लड़ा लेकिन वे दोबारा पराजित हुए। इस बार का चुनाव उन्होंने हिन्दू कोड बिल पर अपने दृष्टिकोण को सामने रखते हुए लड़ा।

उनकी तथा शेड्यूल्ड कॉस्ट्स फ़ेडरेशन की पराजय से वे विचलित नहीं हुए। उन्होंने कहा, "इन चुनावों में शेड्यूल्ड कॉस्ट्स फ़ेडरेशन की हार हुई है। हार के फौरन बाद से कुछ लोग पार्टी छोड़कर जाने लगे हैं, कुछ का इस पर से विश्वास डगमगाने लगा है। मैं इस पराजित मानसिकता से सहमत नहीं हूँ। सिर्फ़ चुनाव में सीटें जीतना ही फ़ेडरेशन का लक्ष्य नहीं है। न ही यह अन्तिम लक्ष्य है। हमारा अन्तिम लक्ष्य उन लोगों की सेवा करना है, जिनके लिए इसकी स्थापना की गई थी। जब तक यह समस्या रहेगी, तब तक फ़ेडरेशन एक या किसी दूसरे रूप में अस्तित्व में बना रहेगा।"

उन्होंने आगे कहा–

1. फ़ेडरेशन की पराजय का स्वागत किया जाना चाहिए क्योंकि इससे हमें फ़ेडरेशन में घुस गए अवांछित लोगों को बाहर करने में सहायता मिली है। जो लोग आज फ़ेडरेशन में हैं, उनके कन्धों पर भारी उत्तरदायित्व है। उनके लिए मेरा सन्देश है कि हार के बाद आज फ़ेडरेशन भले ही ठूँठ वृक्ष जैसा दिखाई दे रहा हो, लेकिन अभी इसकी जड़ें नष्ट नहीं हुई हैं।
2. फ़ेडरेशन पहले भी कई बार चुनाव हार चुका है। लोग शायद सोचते होंगे कि यह जीतने योग्य नहीं है। हमें हार इसलिए झेलनी पड़ती है क्योंकि हम अपने सिद्धान्तों के प्रति सच्चे हैं और न तो हम बिकते हैं, न ही हम एक पार्टी से दूसरी पार्टी की गोद में जाकर बैठते हैं। हम अपने पैरों पर खड़े रहते हैं। हमें आगे भी अपने पैरों पर ही खड़े रहना है और अपने विचारों पर दृढ़ रहना है।
3. शेड्यूल्ड कॉस्ट्स फ़ेडरेशन को कोई भी पसन्द नहीं करता। यह जानना ज़रूरी है कि ऐसा क्यों है? फ़ेडरेशन को पसन्द नहीं किया

जाता क्योंकि यह ऐसे योद्धाओं का दल है, जो संघर्ष के लिए तत्पर रहते हैं। यह फ़ेडरेशन किन लोगों के लिए संघर्ष कर रहा है? महात्मा बुद्ध के शब्दों में, वे उत्कृष्ट गुणों के लिए, उच्च एवं श्रेष्ठ प्रयासों के लिए, पावन ज्ञान के लिए और अहिंसा की स्थापना के लिए संघर्ष कर रहे हैं इसलिए न तो फ़ेडरेशन को निरुत्साहित करने की आवश्यकता है, न ही इसे नापसंद करने की आवश्यकता है। यह बुराई के साथ कोई समझौता किए बगैर संघर्ष करता रहेगा।

(नानक चन्द रत्तू, लास्ट फ़्यू इयर्स ऑफ़
डॉ॰ अम्बेडकर, पृ॰ 26, 27)

6
अम्बेडकर के विरुद्ध विद्रोह

अम्बेडकर शेड्यूल्ड कॉस्ट्स फ़ेडरेशन के कार्य करने के तौर-तरीकों से निराश थे। उन्होंने अपने अभिन्न साथी और फ़ेडरेशन की बम्बई शाखा के अध्यक्ष दादासाहब गायकवाड़ को एक पत्र लिखा, जिसमें उन्होंने लिखा था, "हममें एकता न होने की बीमारी घर कर गई है और अगर आप कोई सख्त कदम उठाते हैं तो समूचा ढाँचा ही ढह सकता है, जिसे मैं समझता हूँ कि आप भी नहीं चाहेंगे। इसका सर्वश्रेष्ठ उपाय यही है कि बम्बई के कार्यकर्ताओं की एक बैठक बुलाई जाए और उनसे कहा जाए कि यहीं पर बैठकर अपने आपसी मतभेद दूर करें। वास्तव में राजभोज जी भी एक बड़े सिर दर्द हैं, उनसे भी निपटा जाना है। 'जनता' समाचार पत्र भी एक दूसरी समस्या है, जो कुछ समूहों का समाचार पत्र बनकर रह गया है। इसकी समस्या को भी सुलझाया जाना चाहिए।"

अम्बेडकर ने आगे लिखा, "मैं स्वयं फ़ेडरेशन का मुखिया बनना नहीं चाहता। मैं समझता हूँ कि राजनीति में सक्रिय भूमिका निभाने के लिहाज से अब मैं काफी बूढ़ा और बीमार हो गया हूँ। अब आप लोगों को पार्टी चलानी चाहिए। अब आपको जिम्मेदारी उठाना सीखना होगा क्योंकि मेरी मृत्यु के बाद निस्सन्देह आपको ही यह उत्तरदायित्व निभाना है। तो क्यों न आप आज से ही यह जिम्मेदारी सँभाल लें? मैं एक नाममात्र का अध्यक्ष नहीं बना रह सकता। ऐसा होने पर दूसरे की सारी गलतियों का दोष मेरे मत्थे ही आएगा और मैं चलने-फिरने से लाचार होने के कारण सब कुछ जाँच नही सकूँगा।" (नानक चन्द रत्तू, लास्ट फ़्यू इयर्स ऑफ़ डॉ॰ अम्बेडकर, पृ॰ 37)

18 अक्तूबर, सन् 1954 को पी॰एन॰ राजभोज ने शेड्यूल्ड कॉस्ट्स फ़ेडरेशन के महासचिव की हैसियत से अम्बेडकर के संज्ञान में यह बात लाई कि फ़ेडरेशन गहरे संकट के दौर से गुजर रहा है और यह लगभग टूटने की कगार पर है क्योंकि फ़ेडरेशन में कई अवांछित तत्व घुस गए हैं। उन्होंने महाराष्ट्र में

आर०आर० भोले तथा उनके साथियों की भूमिका की चर्चा करते हुए बताया कि ये लोग खुलेआम फ़ेडरेशन की नीतियों तथा इसके पदाधिकारियों के खिलाफ दुष्प्रचार कर रहे हैं। सबसे बुरी बात यह है कि भोले फ़ेडरेशन के महार तथा ग़ैर महार लोगों के बीच में फूट डालने की कोशिश कर रहे हैं। उन्हें जो भी निर्देश पार्टी की ओर से दिए जाते हैं, वे उनकी अवहेलना करते हैं। राजभोज ने डॉ० अम्बेडकर से अनुरोध किया कि वे पार्टी में व्याप्त गुटबाजी और अनुशासनहीनता को गम्भीरतापूर्वक लें और इसे रोकने का प्रयास करें।

राजभोज ने आगे लिखा, "दुर्भाग्यवश जैसे मैं पहले अक्सर आपसे मिल लिया करता था, वैसा आज नहीं हो पा रहा है। गायकवाड़ के कई पत्र आप तक नहीं पहुँच पाते और मेरे पत्रों का भी यही हश्र होता है। मैं खुलकर यह बात कहना चाहता हूँ कि जब से आपका विवाह हुआ है, तब से आपने फ़ेडरेशन के अनेक कर्त्तव्यनिष्ठ कार्यकताओं से दूरी बना ली है। मेरा यह कर्त्तव्य है कि मैं खुलकर यह बात आपसे कहूँ, भले ही इससे आपकी भावनाएँ क्यों न आहत होती हों या आपको क्रोध आता हो। मैं बड़े दुखी हृदय से यह आपको लिख रहा हूँ।"

अखिल भारतीय शेड्यूल्ड कॉस्ट्स फ़ेडरेशन के अध्यक्ष एन० शिवराज ने पद सँभालने के फौरन बाद 18 मार्च, सन् 1855 को राजभोज को एक पत्र लिखा, जिसमें उन्होंने लिखा था, "मुझे लगता है मेरी फ़ेडरेशन तथा डॉ० अम्बेडकर के प्रति पूरी वफादारी के बावजूद उनका मेरे प्रति व्यवहार बदल सा गया है, उन्होंने मुझे पूरी तरह से छोड़ दिया है। शायद उनके प्रति इतना कर्त्तव्यनिष्ठ होने की यह सजा मुझे दी गयी है। लेकिन इसका कोई मतलब नहीं है क्योंकि यह सिर्फ और सिर्फ मुझ पर प्रभाव डालता है। इससे भी ज़्यादा महत्त्वपूर्ण और चिन्ताजनक बात यह है कि मैंने उस 'वक्तव्य' में स्पष्ट तौर पर बताया था कि फ़ेडरेशन के अध्यक्ष के रूप में मेरी प्रतिष्ठा और अध्यक्ष पद की गरिमा पर गहरा आघात लगा है। यह जनहित की बात है और मुझे अपने समुदाय के लोगों के समक्ष अपनी सत्यनिष्ठा प्रमाणित करने के लिए ऐसा करना ज़रूरी था।"

शिवराज ने खेद व्यक्त करते हुए कहा, "चूँकि अब चीजें मेरे सिर के ऊपर से निकल रही हैं और शायद डॉ० अम्बेडकर को सभी बातों की पूरी जानकारी भी है और यह सब न तो उचित है और न ही संवैधानिक है। उन्होंने आगे कहा कि डॉ० अम्बेडकर या कोई दूसरा व्यक्ति उन्हें अध्यक्ष के पद से हटाने की जुर्रत नहीं कर सकता। अगर ऐसा कुछ होता है तो वे आत्मरक्षा के लिए हर सम्भव कदम उठाएंगे। यह कहते हुए उन्होंने अपनी बात समाप्त की, "जनता को और

विशेषकर अपने समुदाय के लोगों को यह बताना ज़रूरी है कि फ़ेडरेशन के साथ वास्तव में क्या कुछ हो रहा है और इसका भविष्य कैसा है। हमारे लोग वर्तमान में दिग्भ्रमित हैं और फ़ेडरेशन की नीतियों में अस्पष्टता होने के कारण उन्हें इसका भविष्य धुँधला दिखाई दे रहा है।"

शिवराज ने राजभोज से कहा कि वे मेरे इस पत्र को आल इण्डिया शेड्यूल्ड कॉस्ट्स फ़ेडरेशन की कार्यसमिति के सदस्यों में बँटवा दें या वे कार्यसमिति की बैठक बुलाएँ, ताकि उनके द्वारा उठाए गए सवालों पर चर्चा की जा सके और किसी निष्कर्ष तक पहुँचा जा सके।

25 मार्च, सन् 1955 को राजभोज ने एन॰ शिवराज के वक्तव्य और पत्र राज्यों की शेड्यूल्ड कॉस्ट्स फ़ेडरेशनों के अध्यक्षों एवं सचिवों तथा कार्यसमिति के सदस्यों में बँटवाकर यह स्पष्ट संकेत दे दिया कि फ़ेडरेशन में कुछ न कुछ गड़बड़ ज़रूर है। उन्होंने कहा कि उन्होंने भरसक प्रयास किया कि डॉ॰ अम्बेडकर कोई भी महत्त्वपूर्ण फैसला लेने से पहले उन्हें अवश्य विश्वास में ले लिया करें। उन्होंने यह भी कहा कि वे डॉ॰ अम्बेडकर को कई पत्र लिखकर सचेत कर चुके हैं कि संगठन में तालमेल की कमी के कारण किस प्रकार से फ़ेडरेशन में बिखराव हो रहा है। अब फ़ेडरेशन में लोकतन्त्र का नामोनिशान नहीं रह गया है। राजभोज ने अनुरोध किया कि उन्हें शेड्यूल्ड कॉस्ट्स फ़ेडरेशन के महासचिव पद से तत्काल मुक्त कर दिया जाए। उन्होंने यह भी अनुरोध किया कि कार्यसमिति के सभी सदस्य अध्यक्ष महोदय द्वारा उठाए गए मुद्दों पर खुलकर अपने विचार रखें, ताकि वे उनका मूल्यांकन करते हुए इस निष्कर्ष तक पहुँच सकें कि क्या वास्तव में फ़ेडरेशन में लोकतंत्र शेष है या नहीं? (नानक चन्द रत्तू, लास्ट फ़्यू इयर्स ऑफ़ डॉ॰ अम्बेडकर, पृ॰ 41)

एन॰ शिवराज का वक्तव्य नीचे दिया जा रहा है, जिससे उस समय फ़ेडरेशन के कामकाज के तौर-तरीकों का स्पष्ट दिग्दर्शन किया जा सकता है–

वक्तव्य, 18 मार्च, सन् 1955

पिछले दिनों राजनैतिक हलकों में जो हमारे चारों ओर बदलाव देखे गए हैं और पिछले कुछ समय से हमारी राजनीतिक पार्टी में जो कुछ घटित हो रहा है, उससे आल इण्डिया शेड्यूल्ड कॉस्ट्स फ़ेडरेशन के अध्यक्ष के नाते मेरा यह दायित्व बनता है कि मैं कुछ महत्त्वपूर्ण बातों को कार्ययमिति के सदस्यों के सामने रखूँ, ताकि कार्यसमिति के सदस्यगण उन पर गम्भीर चिन्तन करते हुए कुछ प्रभावी कदम उठा सकें। मुझे कार्यसमिति के सामने ये चर्चा बहुत पहले

करनी चाहिए थी, लेकिन मैं ऐसा नहीं कर सका क्योंकि मैं नहीं चाहता था कि मेरे किसी कदम से फ़ेडरेशन की एकजुटता तथा प्रतिष्ठा को आँच पहुँचे और मैं यह भी नहीं चाहता था कि हमारे मतभेद सार्वजनिक तौर पर सामने आएँ।

1. फ़ेडरेशन

फ़ेडरेशन में बीमारी की शुरुआत सबसे पहले सन् 1947 में मद्रास प्रान्त की डिप्रेस्ड क्लास फ़ेडरेशन में हुई थी, जिसके अध्यक्ष स्व० दीवान बहादुर श्रीनिवासन जी थे और मैं महासचिव था। दीवान बहादुर श्रीनिवासन को अध्यक्ष होने के कारण डॉ० अम्बेडकर के साथ दलितों का प्रतिनिधित्व करने हेतु गोलमेज सम्मेलन में भेजा गया था। इस सम्मेलन में डॉ० अम्बेडकर ने दलितों के हितों की रक्षा करने के लिए जिस भूमिका का निर्वाह किया था, हमें उसकी भूरि-भूरि सराहना करनी चाहिए। इसके लिए हम उनके आजीवन कृतज्ञ रहेंगे। इसके बाद ही दलित जातियाँ भारतीय राजनीति के नक्शे पर महत्त्वपूर्ण भूमिका में आ सकी थीं। सन् 1927 से ही इस बात के भरसक प्रयास किए जा रहे थे कि दलित जातियों का एक अखिल भारतीय संगठन होना चाहिए, जिसमें दलित जातियों के कई प्रतिनिधि हों। आखिरकार जुलाई, सन् 1942 में नागपुर के विशाल सम्मेलन में आल इण्डिया शेड्यूल्ड कॉस्ट्स फ़ेडरेशन का गठन किया गया और मुझे इसका अध्यक्ष चुना गया। तब से आज तक मैं इस पद को सँभाल रहा हूँ और मैं खुशी-खुशी यह पद डॉ० अम्बेडकर को सौंप देना चाहता था, लेकिन वे भारत सरकार में एक्जीक्यूटिव काउंसिलर तथा बाद में मंत्री बन जाने के कारण नौ साल से भारत सरकार में हैं, इसलिए मुझे ही अब तक यह पद सँभालना पड़ रहा है।

शुरुआत से ही फ़ेडरेशन को अनुसूचित जातियों का भरपूर समर्थन मिलता रहा है। आज भी यह ऐसा इकलौता संगठन है, जो इन लोगों में आशा, उत्साह और विश्वास का संचार करता है। लेकिन हाल में कुछ ऐसी घटनाएँ हुई हैं, जिनसे फ़ेडरेशन की प्रतिष्ठा को गहरा धक्का लगा है और हमारे लोगों का फ़ेडरेशन के प्रति विश्वास डोलने सा लगा है, ऐसी कुछ घटनाओं की मैं बिन्दुवार चर्चा करना चाहता हूँ–

(अ) कुछ समय पहले श्री रत्नम द्वारा प्रकाशित उडीमल नामक स्थानीय समाचार पत्र में यह खबर छपी थी कि डॉ० अम्बेडकर को आल इण्डिया शेड्यूल्ड कॉस्ट्स फ़ेडरेशन का अध्यक्ष चुन लिया गया है। इस खबर का कोई बड़ा महत्त्व इसलिए नहीं है क्योंकि यह छोटा

सा समाचार पत्र है और बहुत कम लोगों तक पहुँच पाता है, न ही इस खबर से मेरी प्रतिष्ठा कम होती है, लेकिन यह सन्देह ज़रूर पैदा करता है और हमारे मद्रास की फ़ेडरेशन के कुछ साथियों को महत्वाकांक्षी प्रवृत्ति को अवश्य दर्शाता है। लेकिन महत्त्वपूर्ण बात यह है कि ऐसी घटनाएँ अक्सर कैसे हो सकती हैं? एक महत्त्वपूर्ण अखिल भारतीय संगठन के अध्यक्ष पद में बदलाव के बारे में मेरी सहमति लिए बगैर या मुझे जानकारी दिए बगैर कोई बदलाव भला कैसे हो सकता है? और ऐसी कोई घटना हुए बिना उसकी खबर छपना तथा हमारे संविधान के ज्ञाता डॉ॰ अम्बेडकर एवं हमारी कार्यसमिति द्वारा इसका खण्डन न करने से ऐसा लगता है कि इस अनियमितता को जारी रखने दिया गया है।

(ब) आल इण्डिया शेड्यूल्ड कॉस्ट्स फ़ेडरेशन के संविधान के प्रारूप की एक प्रति में मुखपृष्ठ पर सुनहरे अक्षरों में लिखा हुआ है कि डॉ॰ अम्बेडकर इस फ़ेडरेशन के अध्यक्ष हैं। हमने इसे छापा है और मुझे नहीं मालूम कि यह उनके आदेश पर किया गया है या नहीं? अगर ऐसा है तो यह जानबूझकर किया गया है और मेरी पीठ के पीछे किया गया है। मैं इसका बुरा नहीं मानता लेकिन हमारे लोग मुझसे पूछते है कि बिना किसी व्यक्ति की जानकारी में लाए हुए कोई ऐसा कैसे कर सकता है? और वह भी तब जब किसी ने भी मेरे पास संविधान के प्रारूप की प्रति नहीं भेजी थी।

(स) श्री ए॰ रत्लम ने डॉ॰ अम्बेडकर द्वारा लिखे गए एक पत्र की छपी हुई प्रतियाँ बँटवाई हैं, जिसमें उन्होंने उनसे तथा उनके मित्रों से संविधान के प्रारूप पर उनके सुझाव माँगे हैं। यह सब कुछ भी मेरी जानकारी के बगैर किया जा रहा है और ऐसा लगता है कि जैसे अध्यक्ष का फ़ेडरेशन में कोई अस्तित्व ही न हो।

(द) त्रिचरापल्ली के सांसद श्री ई॰ वी॰ रामास्वामी 'तोंडु' नामक एक तमिल अखबार निकालते हैं, उसमें प्रकाशित खबर के अनुसार डॉ॰ अम्बेडकर तथा ई॰वी॰ रामास्वामी दक्षिण भारत का दौरा कर रहे हैं। इस बारे में मुझे कोई जानकारी तक नहीं दी गयी।

हालांकि कुछ और भी समस्याएँ हैं, लेकिन मुख्यतः इन परिस्थितियों में फ़ेडरेशन की प्रतिष्ठा पर आघात किया जा रहा है और ऐसा प्रतीत होता है कि मानों फ़ेडरेशन का सिर और पूँछ दोनों गायब हों और यह डॉ॰ अम्बेडकर एवं

उनके खासमखासों का जेबी संगठन बनकर रह गया हो। आज की परिस्थितियाँ तो यही दर्शाती हैं। ये सभी बातें इस बात का प्रमाण हैं कि फ़ेडरेशन के पास 'अम्बेडकरवाद' के अलावा कोई और स्पष्ट तथा सकारात्मक नीति नहीं है। अगर इसे जारी रहने दिया गया, तो यह इस फ़ेडरेशन के भविष्य के लिए अच्छा नहीं होगा। मैं तो कहना चाहूँगा कि फ़ेडरेशन को डॉ॰ अम्बेडकर के हाथों का खिलौना बना देने से बेहतर होगा कि इसे खत्म कर दिया जाए। अब कार्यसमिति को इस पर कोई फैसला लेना है और किसी के प्रति भय या पक्षपात के बगैर अपना निर्णय सुनाना है। आपके निर्णय पर ही मेरा भविष्य का आचरण और व्यवहार निर्भर करेगा। लेकिन एक बात स्पष्ट है और चाहे जो भी हो, मैंने यह फैसला कर लिया है कि मद्रास तथा दक्षिण भारत की इकाइयाँ एक अलग अस्तित्व के साथ साउथ इण्डिया शेड्यूल्ड कॉस्ट्स फ़ेडरेशन की छतरी तले चलेंगी।

2. डिप्रेस्ड क्लास लीग

मद्रास के परिवहन मंत्री श्री बी॰ परमेश्वरन के मार्गदर्शन और नियंत्रण में मद्रास में डिप्रेस्ड क्लास लीग का आयोजन करने में भारी पैसा खर्च किया गया और यह किराए पर लाए गए कार्यकर्ताओं की संस्था है। इसमें शामिल होने पर फ़ेडरेशन के सदस्यों को विशेष सुविधा दी जा रही थी कि यदि वे इसमें सम्मिलित होते हैं तो उन्हें दूसरों से अधिक रकम दी जाएगी। ऐसा मुझे बताया गया है। असली प्रश्न यह है कि हमारे सदस्यों को कमजोर किया जा रहा है। आज की विषम परिस्थितियों में इसका हमारे कर्त्तव्यनिष्ठ कार्यकर्ताओ के मनोबल पर विपरीत प्रभाव पड़ता है। मेरा यह नैतिक दायित्व बनता है कि मैं उनका नेतृत्व करूँ और उन्हें बताऊँ कि इन परिस्थितियों में उन्हें क्या करना चाहिए? मुझे ज़ल्द ही उन्हें यह भी बताना होगा कि फ़ेडरेशन में आगे क्या होने वाला है? मैं उन्हें आलू-प्याज की तरह अकेला छोड़कर नहीं जा सकता। मैं स्वार्थी नहीं हूँ। डिप्रेस्ड क्लास लीग दिन-प्रतिदिन मजबूत होती जा रही है और ऐसा हमारी कमजोरी की वजह से हो रहा है। वास्तव में वे सभी कांग्रेस के आदमी हैं। फ़ेडरेशन के होते हुए एक अलग संगठन की कोई ज़रूरत नहीं है। ऐसा फ़ेडरेशन को खत्म करने की साजिश के तहत किया जा रहा है। हमारे उन लोगों को भी इसके अवसरवादी नेताओं द्वारा लुभाने का प्रयास किया जा रहा है, जो कांग्रेस में जाना नहीं चाहते हैं।

3. कांग्रेस और कम्युनिस्ट

आन्ध्र के चुनावों में कांग्रेस को मिली असाधारण सफलता ने सारी दुनिया का ध्यान इस ओर खीचा है और इसका वहाँ के हमारे लोगों पर भी मनोवैज्ञानिक प्रभाव पड़ा है। वे अब यह सोचने लगे हैं कि कांग्रेस ही एकमात्र ऐसी पार्टी है, जिसकी ओर वे देख सकते हैं। प्रत्येक सेना में कुछ सन्दिग्ध होते हैं, लेकिन अडिग लोग केवल मुट्ठी भर ही होते हैं। ऐसा हमेशा होता है और भारतीय राजनीति भी इसका अपवाद नहीं है।

4. पिछड़े लोग

आज पिछड़े वर्ग के लोग भी सचेत और जागरूक हो रहे हैं। उन्होंने सही दिशा में सोचना शुरू कर दिया है और परिश्रम कर रहे हैं। इनकी संख्या भी बहुत अधिक है और वोट की दृष्टि से ये भी काफी महत्त्वपूर्ण हैं। इस बात को ध्यान में रखते हुए मुझे लगता है कि अब समय आ गया है कि फ़ेडरेशन को तत्काल ये कदम उठाने चाहिए–

(1) फ़ेडरेशन को चलाने के लिए और इसे बेहतर बनाने के लिए क्या संगठन में किसी परिवर्तन की आवश्यकता है?

(2) यदि ऐसा है तो क्या हमें अपने संगठन को और विशाल बनाने के लिए क्या कुछ अन्य पार्टियों या समुदायों जैसे अनुसूचित जनजातियों एवं पिछड़े वर्गों को भी जोड़ना चाहिए, या

(3) वर्तमान में फ़ेडरेशन का जो अस्तित्व है, उसे भंग करते हुए अपने समुदाय की बेहतरी के लिए आप लोग जो उचित समझते हों, वे कदम उठाए जाएँ।

(4) या तो प्रतीक्षा करें और डॉ॰ अम्बेडकर के संविधान के प्रारूप के अनुसार फ़ेडरेशन में सबका विलय सन् 1957 में कर दिया जाए। हालांकि डॉ॰ अम्बेडकर द्वारा तैयार फ़ेडरेशन का यह संविधान हमारे सामने अभी तक नहीं आया है और इस पर हम कोई सुझाव या दृष्टिकोण रखने की स्थिति में नहीं हैं। मैं चा. हता हूँ कि आप लोग इसका जल्द से जल्द जवाब दें। मैं अपनी मद्रास की फ़ेडरेशन के अपने कार्यकर्ताओं को भी तत्काल सलाह देना चाहता हूँ और उन्हें मँझधार में नहीं छोड़ सकता। जैसी हमारे समर्थकों की इच्छा है, यदि सभी सहमत हों तो हम डॉ॰ अम्बेडकर के साथ मिलकर इस फ़ेडरेशन को चलाने के लिए

तैयार हैं और आवश्यकता पड़ने पर उनके बगैर भी हम इसे चलाने को तत्पर हैं। (नानक चन्द रत्तू, लास्ट फ़्यू इयर्स ऑफ़ डॉ॰ अम्बेडकर, पृ॰ 218–221)

25 मार्च, सन् 1955 को डॉ॰ अम्बेडकर ने दादा साहब गायकवाड़ को एक पत्र लिखा, जिसमें उन्होंने कहा था कि अब फ़ेडरेशन में बहुत गुटबाजी बढ़ गयी है और हमारे लोग आपस में ही लड़ रहे हैं और फ़ेडरेशन की विशेषकर बम्बई में हो रही कलह तथा गुटबाजी के लिए आप ही जिम्मेदार हैं। डॉ॰ अम्बेडकर ने आगे लिखा कि आपने जिस प्रकार का आचरण प्रदर्शित किया है, उसे बर्दाश्त नहीं किया जा सकता। आपके आचरण में जो आपत्तिजनक बातें मुझे लगी हैं, वे इस प्रकार हैं–

(1) आप आर॰ आर॰ भोले से सिर्फ इसलिए लड़े क्योकि उन्हें इंग्लैण्ड और अमेरिका भेजा गया और आपको नहीं भेजा गया।

(2) आप आर॰ डी॰ भण्डारे से इसलिए लड़े क्योकि उन्हें बम्बई सिटी फ़ेडरेशन का अध्यक्ष बनाया गया।

(3) आपने न सिर्फ आर॰ डी॰ भण्डारे के साथ लड़ाई की, बल्कि आपने बी॰सी॰ काम्बले और राजभोज के साथ गुटबाजी करते हुए आर॰आर॰ भोले एवं भण्डारे का विरोध किया तथा गलत कार्य करने वाले उनके विरोधियों का समर्थन किया।"

इस प्रकार अम्बेडकर ने फ़ेडरेशन में व्याप्त असन्तोष के लिए गायकवाड़ को दोषी ठहराया। उन्होंने कहा, "एक व्यक्ति अपनी पसन्द नापसन्द को भी एक सीमा तक ही बर्दाश्त कर सकता है। प्रत्येक पार्टी में ऐसे लोग होते हैं जो गलतियाँ करते हैं। यह वरिष्ठ नेताओं की जिम्मेदारी होती है कि वे पार्टी की छवि को खराब होने से बचाएँ और अपनी व्यक्तिगत महत्त्वाकांक्षाओं की पूर्ति के लिए इन गलतियों का दुरुपयोग न करें और चूँकि आप एक वरिष्ठ नेता हैं, इसलिए आपका कर्त्तव्य था कि आप सभी को एक साथ जोड़ते और शान्ति स्थापित करते।" फ़ेडरेशन ने पार्टी में जारी गुटबाजी और शत्रुता के लिए गायकवाड़ को जिम्मेदार ठहराया। उन्होंने गायकवाड़ से कहा कि अब वे (अम्बेडकर) फ़ेडरेशन से थक चुके हैं और वह काम करना चाहते हैं, जिससे उन्हें शान्ति मिले। (नानक चन्द रत्तू, लास्ट फ़्यू इयर्स ऑफ़ डॉ॰ अम्बेडकर, पृ॰ 41–42)

लेकिन यह आश्चर्यजनक था कि अम्बेडकर ने एन॰ शिवराज द्वारा अपने वक्तव्य में उठाए गए मुद्दों का कोई उल्लेख इसमें नहीं किया।

7
रिपब्लिकन पार्टी ऑफ इण्डिया

शेड्यूल्ड कॉस्ट्स फ़ेडरेशन के मृतप्राय हो जाने के कारण डॉ॰ अम्बेडकर एक ऐसी विस्तृत फलक वाली पार्टी बनाने के लिए विचार करने को मजबूर हुए, जो उस समय की आवश्यकताओं की पूर्ति कर सके। इसलिए उन्होंने एक राष्ट्रीय स्तर की 'रिपब्लिकन पार्टी ऑफ इण्डिया' नामक पार्टी बनाने का निश्चय किया। इस पार्टी के द्वार उन सभी के लिए खुले थे, जो स्वतन्त्रता, समानता और बन्धुत्व इन तीन सिद्धान्तों को स्वीकार करते थे।

उन्होंने रिपब्लिकन पार्टी ऑफ इण्डिया के गठन के लिए एक प्रस्ताव का प्रारूप 'भारत के लोगों से रिपब्लिकन पार्टी ऑफ इण्डिया नामक पार्टी को समर्थन देने पर विचार करने हेतु एक खुला पत्र' नाम से तैयार किया। इस पत्र में उन्होंने रिपब्लिकन पार्टी ऑफ इण्डिया के लक्ष्यों एवं उद्देश्यों की चर्चा की, जो नीचे दिया जा रहा है–

पार्टी के लक्ष्य और उद्देश्य

पार्टी के प्रारूप प्रस्ताव की प्रस्तावना में वर्णित न्याय, स्वतन्त्रता, समानता और बन्धुत्व के लक्ष्य एवं उद्देश्य को हासिल करना है। जनता के हितों से सम्बन्धित सभी विषयों पर यह पार्टी निम्नलिखित सिद्धान्तों का पालन करते हुए निर्णय लेगी–

1. यह सभी भारतीयों को कानून की दृष्टि से समान देखेगी, जिसे समानता नाम दिया गया है और जिन क्षेत्रों में समानता नहीं है, वहाँ के लोगों को समानता का अधिकार दिलाने हेतु संघर्ष करेगी।
2. यह पार्टी प्रत्येक भारतीय के स्वयं को विकसित करने के अधिकार की समर्थक है और वह अपने तरीके से स्वयं का विकास कर सकता है, राज्य उसका विकास करने हेतु माध्यम मात्र है।

3. यह पार्टी प्रत्येक भारतीय के धार्मिक, आर्थिक और राजनैतिक स्वतन्त्रता के अधिकार को इस सीमा तक स्वीकार करेगी, जितने से राज्य के अन्य भारतीयों के हितों का संरक्षण होता हो।
4. यह प्रत्येक भारतीय के अवसरों की समानता के अधिकार को इस शर्त के साथ स्वीकार करेगी कि जिन्हें अतीत में कोई अवसर नहीं मिला है, उन्हें इस हेतु प्राथमिकता दी जाएगी।
5. यह पार्टी राज्य को उसके दायित्वों का भान कराती रहेगी कि प्रत्येक भारतीय को भय और अभावों से मुक्त कराना है।
6. यह स्वतन्त्रता, समानता और बन्धुत्व के संरक्षण पर ज़ोर देगी तथा एक व्यक्ति द्वारा दूसरे व्यक्ति के शोषण, एक वर्ग द्वारा दूसरे वर्ग के शोषण तथा एक राष्ट्र द्वारा दूसरे राष्ट्र के शोषण के विरुद्ध संघर्ष करेगी।
7. यह पार्टी जनता के हित तथा प्रत्येक व्यक्ति के हित को ध्यान में रखते हुए सरकार की संसदीय व्यवस्था के पक्ष में है। (नानक चन्द रत्तू, लास्ट फ़्यू इयर्स ऑफ़ डॉ॰ अम्बेडकर, पृ॰ 48)

डॉ॰ अम्बेडकर ने इन लक्ष्यों की पूर्ति के लिए कांग्रेस के मुखर विरोधियों, जैसे–सोशलिस्ट पार्टी के जयप्रकाश नारायण, राममनोहर लोहिया, अशोक मेहता, संयुक्त महाराष्ट्र समिति के पी॰ के॰ अत्रे एवं एस॰ एम॰ जोशी तथा कुछ मुस्लिम नेताओं से सम्पर्क स्थापित किया। कलकत्ता के मुस्लिम नेता एम॰ आर॰ चौधरी ने रिपब्लिकन पार्टी ऑफ इण्डिया के गठन का ज़ोर-शोर से समर्थन किया। उन्होंने तो अम्बेडकर से यहाँ तक कह डाला, "मुझे यह कहने में जरा भी हिचक नहीं है कि आपके नेतृत्व में बनी यह पार्टी निश्चय ही आपको सत्ता तक पहुँचाएगी। 17 जुलाई, सन् 1956 को डॉ॰ अम्बेडकर ने चौधरी को बताया कि कांग्रेस का मुखर विरोध करने के लिए एक पार्टी की सख्त ज़रूरत है और ऐसी पार्टी को अत्यधिक मजबूत होना चाहिए। इसे कई समूहों से बना हुआ संघ नहीं होना चाहिए क्योंकि ऐसे गठबन्धन बेकार होते हैं। उन्होंने कहा, "मैं ऐसे किसी भी गठबन्धन से जुड़ने की बात नहीं सोच रहा हूँ क्योंकि ऐसे गठबन्धन चुनाव खत्म होते ही टूट जाते हैं। अगर हमारे पास कांग्रेस जैसी पार्टी हो सकती है, जिसमें पार्टी के प्रति निष्ठा होती है, न कि समूहों के प्रति, तो मैं समझता हूँ कि इसके विरुद्ध एक सशक्त पार्टी भी खड़ी की जा सकती है।"

डॉ॰ अम्बेडकर ने चौधरी को यह भी बताया कि इसके लिए अनुसूचित जातियों, अनुसूचित जनजातियों, पिछड़ों तथा मुसलमानों के नेताओं से व्यक्तिगत चर्चा करना ज़रूरी है।

1 अक्तूबर, सन् 1956 को राममनोहर लोहिया ने अम्बेडकर से कहा कि वे जल्द से जल्द उनसे मिलना चाहते हैं। उन्होंने कहा, "मैं इस बात पर ज़ोर दे रहा हूँ कि हमारे देश का बुद्धिजीवी वर्ग गहरी निद्रा में सो रहा है। आप जैसे व्यक्ति ही उसे नींद से जगा सकते हैं।" उसी दिन लोहिया ने विमल मल्होत्रा तथा धरमवीर से कहा कि वे इस सम्बन्ध में अम्बेडकर से बातचीत करें। उन्होंने इन दोनों से कहा कि अम्बेडकर से मेरी जो वार्त्ता हुई है, उससे यह नतीजा निकला है कि पिछड़ी तथा अनुसूचित जातियों से डॉ॰ अम्बेडकर जैसे बुद्धिजीवी राजनीतिज्ञ उभरकर आ सकते हैं।"

बौद्ध धर्म स्वीकार करने से एक दिन पहले 13 अक्तूबर सन् 1956 को अम्बेडकर ने खुलासा किया कि उनकी रिपब्लिकन पार्टी ऑफ इण्डिया का गठन करने की योजना में काफी प्रगति हुई है और 1957 के आम चुनावों से पहले इस पार्टी का गठन कर लिया जाएगा। यह पार्टी स्वतन्त्रता, समानता और बन्धुत्व के सिद्धान्तों पर कार्य करेगी। उन्होंने यह भी स्पष्ट किया कि इस पार्टी का आधार व्यापक होगा और यह उन सभी का स्वागत करेगी, जो इसके सिद्धान्तों को स्वीकार करेंगे। उन्होंने आगे कहा कि एक बार बौद्ध धर्म ग्रहण कर लेने के बाद उनका शेड्यूल्ड कॉस्ट्स फ़ेडरेशन से कोई सम्बन्ध नहीं रह जाएगा। फ़ेडरेशन को स्वयं यह तय करना होगा कि वह नई पार्टी से कैसे सम्बन्ध रखना चाहता है। रिपब्लिकन पार्टी का गठन हो जाने के बाद अम्बेडकर अभी सभी तरफ से व्यापक जनाधार जुटा ही रहे थे कि 6 दिसम्बर, सन् 1956 को उनका असामयिक निधन हो गया।

डॉ॰ अम्बेडकर के असामयिक निधन पर गहरा शोक व्यक्त करते हुए राममनोहर लोहिया ने कहा था, "यह अत्यन्त दुख की बात है कि डॉ॰ अम्बेडकर ने रिपब्लिकन पार्टी ऑफ इण्डिया का जो सपना देखा था, उसे वे मूर्त्त रूप नहीं दे सके। उनकी मृत्यु ऐसे समय पर हुई है, जब देश का इतिहास नए सिरे से लिखा जाने वाला था और देश को तथा विशेषकर दलितों को उनकी सर्वाधिक आवश्यकता थी। उनमें अपने स्वप्न को मूर्त्त रूप देने की असाधारण विशेषता थी।"

हालांकि रिपब्लिकन पार्टी ऑफ इण्डिया अस्तित्व में अवश्य आयी किन्तु वह अम्बेडकर के सपनों की व्यापक जनाधार वाली पार्टी न बन सकी।

नानक चन्द रत्तू 17 वर्षों तक अम्बेडकर के अत्यन्त निकट रहे थे, उन्होंने अपनी पुस्तक 'लास्ट फ़्यू इयर्स ऑफ़ अम्बेडकर' में पृष्ठ संख्या 55 पर लिखा, "रिपब्लिकन पार्टी ऑफ इण्डिया में महारों का वर्चस्व था और उन्होंने अन्य अनुसूचित जातियों, जैसे–चमार, वाल्मीकि, मांग इत्यादि को अपनी पार्टी से जोड़ने का प्रयास भी नहीं किया जिनसे ये महार घृणा करते थे और वे सिर्फ महारों के प्रति ही अपना उत्तरदायित्व महसूस करते थे।"

अम्बेडकर ने कहा था, "मैं अपनी मृत्यु से पहले अपने लोगों को स्पष्ट राजनैतिक निर्देश देना चाहता हूँ कि वे अभी तक गरीब, पीड़ित और अभावग्रस्त जीवन जीने को बाध्य हैं और इसलिए उनमें एक नई चेतना और नई स्फूर्ति जाग्रत होनी चाहिए। यह स्वाभाविक भी है। लेकिन यह भी स्वाभाविक है कि ऐसे लोग साम्प्रदायिकता की ओर आकर्षित होने लगते हैं। मैं नहीं चाहता कि हमारे लोग साम्प्रदायिकता की ओर आकर्षित हों।"

डॉ॰ अम्बेडकर ने यही सोचकर रिपब्लिकन पार्टी का सपना देखा था कि इसके माध्यम से वे अपने लोगों को साम्प्रदायिकता के खतरे से बचा सकेंगे, लेकिन यह पार्टी शुरुआत से ही टूट-फूट का शिकार होती रही।

8

शिक्षित बनो, संगठित हो, संघर्ष करो

'शिक्षित बनो, संगठित हो, संघर्ष करो' यह मंत्र अम्बेडकर ने अपने भाई-बहनों को दिया था, ताकि वे हिन्दुओं के द्वारा चिरकाल से उन पर किए जा रहे अत्याचारों के प्रति जागरूक हो सकें। अम्बेडकर का यह दृढ़ विश्वास था कि शिक्षा से दलितों में एक नवीन जागरूकता का संचार किया जा सकता है। इससे वे स्वयं की मुक्ति का मार्ग भी तलाश सकते हैं। शिक्षा के प्रति उनका समर्पण इतना गहन था कि इसका प्रभाव उनके सम्पूर्ण परिप्रेक्ष्य तथा विचारों पर देखा जा सकता है।

20 जुलाई, सन् 1924 को उन्होंने भारत के दलितों की दशा को सुधारने हेतु एक आन्दोलन की शुरुआत करते हुए 'बहिष्कृत हितकारिणी सभा' का गठन किया। चार साल बाद सन् 1928 में उन्होंने 'डिप्रेस्ड क्लासेज़ एजूकेशन सोसाइटी' की स्थापना की। इन दोनों संस्थाओं के माध्यम से उन्होंने शोलापुर, पनवेल और ठाणे में दलित विद्यार्थियों के लिए छात्रावास खोले। इसके पीछे उनका उद्देश्य था कि वे अस्पृश्य लोगों में जागरूकता पैदा कर सकें तथा उनके सामाजिक-आर्थिक उत्थान के लिए उन्हें शिक्षित कर सकें।

उनके इस कदम ने पुणे, नासिक तथा धारवाड़ में भी लोगों को ऐसे छात्रावास खोलने के लिए प्रेरित किया। हालांकि इन छात्रावासों ने अस्पृश्य छात्रों को प्राथमिक तथा माध्यमिक शिक्षा हासिल करने हेतु सहायता प्रदान की, लेकिन अभी तक उच्च शिक्षा उनसे दूर ही रही। दलित विद्यार्थियों को उच्च शिक्षा दिलाने के उद्देश्य को ध्यान में रखकर डॉ॰ अम्बेडकर ने जुलाई, सन् 1945 को 'पीपुल्स एजुकेशन सोसाइटी' की स्थापना की और 19 जून, सन् 1946 को बम्बई में सिद्धार्थ कॉलेज खोला।

सिद्धार्थ कॉलेज की स्थापना सामाजिक तथा आर्थिक दृष्टि से पिछड़े वर्ग के लोगों के लिए तो महत्त्वपूर्ण थी ही, इसने भारतीय समाज की पुनर्रचना में भी

ऐतिहासिक योगदान दिया। इसने कामकाजी वर्ग के लिए तथा विशेषकर कमजोर वर्ग के लोगों के लिए विश्वविद्यालयी शिक्षा के द्वार खोलने का सूत्रपात किया।

लोग उस समय ऐसा सोचते थे कि सिद्धार्थ कॉलेज में केवल उन्हीं लोगों को प्रोफेसर पद पर नियुक्त किया जाएगा, जो डॉ॰ अम्बेडकर की विचारधारा को मानने वाले होंगे, लेकिन वे यह देखकर आश्चर्यचकित रह गए कि डॉ॰ अम्बेडकर ने संस्कृत के विख्यात विद्वान प्रोफेसर ए॰बी॰ गजेन्द्रगड़कर को सिद्धार्थ कॉलेज का पहला प्राचार्य नियुक्त किया और बम्बई के खालसा कॉलेज से डॉ॰ वी॰ एस॰ पाटणकर, डॉ॰ जे॰ वी॰ देशपाण्डे, डॉ॰ एच॰ आर॰ कार्णिक, प्रोफेसर एम॰बी॰ चिटणिस, प्रोफेसर जी॰सी॰ सलढाणा और प्रोफेसर फ्रैंक डिसूजा जैसे ब्राह्मण तथा गैर ब्राह्मण प्रतिभाशाली एवं सुयोग्य प्रोफेसरों को लाकर यहाँ नियुक्त किया गया।

मिलिंद महाविद्यालय

सिद्धार्थ कॉलेज की स्थापना के चार साल बाद डॉ॰ अम्बेडकर का ध्यान तत्कालीन हैदराबाद राज्य के सर्वाधिक पिछड़े मराठवाड़ा क्षेत्र की ओर गया। सन् 1950 में उन्होंने औरंगाबाद में मिलिंद महाविद्यालय की स्थापना की, जिसमें कला, विज्ञान तथा वाणिज्य की पढ़ाई शुरू की गयी। इसकी स्थापना के लिए हैदराबाद राज्य के तत्कालीन मुख्यमंत्री बी॰ रामकृष्ण राव तथा शिक्षा मंत्री गोपालराव एकबोटे की सहायता से हैदराबाद सरकार से दस लाख रुपए का ऋण प्राप्त हुआ जिसे बाद में माफ कर दिया गया।

मिलिंद महाविद्यालय के भवन की आधारशिला स्वतन्त्र भारत के पहले राष्ट्रपति डॉ॰ राजेन्द्र प्रसाद ने 1 सितम्बर, सन् 1951 को रखी थी। राष्ट्रपति के स्वागत भाषण में डॉ॰ अम्बेडकर ने कहा था, "मैं चूँकि हिन्दू समाज के सबसे निचले तबके से आता हूँ, इसलिए मैं शिक्षा के महत्त्व को बहुत अधिक समझता हूँ। निचले तबके को ऊपर उठाने के लिए उनकी आर्थिक दशा सुधारने पर बल दिया जाता है। मैं समझता हूँ कि यहाँ हम गलती करते हैं। निचले तबके की समस्या भोजन नहीं है, वस्त्र भी नहीं है और न ही सवर्णों की सेवा करने की है, जैसा कि प्राचीन काल से माना जाता रहा है। निचले तबके की असली समस्या उनमें व्याप्त हीनता की भावना को दूर करना है, जिसने उनका विकास रोक रखा है और उन्हें दूसरों का गुलाम बनाकर रख दिया है। उनमें यह भावना भरने की ज़रूरत है कि उनके अपने जीवन का उनके लिए कितना महत्त्व है और देश को उनकी कितनी ज़रूरत है, तभी उन्हें क्रूर सामाजिक व्यवस्था से लुटने से बचाया जा सकता है। उन्हें उच्च शिक्षा दिए बगैर इस लक्ष्य तक नहीं

पहुँचा जा सकता। मेरे विचार से हमारी सामाजिक समस्या का यही एक रामबाण इलाज है।"

5 अक्तूबर, सन् 1927 को बम्बई विधानसभा में बम्बई विश्वविद्यालय संशोधन बिल पर बोलते हुए डॉ॰ अम्बेडकर यही विचार पहले भी रख चुके थे।

मुझे (शेषराव चव्हाण) डॉ॰ अम्बेडकर को प्रत्यक्ष देखने तथा उनके भाषण को सुनने का गौरव हासिल है। मैंने जिस समय उन्हें बोलते सुना था, उस समय मैं मैट्रिक का विद्यार्थी था। मैं मिलिंद महाविद्यालय के इस समारोह को देखने इस उत्सुकता से गया था कि कम से कम मैं थोड़ी सी दूरी से अम्बेडकर और डॉ॰ राजेन्द्र प्रसाद के तो दर्शन कर सकूँगा। निजाम के राज में मराठवाड़ा का इलाका हर दृष्टि से पिछड़ा हुआ था और शिक्षा भी इसका अपवाद नहीं थी। उस समय औरंगाबाद में केवल एक विद्यालय हुआ करता था, वह भी केवल इण्टरमीडिएट तक था और मराठवाड़ा के पाँच जिलों में एक यही विद्यालय था। इस विद्यालय में मैंने प्राइमरी स्कूल शिक्षक की नौकरी शुरू की।

एक आदर्श स्कूल शिक्षक का पुत्र होने के कारण मेरे लिए यह असम्भव था कि मैं उच्च शिक्षा हासिल करने के लिए हैदराबाद जा सकता। मिलिंद महाविद्यालय का खुलना मेरे लिए मुँह माँगी मुराद मिल जाने जैसा था। चूँकि इस महाविद्यालय की कक्षाएँ सुबह संचालित की जाती थीं, इसलिए मेरे लिए शिक्षक की नौकरी करते हुए स्नातक की पढ़ाई करना भी सम्भव हो सका।

उस समय महाविद्यालय के भवन निर्माण का कार्य प्रगति पर था। डॉ॰ अम्बेडकर अक्सर निर्माण कार्य की प्रगति देखने आया करते थे। अक्सर शाम के समय वे खुले में कुर्सी डालकर बैठा करते थे। मुझे उस दौरान उन्हें लोगों से बात करते हुए सुनने का अवसर प्राप्त होता था। एक दिन मैंने देखा कि उनके प्रिय सेवक रुनजा जी के साथ कई लोग बड़ी चिंतित मुद्रा में उनके पास आए हुए थे। उन्होंने शिकायत के लहजे में डॉ॰ अम्बेडकर से कहा, "बाबासाहब, आपने हमारे बच्चे शहारे को तो फेल कर दिया, जबकि एक ब्राह्मण लड़के को पास कर दिया।" मुझे इस बातचीत की शुरुआत का ध्यान नहीं है, लेकिन मैं इतना ज़रूर समझ गया था कि शहारे महार जाति का था, जिसे वनस्पति विज्ञान के प्रोफ़ेसर के पद के लिए नहीं चुना गया था और खरे नामक एक ब्राह्मण को उस पद पर चुन लिया गया था।

बाबा साहब ने उस समय उन लोगों को जो जवाब दिया था, वह आज भी मेरे कानों में गूँजता है, "मुझे इस महाविद्यालय में आने वाली पीढ़ियों का निर्माण करना है और इसके लिए यहाँ पर सर्वश्रेष्ठ प्रोफ़ेसर ही नियुक्त किए

जाएंगे, चाहे वे किसी भी जाति के क्यों न हों। शहारे से कहो कि वह कठोर परिश्रम करे और अगले साल तैयारी के साथ साक्षात्कार देने के लिए आए।" एक साल बाद शहारे को भी वनस्पति विज्ञान का प्रोफ़ेसर बना दिया गया। ये वही एम॰ एल॰ शहारे हैं, जो बाद में महाराष्ट्र लोक सेवा आयोग तथा संघ लोक सेवा आयोग के सदस्य पद तक पहुँचे थे। लेकिन वे लाख कोशिशों के बावजूद गुटबाजी और संकीर्ण राजनीति के कारण कभी भी पीपुल्स एजूकेशन सोसाइटी के अध्यक्ष नहीं बन सके।

ऐसे थे, डॉ॰ अम्बेडकर। उन्होंने शिक्षकों की नियुक्ति करते समय कभी भी कोई समझौता नहीं किया। एक बार उन्होंने कहा था, "मैं कट्टर परम्परावादी ब्राह्मण को भी नियुक्त करने को तैयार हूँ बशर्ते वह मेरे छात्रों को मुझसे बेहतर बना सके।"

डॉ॰ अम्बेडकर ने एम॰बी॰ चिटणिस को मिलिंद महाविद्यालय का पहला प्राचार्य बनाया, जो सारस्वत ब्राह्मण थे। उस समय जो शिक्षक हमें पढ़ाते थे, वे सभी भिन्न-भिन्न जातियों के थे। उनमें से कुछ के नाम मुझे याद आ रहे हैं, जैसे–डॉ॰ के॰ ए॰ ठक्कर, डॉ॰ खरे, बी॰डी॰ महाजन, पिंगे, नरावणे, रणसुंभे, मुरली हाली, एम॰एन॰ वानखेड़े, एन॰ पी॰ शर्मा, आर॰ एस॰ गुप्ते, अग्नि, श्रीमती पाटिल आदि।

मुझे (शेषराव चव्हाण) दो कारणों से एम॰बी॰ चिटणिस को अत्यन्त नजदीकी से जानने और समझने का सुअवसर प्राप्त हुआ। पहला कारण यह था कि उनका नटखट बेटा मेरे स्कूल में था, दूसरी वजह यह थी कि मैं बी॰ए॰ करने के लिए अत्यधिक उत्सुक था और उस दौरान उन्होंने मेरे संरक्षक की भूमिका निभाई। मैंने बहुत नजदीकी से देखा था कि किस प्रकार मराठवाड़ा के कट्टर सवर्ण हिन्दू डॉ॰ अम्बेडकर द्वारा खोले गए महाविद्यालय का खुलना बर्दाश्त नहीं कर पा रहे थे और उनके भीषण विरोध के बावजूद चिटणिस ने इस महाविद्यालय को सफलतापूर्वक आगे बढ़ाया। संक्षेप में मैं इस घटना की जानकारी आपके समक्ष रखना चाहता हूँ कि मिलिंद महाविद्यालय का मेरे जीवन पर कितना प्रभाव है। मैंने सन् 1955 में बी॰ए॰ की डिग्री प्राप्त की। बाद में बी॰एड॰ और एम॰ए॰ करने के लिए मिलिंद महाविद्यालय ने मुझे सुअवसर प्रदान किया। डॉ॰ अम्बेडकर के कारण ही मैं बी॰ए॰ की डिग्री हासिल करने की अपनी उत्कट अभिलाषा को ही नहीं साकार कर सका, बल्कि एम॰ए॰ की डिग्री भी मुझे यहीं से मिली।

मराठवाड़ा विश्वविद्यालय

एक बार पुनः यह डॉ॰ अम्बेडकर की दूरदृष्टि का ही कमाल था कि सन् 1958 में मराठवाड़ा विश्वविद्यालय अस्तित्व में आया।

शताब्दियों से मराठवाड़ा क्षेत्र का अत्यधिक सांस्कृतिक एवं ऐतिहासिक महत्त्व है। अजंता और एलोरा की गुफाएँ इसी क्षेत्र में हैं और ये सम्पूर्ण विश्व के विद्वानों, कलाकारों तथा अन्य पर्यटकों को आकर्षित करती रही हैं। यह इस बात का सुस्पष्ट प्रमाण है कि चित्रकला, मूर्तिकला तथा स्थापत्य के क्षेत्र में यह भारत का गौरव है तथा यहाँ अनेक अनाम कलाकारों ने प्राचीन समय में अपना पूरा जीवन बौद्ध धर्म, हिन्दू धर्म तथा जैन धर्म को गरिमा प्रदान करने हेतु लगा दिया। यहाँ की आध्यात्मिक तथा साहित्यिक परम्परा भी अत्यधिक समृद्ध रही है। यही कारण है कि इस मराठवाड़ा क्षेत्र को 'संतों की भूमि' तथा 'मराठी साहित्य का हिंडोला' कहकर पुकारा जाता है। महान संत कवि, दार्शनिक तथा धार्मिक नेता जैसे ध्यानेश्वर, एकनाथ एवं रामदास की यह धरती है, जिन्होंने मराठी साहित्य में अपने अमूल्य योगदान से मराठी को आज आधुनिक भारतीय साहित्य की सर्वश्रेष्ठ भाषाओं में शामिल करा दिया है। यहाँ पर गुरु गोविन्द सिंह के अवशेष तथा अनेक सूफी संतों की मजारें भी हैं। प्रारंभिक उर्दू साहित्य के महान कवि सिराज तथा आधुनिक उर्दू कविता के जनक वली ये दोनों महाकवि औरंगाबाद में ही जन्मे थे तथा यहीं रहकर उन्होंने अपनी शायरी को परवान चढ़ाया था। आज का पैठण शहर पहले प्रतिष्ठान के नाम से जाना जाता था, जो सातवाहनों की राजधानी हुआ करता था। दौलताबाद को पहले देवगिरि नाम से पुकारा जाता था, तब यह यादव राजाओं की राजधानी हुआ करता था। ये स्थान इतिहासकारों की दृष्टि से अत्यन्त महत्त्वपूर्ण हैं।

अजन्ता एवं एलोरा की गुफाओं के भित्ति चित्रों तथा हाल ही में खोजी गयी, औरंगाबाद की गुफाओं में कला का बहुमूल्य खजाना मौजूद है। इनका धार्मिक एवं ऐतिहासिक दृष्टि से भी अत्यधिक महत्त्व है। कलाकार तथा कला के पारखी लोग युगों-युगों तक इनसे प्रेरणा लेते रहेंगे। धर्म, दर्शन, इतिहास एवं समाजशास्त्र के विद्यार्थी भी अपनी ज्ञान पिपासा को बुझाने के लिए इससे ज्ञान कलश लेकर जाते रहेंगे। इन भित्ति चित्रों से तत्कालीन रहन-सहन, वस्त्र विन्यास तथा साज-सज्जा का अन्दाज़ा लगाया जा सकता है।

मराठवाड़ा महाराष्ट्र का वह गौरवोन्नत क्षेत्र है, जहाँ का धार्मिक, दार्शनिक तथा साहित्यिक महत्त्व निर्विवाद है। मराठी के पहले कवि मुकुंदराज इसी धरती के थे। वे नाथ पंथ के थे, जो उस समय की एक अत्यन्त लोकप्रिय साधना

पद्धति थी। नाथपंथ को सामाजिक सुधारों के लिए जाना जाता है। सन् 1188 ई० में उन्होंने 'विवेकसिन्धु' नामक ग्रंथ इस उद्देश्य को ध्यान में रखते हुए लिखा कि वेदों को दलितों एवं बहिष्कृतों के अध्ययन हेतु सुलभ किया जा सके। ध्यानेश्वर को मराठी साहित्य का जनक कहा जाता है, क्योंकि उनके लेखन का प्रभाव परवर्ती मराठी साहित्य पर पड़ा था। उन्होंने 'ध्यानेश्वरी' तथा 'भगवद्गीता' का भाष्य लिखा था। वे वरकरी पंथ के प्रर्वतक थे। उनके पंथ के अनुयायियों ने बारहवीं तथा तेरहवीं शताब्दी में समानता तथा बन्धुत्व के अपने सन्देश को मराठा क्षेत्र के निचले तबके तक पहुँचाने का कार्य किया। अधिकांश प्रारंभिक मराठी कवि निचले तबके से ही सम्बन्धित थे और उन्हें उनके पेशे के कारण जाना जाता था। जैसे–नामदेव दर्जी थे, गोरा कुंभर कुम्हार थे, जोगा परमानन्द तेली थे, सावत माली, माली जाति के थे और चोखामेला महार थे।

चक्रधर नामक एक गुजराती सन्त ने महानुभाव सम्प्रदाय का प्रवर्तन किया, जो भगवान श्रीकृष्ण की उपासना पर आधारित सम्प्रदाय था और जो बाद में पंजाब तक फैला। चक्रधर के मराठवाड़ा क्षेत्र के अनुयायियों ने मराठी साहित्य में एक विशिष्ट कूटभाषा, जो सिर्फ उन्होंने ही शुरू की थी, के माध्यम से अत्यन्त महत्त्वपूर्ण योगदान दिया। उनकी कुछ रचनाओं को बारहवीं शताब्दी के कुछ विद्वानों द्वारा व्याख्यायित किया जा चुका है। मराठी भाषा के पहले गद्य लेखक तथा चक्रधर के उपदेशों के संकलनकर्त्ता महेन्द्र भट्ट भी मराठवाड़ा के थे। नरेन्द्र, दामोदर और भास्कर भट्ट जैसे महानुभाव सम्प्रदाय के कवि भी इसी क्षेत्र के थे।

एक अन्य संत महाकवि एकनाथ जी का जन्म सन् 1548 में पैठण में हुआ था। उनकी रचना 'भागवत' को 'ध्यानेश्वरी' के बाद दूसरा सर्वाधिक महत्त्वपूर्ण ग्रन्थ माना जाता है। सोलहवीं शताब्दी में उन्होंने मराठी साहित्य में पुनर्जागरण का सूत्रपात किया। वे अस्पृश्यों के हितों के सजग प्रहरी थे। उन्हीं के समकालीन दासोपंत भी एक विख्यात लेखक थे। एकनाथ के पौत्र मुक्तेश्वर भी मराठी के अत्यन्त महत्त्वपूर्ण लेखक थे। उनका जन्म सन् 1609 में पैठण में हुआ था। रामदासी पंथ के प्रवर्त्तक संत रामदास भी मराठवाड़ा क्षेत्र के ही थे। मराठवाड़ा क्षेत्र के इन सभी लेखकों ने अपने-अपने सम्प्रदाय के उपदेशों को जनता की भाषा विशेषकर मराठी भाषा में आम जनता तक पहुँचाने का कार्य किया।

मराठवाड़ा क्षेत्र में विश्वविद्यालय की स्थापना करने के लिए औरंगाबाद, नान्देड़ और मोमिनाबाद नगरों के नाम सुझाए गए थे, लेकिन अन्त में औरंगाबाद को इस हेतु सर्वाधिक उपयुक्त समझा गया। इसका मुख्य कारण औरंगाबाद

को मराठवाड़ा क्षेत्र का सांस्कृतिक केन्द्र होना था, यहाँ मराठवाड़ा क्षेत्र का प्रशासनिक मुख्यालय भी था और इसका ऐतिहासिक महत्त्व, पर्यटन की दृष्टि से इसका महत्त्व होना तथा इसकी जलवायु का स्वास्थ्यवर्धक होना भी था।

औरंगाबाद में विश्वविद्यालय की स्थापना करने के लिए तीन स्थानों का चयन किया गया। पहला स्थान चिकलथाना के पास था, दूसरा मिलिंद महाविद्यालय के भवन से शुरू होता था और पहाड़ियों के नीचे सोनरी महल की ढलान तक आता था और तीसरा दौलताबाद रोड पर पड़ेगाँव के पास था। दो स्थानों को खारिज करते हुए सोनरी महल वाले स्थान को इस कार्य हेतु उपयुक्त समझा गया क्योंकि यहाँ पर 670 एकड़ की काफी बड़े क्षेत्रफल की जमीन उपलब्ध थी और इसे मिलिंद महाविद्यालय के निकट होने का लाभ भी मिलने वाला था। डॉ॰ अम्बेडकर ने पहले ही भाँप लिया था कि जब कभी यहाँ विश्वविद्यालय खोला जाएगा, तो वह सोनरी महल इलाके के आसपास ही खोला जाएगा। इसीलिए उन्होंने मिलिंद महाविद्यालय के लिए उस स्थान का चयन किया था, जहाँ यह महाविद्यालय आज अवस्थित है।

मराठवाड़ा विश्वविद्यालय के पहले दो कुलपति क्रमशः एस॰आर॰ डोंगरकरी और डॉ॰ एन॰ आर॰ तावड़ा थे, जिन्होंने इस विश्वविद्यालय में प्रोफेसरों की नियुक्ति करते समय डॉ॰ अम्बेडकर के आदर्शों को ध्यान में रखा। इन दोनों कुलपतियों का यह मानना था कि यदि इस विश्वविद्यालय में दोयम दर्जे के शिक्षक रखे जाएंगे, तो यह विश्वविद्यालय भी दोयम दर्जे का बन जाएगा। इसलिए उन्होंने अलोकप्रिय होने की परवाह किए बगैर अपने आदर्शों को सर्वोपरि रखा। जब तक ये दोनों कुलपति पद पर रहे, तब तक कोई भी अयोग्य अथवा कम स्टैन्डर्ड का व्यक्ति इस विश्वविद्यालय का शिक्षक नहीं बन सका। उनके सेवनिवृत्त होने के पश्चात शिक्षकों की नियुक्ति का पैमाना ही बदल गया।

प्राचार्य एम॰बी॰ चिटणिस इस विश्वविद्यालय के पहले कुलसचिव थे।

मैं (शेषराव चव्हाण) एक प्राइमरी स्कूल शिक्षक से सामाजिक शिक्षा अधिकारी बना, फिर जिला प्रचार अधिकारी बना और इसके पश्चात मराठवाड़ा विश्वविद्यालय में सहायक कुलसचिव पद पर नियुक्त हुआ। सन् 1966 में मैं मराठवाड़ा विश्वविद्यालय में सहायक कुलसचिव बना। उस समय भी चिटणिस ही कुलसचिव थे। मैं स्वयं को भाग्यशाली मानता हूँ कि मुझे एम॰बी॰ चिटणिस जैसे सुयोग्य कुलसचिव के मार्गदर्शन में स्वयं को एक विश्वविद्यालय के प्रशासक के रूप में निखरने का अवसर मिला। चिटणिस के सेवानिवृत्त होने के बाद मैंने उपकुलसचिव, परीक्षा नियंत्रक, विकास अधिकारी तथा कुलसचिव

इन पदों पर चौबीस वर्षों की अपनी सेवा के दौरान कार्य किया। जब यह विश्वविद्यालय राजनीति का अखाड़ा बन गया और शैक्षणिक धाँधलियों में शामिल होने लगा तो इससे खिन्न होकर सन् 1990 में मैंने स्वैच्छिक सेवानिवृत्ति लेने का निर्णय किया। सेवानिवृत्त होने के बाद से मैंने अपना ध्यान अध्ययन एवं पुस्तक लेखन में लगाया है। मैंने औरंगाबाद की पीपुल्स एजुकेशनल सोसाइटी द्वारा संचालित कॉलेजों समेत कई कॉलेजों की कार्य प्रणाली को बहुत नजदीक से देखा है। मैं इन कॉलेजों की उस समय की कार्य करने की शैली और आज की कार्य शैली में जमीन-आसमान का अन्तर महसूस करता हूँ।

अम्बेडकर ने कहा था, "पीपुल्स एजुकेशनल सोसाइटी का उद्देश्य केवल शिक्षा प्रदान करना ही नहीं है, बल्कि छात्रों को ऐसी शिक्षा देना है, जो बुद्धिमत्ता, नैतिकता एवं सामाजिक लोकतंत्र के विकास में सहायक हो सके। आज के आधुनिक भारत को इसकी ज़रूरत भी है और भारत के सभी शुभचिन्तकों को इसी लक्ष्य को आगे बढ़ाना चाहिए।"

अम्बेडकर चाहते थे कि एक शैक्षिक संस्था के शिक्षकों को आधुनिक विश्व की चुनौतियों को ध्यान में रखते हुए ज्ञान को विद्यार्थियों के बीच इस प्रकार फैलाना चाहिए, जिससे ये विद्यार्थी आने वाले समय में विश्व की चुनौतियों का सफलतापूर्वक सामना कर सकें। वे चाहते थे कि प्रोफ़ेसर को हमेशा ज्ञान की तलाश में रहना चाहिए और सत्य की खोज करते हुए श्रेष्ठ आचरण करना चाहिए। वे चाहते थे कि विश्वविद्यालय ज्ञान के पावन तीर्थ बनें, न कि क्लर्क तैयार करने वाली वर्कशॉप बनकर रह जाएँ।

यदि हम निष्पक्ष भाव से आज के विश्वविद्यालयों एवं कॉलेजों के प्रोफ़ेसरों की ओर देखें तो पाते हैं कि वे अम्बेडकर की आशाओं एवं अपेक्षाओं से बहुत दूर जा चुके हैं। आज के विश्वविद्यालय ज्ञान के पावन तीर्थ बनने के स्थान पर जंक फूड परोसने वाले कैफ़ेटेरिया बनकर रह गए हैं। यहाँ के शिक्षक आज अकादमिक उत्कृष्टता में विश्वास न करके अकादमिक धोखाधड़ी में अधिक विश्वास करने लगे हैं।

9
अनुसूचित जाति के नेतृत्व की असफलता

शुरू से लेकर आज तक का प्रत्येक दलित नेता डॉ॰ अम्बेडकर की इस बात को चुनावी जनसभाओं में हमेशा दोहराता है कि दलितों को भारत पर राज करना चाहिए। स्वयं अम्बेडकर ने कहा था, "मैं अपने जीवन की एक बड़ी इच्छा को पूरी नहीं कर सका। मैं अपने जीवन काल में दलितों को सत्ता हासिल करते देखना चाहता था और उन्हें अन्य जातियों के साथ समान रूप से सत्ता बाँटते देखना चाहता था।"

दुर्भाग्यवश अनुसूचित जातियों के नेतृत्व न तो डॉ॰ अम्बेडकर की इस बड़ी इच्छा को पूरा कर सके और न ही वे अपने दम पर देश या महाराष्ट्र की सत्ता पर कब्जा कर सके।

महारों एवं ग़ैर महारों का टकराव

अनुसूचित जातियों की राजनैतिक असफलता का एक बड़ा कारण महाराष्ट्र में महारों तथा ग़ैर महारों के बीच गुटबाजी तथा टकराव होना है। महाराष्ट्र में महार ऐसे पहले दलित समुदाय के लोग थे, जिन्होंने ब्रिटिश राज के दौरान तथा इससे पहले ईस्ट इण्डिया कंपनी द्वारा प्रदान किए अवसरों का पूरा फायदा उठाया। उन्होंने इन अवसरों का लाभ उठाते हुए स्वयं को 'वतन' तथा 'बलुता' प्रथा से मुक्त कराने का कार्य किया। उन्होंने शिक्षा हासिल की और स्वयं को बदलने के लिए संगठन तैयार किया। वे अपने राजनैतिक तथा सामाजिक अधिकारों के प्रति जागरूक थे। डॉ॰ अम्बेडकर के कुशल नेतृत्व में महारों ने महाराष्ट्र में अस्पृश्यों का एक बड़ा आन्दोलन खड़ा करते हुए अपने लिए रियायतों की मांग बुलन्द की। इससे चमार, मांग, ढोर तथा भंगियों को यह आशंका सताने लगी कि अम्बेडकर सिर्फ महारों के लिए ही सुविधाएँ जुटाएंगे और उनके लिए कुछ

नहीं करेंगे और जिस प्रकार से कांग्रेस पार्टी ने अस्पृश्यों को लुभाना शुरू किया, उससे ग़ैर महार समुदाय की इन अस्पृश्य जातियों का डॉ॰ अम्बेडकर से विमुख होकर कांग्रेस पार्टी की तरफ आकर्षित होना स्वाभाविक था। जब महारों ने बौद्ध धर्म अपनाया, तो ये दूरी और अधिक बढ़ गई।

महारों तथा ग़ैर महारों में यह दूरी इसलिए भी बढ़ी क्योंकि अस्पृश्यों के बीच में भी ऊँच-नीच की भावना विद्यमान थी। उदाहरण के लिए चमार स्वयं को मांगों और महारों से ऊँचा मानते थे, इसी प्रकार मांग और महार भी स्वयं को दूसरों से श्रेष्ठ समझते थे। इन तीनों जातियों में सामाजिक तथा आर्थिक भिन्नता भी थी। चमारों की आर्थिक दशा अपेक्षाकृत बेहतर थी और आज भी चमार मांगों तथा महारों की तुलना में अधिक समृद्ध हैं। लेकिन ये दोनों जातियाँ डॉ॰ अम्बेडकर जैसा नेतृत्व नहीं दे सकीं। हालांकि जगजीवन राम ज़रूर शिखर तक पहुँचे, लेकिन वे भी डॉ॰ अम्बेडकर की ऊँचाइयों को नहीं छू सके। फिर भी वे जब तक जीवित रहे, तब तक सत्ता में बने रहे। वे कुछ ही अन्तर से प्रधानमंत्री बनने से इस कारण वंचित रह गए क्योंकि वे चमार जाति के थे। मुझे (शेषराव चव्हाण) एक विश्वस्त सूत्र ने बताया था कि जयप्रकाश नारायण की सलाह पर जनता पार्टी ने फैसला किया था कि उनकी सरकार का नेतृत्व जगजीवन राम करेंगे लेकिन चमार होने के कारण उनका विरोध कर रहे लोगों ने राजनारायण को चौधरी चरण सिंह के पास भेजा। राजनारायण ने चौधरी चरण सिंह के मन में जाट होने की श्रेष्ठता का दम्भ जगाते हुए उनसे कहा था कि एक चमार प्रधानमंत्री बनने जा रहा है और उन्हें उसके नेतृत्व में नीचे रहकर काम करना होगा। चरण सिंह फौरन जयप्रकाश नारायण के पास पहुँचे और उनसे साफ शब्दों में कहा कि वो किसी भी हालत में जग्गू (जगजीवन राम) को प्रधानमंत्री स्वीकारने को तैयार नहीं है। इसका नतीजा यह हुआ कि मोरारजी देसाई को प्रधानमंत्री बनाया गया।

एक ओर अम्बेडकर का आन्दोलन ग़ैर महार दलित जातियों को एकजुट कर पाने में विफल रहा, और वह ग़ैर ब्राह्मण बहुजन समाज के साथ भी विचारधारा के स्तर पर नहीं जुड़ सका। वास्तव में इसने एक एकीकृत राजनैतिक शक्ति तैयार होने में भी रूकावट डालने का कार्य किया। दूसरी ओर अम्बेडकर जाति आन्दोलन को वर्ग आन्दोलन में बदल पाने में भी विफल रहे।

अम्बेडकर ने बहिष्कृत समाज को विभिन्न मिलों में काम करने वाले श्रमिकों से जोड़ने का प्रयास नहीं किया। उन्होंने वंचितों के उत्थान के लिए एक समाजवादी व्यवस्था तैयार करने की वकालत की, लेकिन वे मार्क्स तथा

मार्क्सवादियों पर प्रहार करने से भी नहीं चूके। इसलिए उस समय हमें आश्चर्य नहीं होता, जब कुबेर कहते हैं, "यह समझ से परे है कि वे (अम्बेडकर) मार्क्सवाद को अस्वीकार करते हुए और बौद्ध धर्म को मार्क्सवाद का विकल्प सिद्ध करने की कोशिश करते हुए किस प्रकार समाजवाद ला सकते थे। सांसारिक दुखों को सांसारिक उपायों से ही दूर किया जा सकता है और केवल धर्म बदल देने से सांसारिक दुखों से मुक्ति नहीं पाई जा सकती।"

दुर्भाग्यवश दलित जातियाँ स्वयं को न तो केन्द्र और राज्यों की विधायिकाओं में सशक्त राजनैतिक ताकत के तौर पर उभार सकीं और न ही वे अपनी-अपनी पार्टियों में अपनी ताकत का अहसास करा सकीं। रिपब्लिकन पार्टी ऑफ़ इण्डिया के अलग हुए धड़े चुनावी ताकत की दृष्टि से भी लगातार कमज़ोर होते गए। दलित विधायक भी निराशाजनक ढंग से कई पार्टियों में बँट गए और समाज के महत्त्वपूर्ण हितों की पूर्ति के लिए ये कभी भी एकजुट न हो सके।

सन् 1962 से 1971 के बीच की लोकसभा की चर्चाओं से स्पष्ट हो जाता है कि लोकसभा में दलित सांसदों की अच्छी खासी संख्या होने के बावजूद उनमें से बहुत कम दलित सांसदों ने लोकसभा में हुई चर्चाओं में भाग लिया था। यहाँ तक कि अनुसूचित जातियों के कल्याण से सम्बन्धित समस्याओं से सम्बन्धित चर्चाओं में भी उन्होंने भाग नहीं लिया। अनुसूचित जातियों के कल्याण हेतु बनाए जाने वाले कानूनों के बनने में आज भी काफी समय लगता है, जबकि कुछ ऐसी समस्याएँ हैं, जिनका तत्काल समाधान किए जाने की आवश्यकता है। सन् 1962 से 1971 के दौरान लोकसभा ने इस विषय में जो सुझाव दिए थे, वे या तो वापस ले लिए गए, या उन पर हुई चर्चा पूरी नहीं हो सकी या उनको लागू कराने के लिए जोर नहीं दिया गया। अनुसूचित जातियों एवं जनजातियों हेतु आयुक्त की रिपोर्टें भी प्रायः रस्म अदायगी जैसी थीं। इनमें से कुछ रिपोर्टों पर तो तनिक भी चर्चा तक नहीं हुई। सन् 1967 में लाए गए अनुसूचित जाति एवं अनुसूचित जनजाति आदेश (संशोधन) बिल को आपातकाल के दौरान पारित किया गया। इसी प्रकार अस्पृश्यता को अपराध घोषित करने वाला बिल लगभग 16 वर्षों तक लठका रहा। (जी० नारायण, रूल मेकिंग फ़ॉर शेड्यूल्ड कॉस्ट्स इन लोकसभा, पृ० 433-440)

सतीश सभरवाल ने अनुसूचित जातियों हेतु आरक्षित सीटों के बारे में रोचक अध्ययन किया है और निष्कर्ष निकाला है कि अनुसूचित जाति के नेतागण अपने राजनैतिक आधार का उपयोग व्यक्तिगत हितों की पूर्ति के लिए करते हैं। उनमें से कोई भी ऐसा नहीं है, जो व्यवस्था में आज भी व्याप्त असमानता के

कारणों की तह तक पहुँच सके और सामाजिक, आर्थिक एवं राजनैतिक समानता लाने के लिए व्यवस्था में परिवर्तन हेतु स्वयं को समर्पित कर सके। (रिज़र्व्ड कांस्टीट्युएन्सी, कैण्डीडेट्स एण्ड कॉन्सीक्वेन्सेज, सतीश सभरवाल, पृ॰ 71)

इससे भली-भाँति विदित हो जाता है कि दलित समाज के विधायक अनुसूचित जातियों के वर्चस्वविहीन सत्ताधारी राजनैतिक दलों पर अंकुश लगाने के लिए अम्बेडकर द्वारा सुझाई गई वांछित राजनीतिक ताकत हासिल कर पाने में विफल रहे हैं।

आजकल यह एक सामान्य सी घटना हो गयी है कि दलित विधायक प्राय: समाज कल्याण विभाग का मंत्री पद स्वीकार कर लेते हैं, जबकि अम्बेडकर चाहते थे कि दलितों को सरकार में वित्त, गृह, राजस्व तथा उद्योग जैसे महत्त्वपूर्ण पद हासिल करने चाहिए। इसके अलावा अन्य सभी पदों को वे उतना महत्त्वपूर्ण नहीं मानते थे। दलित नेता यह समझ पाने में विफल रहे हैं कि कई बार महत्त्वपूर्ण मुद्दों पर सत्ता के प्रभावशाली केन्द्र उन्हें किनारे कर दिया करते हैं, इसके विपरीत सत्ताधीश सवर्ण बड़े निर्णय खुद करने में विश्वास रखते हैं और यही वजह है कि दलितों तथा पिछड़ों का दलितों से जुड़े महत्त्वपूर्ण मुद्दों पर प्रभाव कम होता जा रहा है। दलित नेता यह भी नहीं समझना चाहते कि सत्ताधारी वर्ग की राजनीतिक ताकत असमान समझौते की गणित पर टिकी हुई है। भारत का सत्ताधारी वर्ग समय-समय पर दलितों की कुछ मांगें स्वीकार कर लेता है। ये वे मांगें होती हैं, जो अधिक महत्त्वपूर्ण नहीं होतीं और उनके वर्चस्व को इनसे कोई क्षति नहीं पहुँचती है। इस सम्बन्ध में यह जानना भी रोचक होगा कि अनुच्छेद 31 का विरोध करने के बावजूद डॉ॰ अम्बेडकर को इसे भारत के संविधान में मूलभूत अधिकारों में शामिल करने को विवश होना पड़ा था।

19 मार्च, सन् 1955 को डॉ॰ अम्बेडकर ने अनुच्छेद 31 के बारे में संसद में कहा था, "अनुच्छेद 31 एक ऐसा अनुच्छेद है, जिसकी मैं और मेरी प्रारूप समिति जिम्मेदारी लेना नहीं चाहती। हम इसके लिए जवाबदेह नहीं हैं। यह हमारा प्रारूप नहीं है। इसका कारण है कि जब अनुच्छेद 31 तैयार किया जा रहा था, उस समय कांग्रेस पार्टी में इस मसले पर भारी मतभेद थे और हमें स्वयं यह मालूम नहीं था कि हमें क्या करना चाहिए, किसे रखना चाहिए और किसे नहीं रखना चाहिए। इस विषय पर कांग्रेस पार्टी में तीन मत थे। पहला मत सरदार पटेल के नेतृत्व में था, जिनका यह मानना था कि पूरा हर्जाना दिया जाना चाहिए। पूरे हर्जाने से उनका मतलब हमारे भूमि अधिग्रहण अधिनियम में वर्णित प्रावधानों से था। यह बाजार की कीमत के साथ 15 प्रतिशत अतिरिक्त दिया जाना था।

यह सरदार पटेल का दृष्टिकोण था। हमारे मित्र श्री पन्त ने वास्तव में संविधान के तैयार होने से पहले ही ज़मीदारी उन्मूलन बिल तैयार कर लिया था। वे चाहते थे कि उनके इस शिशु का जन्म पूरी सुरक्षा के साथ हो। इसलिए उनकी सोच औरों से अलग थी। इस प्रकार तीन तरह के विचारों का टकराव हो रहा था और इसलिए हमने इस मसले को उन्हीं लोगों पर छोड़ दिया कि वे जैसे चाहें, वैसे इस मसले को सुलझाएँ और उन्होंने जो निर्णय किया, वह अनुच्छेद 31 के रूप में हम सबके सामने है।"

डॉ॰ अम्बेडकर ने आगे कहा, "मेरे विचार से अनुच्छेद 31 एक बेहद बेकार प्रावधान है, जिसकी ओर मैं देखना भी पसन्द नहीं करूँगा।"

मौलिक अधिकारों पर मई, सन् 1950 को डॉ॰ अम्बेडकर तथा मुल्कराज आनन्द के बीच लम्बी चर्चा हुई थी, जो नीचे दी जा रही है–

मुल्कराज आनन्द : संविधान सभा के एक सदस्य होने के नाते क्या आप व्यक्ति के मौलिक अधिकारों की रक्षा करने का दावा कर सकते हैं? मैं देखता हूँ कि आपकी समिति ने मौलिक अधिकार दिए हैं, लोगों को स्वतन्त्रता का अधिकार दिया है। लेकिन हम यह भी देखते हैं कि आपके सम्पत्ति के अधिकार को भी एक मौलिक अधिकार बना देने से क्या उन अमीर लोगों को फायदा नहीं पहुँचेगा, जिनके पास अकूत दौलत है? इससे गरीब से गरीब व्यक्ति और अस्पृश्य लोग हमेशा नुकसान में रहेंगे।

अम्बेडकर : हमारे संविधान में हमने एक पंथ निरपेक्ष, समाजवादी लोकतंत्र का प्रावधान किया था। यदि प्रत्येक व्यक्ति को राज्य किराएदारी अधिकारों के तहत खेत जोतने का अधिकार हो, तो समानता के अधिकार की रक्षा की जा सकती है और इससे किसी का शोषण भी नहीं हो सकेगा। अभी तक अस्पृश्यों और अनेक हिन्दू जातियों तथा मुसलमानों के पास किराएदारी का अधिकार नहीं है। ये सभी भूमिहीन किसान मेहनत करने वाले हाथ बनकर रह गए हैं।

मुल्कराज आनन्द : तब तो काम करने के अधिकार को भी एक मौलिक अधिकार मान लिया जाना चाहिए।

अम्बेडकर : मैं तो प्रारूप समिति के सदस्यों में से केवल एक सदस्य मात्र था।

मुल्कराज आनन्द : इसका मतलब यह है कि आप भेड़ियों के सामने मेमने की भाँति काम कर रहे थे।

अम्बेडकर : मैं एक अच्छा मौका चूक गया। अब मैं दहाड़ रहा हूँ।

मुल्कराज आनन्द : आप एक वकील रहे हैं और आपको यह अच्छी तरह से पता होगा कि न्यायाधीश हमेशा ही सवर्ण तथा ऊँची जातियों के हिन्दुओं के पक्ष में अपने फैसले देते हैं।

अम्बेडकर : बिल्कुल, हमारी पण्डितों की सरकार के एकमात्र ग़ैर पण्डित जवाहरलाल नेहरू ने सम्पत्ति के अधिकार को मौलिक अधिकार बनाने का कड़ा विरोध किया था लेकिन बाबू राजेन्द्र प्रसाद ने कहा कि ऐसा करके नेहरू भारत को रूस बना देना चाहते हैं। इसके बाद सवर्ण हिन्दुओं ने व्यक्ति के अन्य अधिकारों को केवल नीति निर्देशक सिद्धान्तों के रूप में स्वीकार किया........ इसके लिए अब संसद में लड़ना होगा।

मुल्कराज आनन्द : सम्पत्ति के अधिकार धारण करने वाले व्यक्ति के पक्ष में क्या हो सकता है?

अम्बेडकर : एक दिन समाजवादी भी बहुमत हासिल कर सकते हैं और इससे छुटकारा दिलाने की मांग कर सकते हैं। बहरहाल, आज वंचितों तथा आदिवासियों को अनुसूचित घोषित किया गया है। उन्हें ऊपर उठाने के लिए स्कूलों और कॉलेजों में प्रवेश में आरक्षण तथा छात्रवृत्तियाँ जैसे लाभ दिए जा सकते हैं।

मुल्कराज आनन्द : सवर्ण हिन्दू हमेशा आरक्षण का विरोध करेंगे।

अम्बेडकर : हमें स्वयं को संगठित करना होगा। हमें अपने अधिकारों के लिए उठकर खड़ा होना होगा। सवर्ण हिन्दुओं की तुलना में दलितों की संख्या कहीं अधिक है। अगर हम मुसलमानों को भी इसमें जोड़ लें, जिन्हें सवर्ण हिन्दू अछूत मानते हैं, तो समाजवादियों के साथ मिलकर वे निजी सम्पत्ति के मालिकाना हक को खत्म कर सकते हैं। फिर न तो कोई ज़मींदार होगा, न कोई किराएदार होगा, न ही कोई भूमिहीन मज़दूर होगा।

मुल्कराज आनन्द : राज्य का पूँजीवाद भी खतरनाक हो सकता है। आपको पता ही है कि रूस में स्टालिन ने क्या किया? उसने कम्युनिज्म के नाम पर लोगों के ऊपर कुछ नौकरशाह थोप दिए।

अम्बेडकर : आप सही कह रहे हैं। वास्तव में हमें इस बात का भी ध्यान रखना होगा कि एक व्यक्ति के निजी अधिकारों को कोई दूसरा व्यक्ति छीन न सके। व्यक्ति की समानता हमेशा सर्वाधिक महत्त्वपूर्ण होनी चाहिए। जिस समय मैं मौलिक अधिकारों की बात कर रहा था, उस समय मेरे दिमाग में यही बात थी।

मुल्कराज आनन्द : अगर उस समय आपके दिमाग में यही बात थी तो आपको संसद से कहना चाहिए था कि वह मौलिक अधिकारों में संशोधन करे। हमें राज्य के पूँजीवाद और व्यक्ति के पूँजीवाद इन दोनों से ही लड़ना है। आप तो जानते ही हैं कि ऐसे बहुत से लोग हैं, जो अपने मालिकों की मर्जी के गुलाम हैं।

अम्बेडकर : बिल्कुल। अभी तक स्वतन्त्रता का यही मतलब प्रतीत होता है कि ज़मींदारों को लगान बढ़ाने की स्वतन्त्रता है। पूँजीवादी लोग हमेशा वेतन कम करना चाहते हैं और काम के घण्टे बढ़ाना चाहते हैं। पूँजीवाद और कुछ नहीं, बल्कि निजी मालिक की तानाशाही है।

मुल्कराज आनन्द : जीवन का अधिकार, स्वतन्त्रता का अधिकार और प्रसन्नता का अधिकार, ये मौलिक अधिकार आज भी सपना ही है।

दलित राजनेताओं ने कभी भी अपनी राजनीतिक शक्ति का उपयोग दलितों के विरुद्ध चली आ रही सामाजिक व्यवस्था पर प्रहार करने हेतु नहीं किया क्योंकि विधानसभाओं में उनका प्रवेश उन्हीं सामाजिक-आर्थिक ताकतों के सहारे आरक्षित सीटों से हुआ था और उन पर चोट करने का जोखिम वे उठा नहीं सके। उनकी उम्मीदवारी या तो इस कांग्रेस द्वारा घोषित होती थी या उस कांग्रेस द्वारा और इसके बदले में वे व्यवस्था को चुनौती देकर अपने राजनैतिक नेतृत्व को नाराज़ करने का साहस नहीं जुटा पाए क्योंकि यह राजनैतिक नेतृत्व भी सवर्णों का था।

अम्बेडकर ने खुद भी महसूस किया था कि लोकतन्त्र का जो ढाँचा मौजूद है, उसमें रहकर उनके द्वारा जो राजनैतिक सत्ता हासिल करने का सपना सँजोया जा रहा है, उसकी कई सीमाएँ हैं। उन्होंने स्वयं दलितों की आवाज़ को संसद में जबरन दबाए जाते हुए देखा था और उन पर किए जा रहे अन्याय के वे प्रत्यक्षदृष्टा और स्वयं भुक्तभोगी थे। उदाहरण के लिए वे चाहकर भी हिन्दू कोड बिल को पारित नहीं करा सके। प्रधानमंत्री नेहरू ने भी इसीलिए इस बिल से हाथ खींच लिए क्योंकि इसके लिए उन पर पार्टी के अन्दर से भारी दबाव डाला जा रहा था और उन्होंने महसूस किया कि समूचे हिन्दू कोड बिल को जस का तस पारित करवाना बुद्धिमानी नहीं होगी। इसलिए इसके एक बड़े हिस्से को छोड़ते हुए उन्होंने थोड़े से अंश को ही कानून बनवाया। इस प्रकार हिन्दू कोड बिल, जो सामाजिक परिवर्तन का एक बड़ा औजार बन सकता था, उसे इस देश की विधायिका द्वारा मृत बना दिया गया और इसके केवल चार अनुच्छेदों को पारित करके इस पर आगे की चर्चा पर भी पूर्णविराम लगा दिया गया।

डॉ॰ अम्बेडकर इस घटना से इतने निराश हुए कि उन्होंने हिन्दुओं को समझाने का आखिरी प्रयास करते हुए कानून मंत्री के पद से इस्तीफा दे दिया।

पहली लोकसभा के चुनावों की पूर्वसन्ध्या पर अपने चुनावी भाषण में डॉ॰ अम्बेडकर ने कहा था "संसद में कांग्रेस पार्टी से 30 अस्पृश्य सांसद हैं। मैं उनसे पूछता हूँ कि क्या उन्होंने दलितों की भलाई के लिए कोई काम किया है? उन्होंने आज तक कोई प्रश्न नहीं पूछा है, न ही वे कोई प्रस्ताव संसद में लाए हैं और न ही उन्होंने कोई बिल पेश किया है क्योंकि कांग्रेस पार्टी में उनकी आवाज़ दबा दी जाती है।"

यद्यपि पहले डॉ॰ अम्बेडकर चाहते थे कि गम्भीर और समर्पित दलित सदस्यों को संसद पहुँचाना चाहिए, लेकिन बाद में उन्हें महसूस होने लगा कि संसद में दलित सांसदों को पहुँचाने से कोई फायदा नहीं हो रहा है। शायद इसीलिए बम्बई विधानसभा की एक समिति की अध्यक्षता करते हुए सन् 1955 में डॉ॰ अम्बेडकर ने स्वयं यह प्रस्ताव पारित किया था, जिसमें केन्द्र तथा राज्यों की विधायिकाओं एवं जिला स्तरीय स्थानीय निकायों में राजनैतिक आरक्षण की व्यवस्था समाप्त करने की सिफारिश की गयी थी।

18 मार्च, सन् 1956 को आगरा में अम्बेडकर ने कहा था, "आज नौकरियों में आरक्षण की जो व्यवस्था है, वह हमेशा चलने वाली नहीं है। ऐसे में आगे चलकर हमारे बौद्ध बनने से बौद्ध धर्म हमें सही मार्ग दिखलाएगा। तब हम जीवन के प्रत्येक क्षेत्र में समान अवसर हासिल कर सकेंगे। बौद्ध देश भी उस समय हमारे साथ होंगे और हमारी आवाज़ उठाएंगे।" (नानक चन्द रत्तू, लास्ट फ़्यू इयर्स ऑफ़ डॉ॰ अम्बेडकर, पृ॰ 74)

6 दिसम्बर, सन् 1956 को तत्कालीन केन्द्रीय मंत्री एन॰वी॰ गाडगिल ने लोकसभा में कहा था, "अभी हाल ही में मेरी डॉ॰ अम्बेडकर से लम्बी बातचीत हुई है और उन्होंने मुझसे कहा था, 'अब दलितों के लिए विशेषाधिकारों की कोई ज़रूरत नहीं है। अब उन्हें अपने पैरों पर खड़ा होना चाहिए और अन्याय के खिलाफ लड़ना चाहिए, जो आज भी देश के शेष लोग उनके साथ कर रहे हैं।" (राइटिंग्स एण्ड स्पीचेज़ ऑफ डॉ॰ बाबा साहब अम्बेडकर, खण्ड 15, पृष्ठ 982)

डॉ॰ अम्बेडकर की उपर्युक्त सोच सम्भवतः इसलिए थी क्योंकि उनका अपने अनुयायियों विशेषकर शिक्षित दलितों पर से विश्वास उठ गया था और यदि वे कुछ समय तक और जीवित रहते, तो मुझे लगता है कि वे आरक्षण की अवधि आगे बढ़ाने के लिए दबाव नहीं डालते।

28 सितम्बर, सन् 1956 को अपने भाषण में डॉ॰ अम्बेडकर ने कहा था कि उनका अपने समाज के शिक्षित लोगों पर विश्वास खत्म हो गया है और उनकी उम्मीद अब सिर्फ अशिक्षित लोग ही हैं। (धनन्जय कीर, डॉ॰ बाबा साहब अम्बेडकर–लाइफ एण्ड मिशन, पॉपुलर प्रकाशन, मुम्बई, पृ॰ 444)

10
भारत में बौद्ध धर्म का भविष्य

स्वामी विवेकानन्द पहले ऐसे चिन्तक थे, जिन्होंने महात्मा बुद्ध के विचारों पर हिन्दू धर्म के प्रभाव को माना था। उन्होंने बौद्ध धर्म, वेदान्त और वैष्णव धर्म को एक ही माना था। उन्होंने गौतम बुद्ध और वेदान्त की प्रशंसा की, किन्तु ब्राह्मणों ने बुद्ध के चारों ओर अवतारवाद का जो मिथक बुन रखा था, उसकी हँसी उड़ाई। उन्होंने प्राचीन काल के ब्राह्मणों की स्वार्थपरकता तथा असहिष्णुता के लिए उन्हें फटकार लगाई। उन्होंने बौद्ध भिक्षुओं की संस्था को स्वीकार किया और उन्हें 'बहुजन हिताय' हेतु जुटने की सलाह दी।

स्वामी विवेकानन्द एक दूरदर्शी दार्शनिक थे। उन्होंने भारतीय दर्शन की उत्कृष्ट झाँकी सम्पूर्ण विश्व के समक्ष प्रस्तुत की थी। उन्होंने हिन्दुत्व के दुर्ग की चतुर्दिक बहुआयामी, बहुरंगी एवं बहुविध झाँकी देखी थी, जिसके ज्ञान एवं करुणा से सम्पूर्ण विश्व ज्योतित हो रहा हो। इसलिए उन्होंने घोषणा की थी, "मैं भगवान बुद्ध के चरणों में नमन करता हूँ।" स्वामी विवेकानन्द ने बौद्ध धर्म के प्रति पूर्ण श्रद्धा एवं सम्मान प्रदर्शित किया था। उनसे पहले अन्य सभी ब्राह्मणवादी एवं हिन्दुत्व के आचार्यों ने तथागत की अलौकिक एवं आध्यात्मिक निधि का उपहार उड़ाया था तथा उन्हें कुछ उपहासप्रद नामों, जैसे–जाति बहिष्कृत, शून्यवादी, असभ्य तथा दानवों के गुरु आदि की संज्ञा दी थी। यह स्वामी विवेकानन्द ही थे, जिन्होंने पूर्ण भक्ति के साथ यह कहा था, "भगवान बुद्ध मेरे इष्ट हैं। उन्होंने ईश्वरत्व का कोई सिद्धान्त नहीं दिया क्योंकि वे स्वयं एक ईश्वर थे और मैं इस बात पर पूरा विश्वास करता हूँ।" (कम्पलीट वर्क्स ऑफ विवेकानन्द, खण्ड 6, पृ॰ 27)

इस प्रकार स्वामी विवेकानन्द का बौद्ध धर्म के प्रति दृष्टिकोण अन्य प्राचीन एवं मध्यकालीन हिन्दू दार्शनिकों से भिन्न था। विवेकानन्द ने स्वयं को बुद्ध का ऋणी स्वीकार किया है और बुद्ध की विरासत के प्रति अपना सम्मान प्रदर्शित

किया है। वे बुद्ध को हिन्दुत्व का महानतम आचार्य मानते हैं, महानतम सिद्ध पुरुष मानते हैं, आदर्श कर्मयोगी स्वीकारते हैं, सच्चा वेदान्ती कहते हैं और उन्हें वे 'धरती पर आया एकमात्र ईश्वर' की संज्ञा देते हैं।

यूरोप तथा अमेरिका में अपने प्रवचनों में स्वामी विवेकानन्द ने गौतम बुद्ध की भूरि-भूरि प्रशंसा की तथा उनकी नैतिक, तार्किक एवं मानवतावाद से परिपूर्ण शिक्षाओं को अपनाने पर बल दिया। (लालमणि जोशी डिसर्निंग द बुद्धा, पृ॰ 19–21)

स्वामी विवेकानन्द आधुनिक समय के सम्भवतः पहले ऐसे महान भारतीय हैं, जिन्होंने अपने भारतवासियों तथा अमेरिकियों एवं यूरोपियों को यह याद दिलाया कि गौतम बुद्ध कितने महान थे। सम्पूर्ण विश्व में बसने वाले बौद्ध धर्म के अनुयायी गौतम बुद्ध की शिक्षाओं को सम्पूर्ण विश्व में फैलाने के लिए इस महान हिन्दू संन्यासी के सदैव ऋणी रहेंगे, विशेषकर भारत के लिए तो इसका और भी अधिक महत्त्व है क्योंकि भारतवासी शताब्दियों पहले गौतम बुद्ध को भूल चुके थे।

स्वामी विवेकानन्द ने गौतम बुद्ध की महानता पर इतना अधिक बल दिया कि कई बार अमेरिकी श्रोता भ्रमवश यह समझ बैठते थे कि वे हिन्दू संन्यासी न होकर बौद्ध भिक्षु हैं और बुद्ध के सन्देशों का प्रसार करने हेतु यहाँ आए हैं।

जहाँ तक स्वामी विवेकानन्द का गौतम बुद्ध के प्रति प्रेम, प्रशंसात्मक भाव तथा सम्मान का प्रश्न है, तो इसकी तुलना किसी अन्य ग़ैर बौद्ध से नहीं की जा सकती। गौतम बुद्ध की जितनी अधिक प्रशंसा स्वामी विवेकानन्द ने की, उतनी किसी अन्य हिन्दू संन्यासी ने आज तक नहीं की है। यह कहना अतिश्योक्ति नहीं होगा कि आजकल के जो बौद्ध भिक्षु गले में सुन्दर माला धारण करके तथागत के प्रति सम्मान प्रदर्शित करते हुए व्याख्यान देते हुए मिलते हैं, वे धार्मिक बौद्ध भी स्वामी विवेकानन्द के द्वारा दिए गए व्याख्यानों एवं लिखित पुस्तकों में भगवान बुद्ध के प्रति व्यक्त श्रद्धा एवं सम्मान की बराबरी नहीं कर पाते।

स्वामी विवेकानन्द ने कहा था, "महान व्यक्ति, महानों में महान बुद्ध ईसा से छह शताब्दी पहले भारत में जन्मे थे। वे संसार के सर्वाधिक ऐतिहासिक पैगंबरों में से एक हैं। बुद्ध और मोहम्मद साहब दो सर्वाधिक ऐतिहासिक व्यक्ति हैं और इनमें से बुद्ध प्राचीनतम ऐतिहासिक आचार्य हैं क्योंकि कृष्ण मिथक प्रतीत होते हैं।" (लालमणि जोशी, डिसर्निंग द बुद्धा, पृ॰ 55)

अमेरिका में दिए गए एक व्याख्यान में स्वामी विवेकानन्द ने कहा था, "याद करिए कि बुद्ध ने उपदेशों के माध्यम से प्रेम के अपने विचार को दक्षिण, उत्तर,

पूर्व, पश्चिम, ऊपर और नीचे तथा सम्पूर्ण ब्रह्माण्ड में अनन्त में फैला दिया था।" यह वक्तव्य प्रेम एवं करुणा के विषय में पाली के ग्रन्थ सत्तनिपात के मेत्तसुत्त में दिए गए सन्देश के अनुरूप है, जिसे नीचे उद्धृत किया जा रहा है–

> "अपनी जान का परवाह किए बगैर एक माँ अपने इकलौते बच्चे की रक्षा जिस प्रकार करती है उसी प्रकार प्रत्येक व्यक्ति को हृदय दूसरों के लिए खोल देना चाहिए। अनन्त प्रेम का यह विचार सम्पूर्ण ब्रह्माण्ड, ऊपर, नीचे, चारों तरफ बिना किसी रुकावट के बिना घृणा या शत्रुता के विचरित होने दो।" भगवान बुद्ध के इस सन्देश से मिलती-जुलती भावनाएँ पॉल कैरस ने निम्नांकित कविता में अत्यन्त सुन्दर एवं अविस्मरणीय ढंग से व्यक्त की हैं–
>
> "न धोखा दो न करो ईर्ष्या
> कभी भी, किसी से, कहीं भी, कैसे भी
> न गुस्सा करो, न करो घमण्ड
> न रखो मैल मन में
> जैसे माँ परवाह नहीं करती अपने जीवन की
> और अपने बच्चे के लिए समर्पित कर देती है खुद को
> तुम भी बनो ऐसी ही माँ
> और फैलाओ चतुर्दिक अपना प्रेम
> दाएँ-बाएँ चारों तरफ
> फैलाओ सद्भावना
> बिना किसी कपट के, बिना किसी रुकावट के
> खड़े होते, चलते, बैठते हर समय
> जब भी कुछ सोचो, तो बस यही
> कि जीवन का कानून ही वरेण्य है
> प्रेम करना ही करुणा है।"

बुद्ध शायद ऐसे इकलौते पैगम्बर हैं, जिन्होंने सब कुछ केवल दूसरों के लिए किया और अपने लिए कुछ भी नहीं सोचा। उन्होंने अपना घर और समस्त सुख-सुविधाएँ छोड़ दीं और मानव के असह्य कष्टों का समाधान खोजने में अपना जीवन व्यतीत किया, परिणामस्वरूप उन्होंने शान्ति और आनन्द का जो रास्ता खोजा, वह समस्त बुराइयों के खिलाफ भगवान बुद्ध द्वारा की गयी चिकित्सा है। एक प्राचीन 'महायान सूत्र' बुद्ध को इसी कारण 'वैद्यराज' और स्मृतभेषज प्रदाह' कहकर सम्बोधित करता है। 7वीं शताब्दी के चन्द्रकीर्ति नामक

दार्शनिक ने उन्हें 'चिकित्सकों का महान सम्राट' या क्लेश महाव्याधि चिकित्सा महावैद्यराज' कहकर उनके प्रति सम्मान प्रदर्शित किया है।

'सुत्तनिपात' में बुद्ध को 'मानव का पथप्रदर्शक' कहा गया है। उन्होंने बोध प्राप्त किया और इसे सम्पूर्ण विश्व में प्रसारित कर दिया। इस ज्ञान के प्रकाश ने न सिर्फ मनुष्य के अन्तर्मन के अन्धकार को दूर किया, अपितु ईश्वर को भी ज्योतित किया। इसी कारण बौद्ध महात्मा बुद्ध को 'ईश्वरों एवं मनुष्यों का आचार्य मानते हैं। 'बुद्ध' का शब्दिक अर्थ प्रकाश, जागृति, ज्ञान, बुद्धि तथा प्रबोधन है। यह नैतिक पूर्णता तथा आध्यात्मिक पूर्णता का भी संकेत करता है। इस प्रकार बुद्ध उस बुद्धि तथा नैतिकता और मन एवं बुद्धि की समस्त श्रेष्ठ प्रवृत्तियों के स्रोत हैं, जिनसे सभ्य मानवता आनन्द प्राप्त करती है। स्वामी विवेकानन्द ने गौतम बुद्ध के चरित्र के इन्हीं गुणों की बार-बार चर्चा की है।

स्वामी विवेकानन्द ने अन्धकारमय विश्व में मानवता के पथ प्रदर्शक के रूप में बुद्ध की महानता को भली-भांति समझा था। उन्होंने कहा था, "उस व्यक्ति (गौतम बुद्ध) ने उन सर्वोच्च नैतिक विचारों को प्रस्तुत किया, जिन्हें कोई राष्ट्र सँजो सकता है। जब भी किसी नैतिक संहिता की बात की जाएगी, ये विचार उस समय व्यक्ति के लिए प्रकाश की किरण के समान होंगे।" (लालमणि जोशी डिसर्निंग द बुद्धा, पृ॰ 59)

स्वामी विवेकानन्द आधुनिक समय के पहले ऐसे हिन्दू थे, जिन्होंने बार-बार दोहराया, "बुद्ध ऐसे पहले महापुरुष थे, जिन्होंने सम्पूर्ण विश्व के बन्धुत्व का सन्देश दिया था। आज यह बौद्ध आस्था का प्रधान सिद्धान्त है। स्वार्थ, अहंकार, जातिवाद तथा असमानता मानवता के लिए अभिशाप के समान हैं। बुद्ध पहले ऐसे महापुरुष थे, जिन्होंने इन अभिशापों की खोज की थी। वे ऐसे पहले व्यक्ति थे, जिन्होंने मानवता को ग्रस रही इन भयानक बीमारियों का निदान खोजा था। सबकी मुक्ति का उनका सन्देश सम्पूर्ण मानव जाति के लिए था। इस प्रकार बुद्ध मानवता के सर्वाधिक लाभप्रदायक व्यक्तित्व थे। उन्होंने दूसरों की भलाई के लिए काम किया और मानवता की निःस्वार्थ सेवा का महान सन्देश दिया। इसलिए मैं भगवान बुद्ध के समक्ष दण्डवत होता हूँ।"

बोध प्राप्त करने के कुछ महीने बाद बुद्ध ने अपने प्रथम साठ अनुयायियों को आदेश देते हुए कहा, "हे भिक्षुओं! बहुजन के आध्यात्मिक कल्याण हेतु, बहुजन की आध्यात्मिक प्रसन्नता हेतु, संसार की भलाई, अच्छाई, प्रसन्नता और कल्याण हेतु चतुर्दिक विचरण करो।" स्वामी विवेकानन्द चाहते थे कि अद्वैत वेदान्त के अनुयायियों हेतु भी यही ध्येय वाक्य हो। वे मानते थे कि जब तक

बुद्ध सा हृदय एक बार पुनः भारत में नहीं आएगा, तब तक भारत के लोग असहाय अवस्था में पड़े रहेंगे। उन्होंने कहा था, "मेरी आकांक्षा है कि काश मेरे पास बुद्ध के हृदय का तनिक भी अंश विद्यमान होता।"

स्वामी विवेकानन्द यह भी कहते थे, "यह मेरी कल्पना है कि बुद्ध ही कालान्तर में जीज़स क्राइस्ट के रूप में धरती पर जन्मे थे। बुद्ध ने स्वयं कहा भी था कि वे 500 साल बाद फिर धरती पर आएंगे और क्राइस्ट उनके 500 साल बाद धरती पर आए। ये दो ऐसे प्रकाश स्तम्भ हैं, जिनसे समस्त मानवता आलोकित होती रहेगी। बुद्ध और क्राइस्ट के नाम से दो महामानव धरती पर जन्म ले चुके हैं, जिनका विराट व्यक्तित्व है, ये दो भगवान हैं। इन दोनों के बीच में सम्पूर्ण विश्व बँटा हुआ है। जब कभी विश्व को ज्ञान की कमी दिखाई देती है, तो लोग या तो बुद्ध या फिर क्राइस्ट के सामने सिर झुकाते हैं।

स्वामी विवेकानन्द अक्सर बौद्ध धर्म के पाली भाषा में रचित ग्रन्थों से उद्धरण दिया करते थे, जिन्हें वे बुद्ध के शब्द मानते थे। उनमें से कुछ नीचे दिए जा रहे हैं–

"आप सोचते हैं कि आप क्या हैं, आप यह सोचिए कि आपको क्या होना चाहिए।"

"हम जो भी हैं, वह हमारे विचारों का परिणाम है। यह हमारे विचारों से जन्म लेता है और हमारे विचारों से ही बनता है। यदि कोई व्यक्ति बुरे विचारों के साथ बोलता है या कोई बुरा कार्य करता है तो बाद में उसे कष्ट होता है क्योंकि जो बैल बैलगाड़ी को खींचते हैं, उन्हीं के पैरों के पीछे-पीछे बैलगाड़ी के पहिए चलते हैं। यदि कोई व्यक्ति अच्छे विचारों को व्यक्त करता है या अच्छे विचारों को ध्यान में रखकर कोई कार्य करता है तो बाद में उसे प्रसन्नता मिलती है, जो एक परछाई की भाँति होती है, जो कभी व्यक्ति को नहीं त्यागती।"

"ध्यान रखो कि संसार की समस्त वस्तुएँ नश्वर हैं और यह जीवन दुखों से भरा हुआ है।"

"स्वयं को एक टापू जैसा बनाओ और स्वयं उसमें शरण लो, दूसरे किसी की शरण लेने की आवश्यकता नहीं है। धैर्यपूर्वक प्रयत्न करने पर अवश्य ही मुक्ति प्राप्त होगी।"

स्वामी विवेकानन्द के अनुसार बौद्ध धर्म की तीन खोजें अत्यन्त महत्त्वपूर्ण हैं। पहली, बुराई का अस्तित्व में होना, दूसरी बुराइयों का कारण स्वार्थ और लिप्साओं में छिपा होना और तीसरी खोज बुराइयों के निदान हेतु निःस्वार्थ प्रवृत्ति

अपनाना है। इन खोजों में वे पवित्र सत्यों की चर्चा कर रहे हैं, जिनकी संख्या चार है। दुख, दुख का कारण, दुख की समाप्ति और दुख दूर करने के कारण ये चार सत्य बौद्ध धर्म में वर्णित हैं।

स्वामी विवेकानन्द धम्मपद से उद्धृत करते हुए कहते हैं, "स्वार्थ का इलाज बलपूर्वक नहीं किया जा सकता, गन्दगी को गन्दगी से नहीं खत्म किया जा सकता और घृणा को घृणा से दूर नहीं किया जा सकता।" यहाँ स्वामी विवेकानन्द ने धम्मपद के जिस पद का उल्लेख अपने शब्दों में किया है, उसका मूल रूप इस प्रकार है, "घृणा को कभी भी घृणा से खत्म नहीं किया जा सकता, इसे मित्रता का हाथ बढ़ाने से खत्म किया जा सकता है और यही प्राचीन धर्म है।"

स्वामी विवेकानन्द दो बार बोध गया गए। पहली बार वे अपने संन्यासी जीवन के प्रारम्भ में गए थे और दो बार अपने जीवन के अन्तिम समय में गए थे, वह भी अपने 39वें जन्मदिन के अवसर पर गए थे। कहा जाता है कि पावन बोधिवृक्ष के नीचे बैठकर उन्होंने खुद से पूछा था, "क्या यह सम्भव है कि जिस हवा में मैं साँस ले रहा हूँ, उसी हवा में कभी उन्होंने साँसें ली थीं? क्या मैं उसी धरती का स्पर्श कर रहा हूँ–जहाँ कभी उन्होंने विचरण किया था?" भारत में अपने भ्रमण के दौरान ऐसा प्रचलित है कि उन्हें बुद्ध के पावन अवशेषों को स्पर्श करने की अनुमति दी गयी थी।

स्वामी विवेकानन्द ने बौद्ध धर्म की जो व्याख्या की, उसका एक महत्त्वपूर्ण पक्ष यह है कि बौद्धों ने महात्मा बुद्ध की शिक्षाओं को सही ढंग से नहीं समझा और उसका गलत अर्थ निकाला। उन्होंने कहा था, "बुद्ध के बारे में हमारा दृष्टिकोण है कि उन्हें उनके अनुयायियों ने सही ढंग से समझने का प्रयास नहीं किया। ये उनके अनुयायी ही थे, जो उनकी शिक्षाओं के महत्त्व को नहीं समझ सके। ऐसा मुख्य रूप से इसलिए हुआ क्योंकि वे यह सच नहीं देख पाए कि बुद्ध के उपदेश हिन्दू धर्म के सत्यों के पूरक थे।

डॉ॰ सर्वपल्ली राधाकृष्णन अपनी पुस्तक 'इण्डियन फ़िलॉसफ़ी' में कहते हैं, "बुद्ध ने यह नहीं सोचा था कि वे एक नए धर्म की घोषणा कर रहे हैं। वे एक हिन्दू के रूप में पैदा हुए, पले-बढ़े और हिन्दू के रूप में ही उनका निधन हुआ। वे इण्डो-आर्य सभ्यता के प्राचीन आदर्शों को नए ढंग से व्यक्त कर रहे थे। बौद्ध धर्म वास्तव में एक नए और स्वतन्त्र धर्म के रूप में नहीं शुरू हुआ था। यह हिन्दुओं की प्राचीन आस्था की एक शाखा था। यह शायद भेदमूलक या नास्तिकतावादी दर्शन था। लेकिन आध्यात्मिकता और नैतिकता के मूलभूत

सिद्धान्तों के आधार पर बुद्ध आस्था से सहमत थे लेकिन उन्होंने कुछ परम्पराओं का विरोध किया, जो उस समय बुराई के रूप में हिन्दू धर्म में प्रविष्ट हो चुकी थीं। उन्होंने वैदिक धार्मिक रीति-रिवाजों को मानने से इन्कार किया। बुद्ध का मुख्य उद्देश्य धार्मिक परम्पराओं में सुधार लाना था और प्राचीन आधारभूत सिद्धान्तों की और वापस जाना था।

बुद्ध ने हिन्दू दाय का कुछ विचारों को संशोधित करने हेतु सदुपयोग किया। वे पूरक बनकर आए थे, न कि नष्ट करने हेतु। हमारे लिए इस देश में बुद्ध हमारी धार्मिक परम्पराओं के महान प्रतिनिधि हैं। उन्होंने भारत की धरती पर अपने महत्त्वपूर्ण पदचिह्न छोड़े हैं और इस देश की आत्मा पर उनके विचारों की अमिट छाप है। बुद्ध के सन्देश संसार के दूसरे देशों में जाकर वहाँ की परम्पराओं में ढल गए हैं लेकिन यहाँ बुद्ध के घर में ये हमारी संस्कृति के अभिन्न अंग के रूप में विद्यमान हैं। ब्राह्मण एवं श्रमण ग्रन्थों को बुद्ध ने एक समान माना था और ये दोनों परम्पराएँ धीरे-धीरे पुष्पित और पल्लवित हुईं। एक अंश में बुद्ध आधुनिक हिन्दू धर्म के निर्माता हैं।"

धम्मपद के 29वें अध्याय में ब्रह्मनवग्ग अर्थात् स्वयं बुद्ध चार ब्राह्मणों के दावों को अस्वीकार करते हैं और स्वयं को एक सच्चा ब्राह्मण कहते हैं।

राधाकृष्णन मानते हैं कि बौद्ध धर्म उपनिषदों के विचारों पर नए ढंग से प्रकाश डालता है। कुछ प्रश्नों को परे रखकर मौन धारण कर लेने के सन्दर्भ में वे कहते हैं, "मेरे लिए मौन अस्वीकृति या वर्णनातीत होने की स्वीकृति नहीं है। कई अवसरों पर मौन सच्ची आराधना की भाषा बन जाता है। ईश्वर के विषय में हमारे विचार हमेशा आकृतिपरक होते हैं, यद्यपि वे सम्भवतः आकार रूप में न हों।" राधाकृष्णन आगे लिखते हैं, "मानव भावना की प्रेरणादायी निधियों में गौतम अथवा बुद्ध की स्मृति भी महत्त्वपूर्ण है। यह हमारे करोड़ों मनुष्यों की आस्था का स्वरूप है, एक साहसिक तथा उदात्त जीवन जीने के लिए इससे प्राप्त प्रेरणा की गणना नहीं की जा सकती। मनुष्य की भावना को श्रेष्ठ बनाने में उनका योगदान अत्यन्त प्रभावपूर्ण है।" (एस॰ राधाकृष्णन, ईस्टर्न रिलीजन एण्ड वेस्टर्न थॉट, पृ॰ 330)

भारत रत्न पी॰वी काणे ने राधाकृष्णन के विचारों को पुष्ट किया है। वे कहते हैं, "बुद्ध हिन्दू धर्म के उस समय के एक महान सुधारक थे। बुद्ध ने न तो कभी सोचा और न ही कभी यह दावा किया कि वे एक नए धर्म का प्रारम्भ करने जा रहे हैं और न ही कभी उन्होंने हिन्दू धर्म या इसकी आस्थाओं एवं परम्पराओं को त्यागने की बात कही। उन्होंने वेदों के सन्दर्भ लिए और अपने श्रमणों में वेदों के

प्रति पूर्ण सम्मान व्यक्त किया। उन्होंने यौगिक क्रियाओं एवं ध्यान के महत्त्व को स्वीकार किया। उनकी अनेक शिक्षाएँ ऐसी हैं, जो हिन्दू धर्म में भी उस समय प्रचलित थीं, जैसे कर्म और पुनर्जन्म तथा ब्रह्माण्ड का सिद्धान्त। बुद्ध के उपदेशों के एक बड़े अंश पर उपनिषद के मतों का गहरा प्रभाव है। उपनिषद के प्रधान विचार ब्रह्म की अन्तर्वर्ती अवस्था पर न तो बुद्ध ने कभी प्रहार किया और न ही बुद्ध के प्रारम्भिक अनुयायियों ने इस पर प्रश्न चिह्न लगाया।

राधाकृष्णन और काणे अपने मत के समर्थन में पाली भाषा के इस महत्त्वपूर्ण अंश को उद्धृत करते हैं–

> "ओ भिक्षुओं! मैंने एक प्राचीन मार्ग एक प्राचीन पथ को देख लिया है, जिस पर पहले भी कई सच्चे ज्ञानवान पुरुष चल चुके हैं और प्राचीन पथ, वह प्राचीन मार्ग वह मार्ग है, जिस पर पहले भी सच्चे और ज्ञानवान पुरुष अग्रसर हो चुके हैं। वह मार्ग अष्टांग मार्ग है। ऐ भिक्षुओं! इस मार्ग पर मैं चल चुका हूँ और इस मार्ग पर चलते हुए मैंने वृद्धावस्था तथा मृत्यु का पूर्णतः साक्षात्कार प्राप्त कर लिया है। यह सब कुछ जान लेने के बाद मैं इस उपदेश को भिक्षुओं, भिक्षुणियों, अनुयायियों तथा महिलाओं एवं पुरुषों को दूँगा। यह ब्रह्मचर्य समृद्ध, पल्लवित, प्रचारित होकर लोकप्रिय हो गया है और ईश्वर तथा व्यक्तियों तक पहुँच गया है।"

इस अंश की चर्चा करते हुए काणे कहते हैं कि बुद्ध ने कभी यह दावा नहीं किया कि वे औरों से भिन्न हैं, बल्कि उन्होंने यह कहा कि वे ज्ञानवान व्यक्तियों की श्रृंखला की कड़ी हैं। उन्होंने इस बात पर बल दिया कि प्राचीन काल से ही नैतिक गुण विश्व में विद्यमान रहे हैं, जिन्हें व्यक्तियों को अपनाना चाहिए।

राइस डेविड कहती हैं, "गौतम का जन्म तथा लालन पालन एवं मृत्यु एक हिन्दू के रूप में हुई। गौतम के सिद्धान्तों तथा ज्ञान में ऐसा कुछ भी नहीं है, जो परम्परावादी व्यवस्था में नहीं खोजा जा सकता हो और उनके द्वारा वर्णित नैतिक गुणों की तुलना प्रारम्भिक या परवर्ती हिन्दू ग्रन्थों से की जा सकती है। ये मूलतः वैसे ही हैं, जैसे बुद्ध ने इन्हें अपनाया था, इसे उन्होंने विस्तार दिया और एक व्यवस्थित स्वरूप प्रदान किया। जिस प्रकार उन्होंने समानता तथा न्याय के सिद्धान्तों को तार्किक परिणति तक पहुँचाया था, उसे उनसे पहले अनेक विख्यात हिन्दू चिन्तक भी मान्यता दे चुके थे। मुख्य रूप से उनमें तथा अन्य चिन्तकों में जो भिन्नता है, वह उनकी गम्भीरता तथा उनकी विश्वप्रेम की पावन भावना में निहित है।

प्रथम प्रधानमंत्री पं॰ जवाहरलाल नेहरू ने अपने शब्दों में बुद्ध के व्यक्तित्व की झांकी खींचते हुए कहा था, "बुद्ध की जो संकल्पना अनेक भक्तों ने संगमरमर, पत्थर और काँसे की मूर्तियों के माध्यम से सजीव की है, वह समग्र भारतीयों की भावनाओं का प्रतीक लगती है या इसके अनेक महत्त्वपूर्ण पहलुओं में से एक हो सकती है। इनमें कमल पुष्प पर ध्यानस्थ, शान्त और भावनाशून्य, इच्छाओं और उत्कण्ठाओं से ऊपर उठकर सांसारिक दुखों एवं संघर्षों से परे बुद्ध उस अवस्था में हैं, जिसे प्राप्त नहीं किया जा सकता। लेकिन दोबारा हम उन्हें देखते हैं, तो पाते हैं कि इन सबके पीछे कुछ अविचल गुण भी हैं, जिनमें एक उत्कण्ठा और एक भावना है जो विशिष्ट है तथा वह हमें ज्ञात उत्कण्ठाओं एवं भावनाओं से भिन्न है। उनके नेत्र बन्द हैं, लेकिन उनमें से कुछ विशिष्ट आभा आलोकित हो रही है और उनमें चतुर्दिक आभामण्डल प्रदीप्त हो रहा है। सदियाँ बीत चुकी हैं और बुद्ध आज भी हमसे ज़्यादा दूर नहीं दीखते, उनकी ध्वनियाँ हमारे कानों में आज भी बोलती रहती हैं कि संघर्ष से दूर मत भागो, शान्त चित्त से उनका सामना करो और तब तुम पाओगे कि तुम्हारे जीवन में आगे बढ़ने और उन्नति के और अधिक अवसर खुल रहे हैं।

बुद्ध का जो व्यक्तित्व था, उस व्यक्तित्व की छाप आज भी महत्त्वपूर्ण है और वे बुद्ध, जिन्होंने मानवता के कल्याण के लिए स्वयं को समर्पित कर दिया, उनके व्यक्तित्व का इतना दूरगामी प्रभाव तो पड़ना ही था। ऐसे व्यक्ति को महान भी होना ही था। बार्थ कहते हैं कि एक ऐसा व्यक्ति, जो शान्ति एवं निश्चल मुस्कान का स्वामी हो, जिसकी प्रत्येक श्वाँस में सुकोमलता हो और सभी शोकग्रस्त व्यक्तियों के लिए जिसके मन में करुणा हो, जिसमें नैतिकता का प्राचुर्य हो और जो राग-द्वेष से परे हो और जो देश ऐसे असाधारण व्यक्ति को जन्म देता है, उस देश के पास ज्ञान तथा अन्तर्मन की गहन निधि छिपी होगी।" (जवाहरलाल नेहरू, द डिस्कवरी ऑफ इण्डिया, पृ॰ 121)

आर॰ आर॰ दिवाकर भगवान बुद्ध की जीवनी में लिखते हैं, "आज नब्बे करोड़ से अधिक भारतीय बुद्ध को भगवान विष्णु का नवाँ अवतार मानते हैं। लगभग अस्सी करोड़ बौद्ध उन्हें मानवता का रक्षक कहते हैं, जिसने दुनिया को सन्मार्ग पर ले जाने के लिए ज्ञान का पथ आलोकित किया, जिन्होंने अनेक जन्मों के बाद बुद्धत्व पाया और जनता को दुखों से मुक्त होने के लिए प्रवृत्त किया। समूची दुनिया के विचारक और चिन्तक बुद्ध में इस कारण से रुचि लेते हैं क्योंकि वे अध्यात्म तथा धर्म के क्षेत्र के पहले तर्कवादी तथा लोकतान्त्रिक

व्यक्तित्व थे। यह भी कहा जा सकता है कि लगभग आधी दुनिया गौतम बुद्ध के विचारों से एक या दूसरे रूप में प्रभाव ग्रहण करती है।"

दिवाकर सवाल करते हैं, "लेकिन ऐसा क्या है, जो संसार के इतने अधिक लोग महात्मा बुद्ध और उनके उपदेशों से प्रभावित हैं? यह बौद्ध धर्म ही नहीं है, जो ग़ैर बौद्ध विश्व को उनके प्रति आकृष्ट करता है, बल्कि यह बुद्ध का व्यक्तित्व एवं उनकी सरल शिक्षाएँ हैं, जिनके कारण दुनिया उनके नतमस्तक होती है। यह बुद्ध का मानवतावादी दर्शन है और उनकी शिक्षाओं की वैश्विक महत्ता है, जिनके कारण मानवता की सोच और विचारों पर बुद्ध का प्रभाव पड़ता है। विशेषकर, उनका शान्ति का सन्देश आज के परमाणु युग में हमें सुकून का अहसास कराता है। जिस समय हम सभी के मस्तिष्क नाभिकीय हथियारों की आशंका से सहमे हुए हैं और ये घातक हथियार मानवता का समग्र उन्मूलन करने हेतु जिस प्रकार तत्पर हैं, उसमें हमें गौतम बुद्ध की ओर पुनः देखना अवश्यम्भावी है। भगवान बुद्ध द्वारा सिखाया गया शान्ति और मानवता का सन्देश ही हमारे हृदयों में पावन विचार जाग्रत कर सकता है और भयानक युद्धों से हमें बचा सकता है। इन चुनौतियों के कारण तथा आज की विषम परिस्थितियों में भगवान बुद्ध के विचारों का और भी अधिक महत्त्व है। बुद्ध के सन्देश को अपनाकर हम एक सुखी एवं सौहार्द्रपूर्ण सामाजिक जीवन जी सकते हैं और संसार के सभी लोगों को सुखी बना सकते हैं। (आर०आर० दिवाकर, भगवान बुद्ध, भारतीय विद्या भवन, पृ० 1, 5, 6)

सुप्रसिद्ध तमिल कवि शीतलाई सत्तनार ने भगवान बुद्ध को अपनी कविता के माध्यम से जो श्रद्धांजलि दी है, वह नीचे उद्धृत की जा रही है–

ऐ भगवान! तुम बुद्ध हो तुम शुद्ध हो, तुम पुरा हो, तुम पावन हो,
तुम सा संयमी कोई नहीं।
ऐ भगवान! तुमने पराजित किया बुराइयों को, दूर किया क्रोध को,
तुम सा त्रिकालदर्शी कोई नहीं।
ऐ भगवान! तुमने जीता मार को, तुम धन्य हो
तुम सा अपावन जयी कोई नहीं।
ऐ भगवान! तुम्हारे चरणों पर हजारों चक्रों की छाप है
मेरे पास हजारों जिह्वाएँ नहीं।
कैसे मैं तेरी प्रशंसा कर सकूँ?"

(लालमणि जोशी, डिसर्निंग द बुद्धा, पृ० 63-64)

कलकत्ता में बुद्ध जयन्ती के अवसर पर एक सभा को सम्बोधित करते हुए महात्मा गाँधी ने कहा था, "मैं एक क्षण के लिए भी यह स्वीकार नहीं कर पाता कि भारत से बौद्ध धर्म निर्वासित हो चुका है। महान भगवान, स्वामी और मानवता के आचार्य महात्मा बुद्ध को निर्वासित कर पाना असम्भव है। जब तक इस संसार का अस्तित्व रहेगा, तब तक निस्सन्देह वे मानवता के महानतम आचार्यों में से एक के रूप में याद किए जाते रहेंगे।"

बौद्ध धर्म का पतन

संघों में बौद्ध धर्म के प्रति उत्साह में कमी को बौद्ध धर्म में ह्रास का प्रमुख कारण माना जा सकता है। संघ की शक्ति आत्म त्याग, आत्मानुशासन, उदारवादी विचारधारा, सर्वसमावेशी भावना, सेवा तथा दूसरों के लिए बलिदान जैसे गुणों में निहित थी। जब ये गुण कमज़ोर पड़ने लगे और लगभग समाप्त होने लगे, तब संघ का प्रभाव खत्म हो गया। स्वयं गौतम बुद्ध अपने जीवन के अन्तिम क्षणों तक एक स्थान से दूसरे स्थान तक विहार करते हुए लोगों को प्रेरित एवं जाग्रत करते रहे थे और सत्य के पावन मार्ग पर ले जाने का प्रयास कर रहे थे। सारिपुत्त, मंगोल्लन तथा उनके जैसे अनेक सुयोग्य शिष्यों ने इन्हीं आदर्शों का अनुकरण किया। ज्यों-ज्यों समय बीतता गया, त्यों-त्यों बौद्ध भिक्षुओं ने इन उच्च आदर्शों पर खरा उतरने का भरसक प्रयास किया और विश्व के एक बड़े जनसमूह को भगवान बुद्ध के पावन आदर्शों पर चलने की प्रेरणा दी। भारत में भी अनेक महान राजाओं एवं सम्राटों ने बौद्ध धर्म स्वीकार किया और बौद्ध धर्म के प्रचार एवं प्रसार हेतु पूर्ण समर्पण की भावना से कार्य किया। भगवान बुद्ध के जाने के बाद बारह सौ वर्षों तक पूरे देश में बुद्ध अध्ययन हेतु अनेक महान केन्द्र तथा विश्वविद्यालय थे, जिनमें प्रत्येक बौद्ध राष्ट्र के विद्यार्थी अध्ययन हेतु आया करते थे। इन केन्द्रों के रखरखाव हेतु अनेक राजा, धनवान पुरुष, व्यापारी वर्ग तथा आम जनता मुक्त हस्त से दान दिया करती थी लेकिन इतना प्रचुर दान प्राप्त होने तथा राजकीय संरक्षण मिलने से ये संस्थाएँ मजबूत और समृद्ध तो हुईं किन्तु इसके साथ ही वे त्याग के उन महान आदर्शों को धीरे-धीरे भूलने लगीं, जिन पर ये संघ तथा विश्वविद्यालय टिके हुए थे। भिक्षु भी समय के साथ अकादमिक जीवनशैली तथा धार्मिक कर्मकाण्डों की ओर अधिक ध्यान देने लगे। वे दान लेने लगे और सांसारिक आचरण करने लगे, जो उनके लिए निर्धारित आदर्शों के विपरीत था। इस कारण धीरे-धीरे वे जनता से भी दूर होने लगे। इससे संघ कई सम्प्रदायों में टूट गया, जिससे संघ का नैतिक बल क्षीण होने लगा और जनता पर उनके प्रभाव में कमी आने लगी। इससे इसके धार्मिक

स्वरूप में भी धीरे-धीरे क्षरण होता गया और लोगों की धार्मिकता, आस्था, भक्ति और समर्पण में भी कमी आती गयी।

भारत से बौद्ध धर्म के विलुप्त होने में इस्लामी आक्रमण का भी महत्त्वपूर्ण योगदान था क्योंकि जिस समय संघ के प्रति लोगों के उत्साह में कमी आ रही थी, उसी समय मुस्लिम आक्रान्ताओं ने भारत पर आक्रमण किया। उन्होंने लोगों की निर्दयतापूर्वक हत्याएँ कीं और अपने मार्ग में आने वाले स्कूलों, मठों, मन्दिरों आदि को जलाया या उनका विध्वंस किया। नालन्दा विश्वविद्यालय के विनाश का आँखों देखा हाल सुनाते हुए तुर्की के इतिहासकार मिनहज़ाद ने अपनी पुस्तक 'तवकता-ए-नासिरी' में लिखा है कि हजारों बौद्ध भिक्षुओं को ज़िन्दा जला दिया गया और हजारों के सिर धड़ से अलग कर दिए गए। यहाँ का पुस्तकालय कई महीनों तक जलता रहा था। संघों का विनाश हो जाने के बाद बौद्ध लोग नेतृत्वविहीन हो गए और इसके बाद बौद्ध धर्म फिर से भारत में उभर नहीं सका।

भारत में बौद्ध धर्म के पराभव के पीछे एक अन्य महत्त्वपूर्ण कारण यह है कि कट्टर हिन्दू परम्परावादियों ने बौद्ध धर्म का पूरी ताकत के साथ विरोध किया। हिन्दुओं के कट्टर परम्परावादी सदैव दिल से बौद्ध धर्म के विरोध में थे क्योंकि बौद्ध धर्म के आगे आ जाने से जनता पर उनका नियंत्रण कम हो जाने का खतरा उन्हें स्पष्ट दिखाई दे रहा था। बौद्ध धर्म के उत्कर्ष के दिनों में जब इसे राजकीय संरक्षण मिला हुआ था, उस समय हिन्दू बौद्ध धर्म के खिलाफ अपनी आवाज़ बुलन्द नहीं कर सके लेकिन इसके पतन के दौर में कट्टर परम्परावादी हिन्दू बिना किसी हिचक के इसके विरोध में उतर आए और धीरे-धीरे विध्वंस से बच गए बौद्ध मन्दिरों को वे हिन्दू मन्दिरों में परिवर्तित करने लगे। चूंकि उस समय बौद्धों के पास कोई सशक्त नेतृत्वकर्ता नहीं था और उनके ऊपर अपने आसपास की जनता का भारी दबाव था, इसलिए वे भी धीरे-धीरे हिन्दू धर्म में समाविष्ट हो गए। भारत के जिन हिस्सों पर मुस्लिम आक्रमणकारियों का नियंत्रण नहीं हो सका, वहाँ भी जाति व्यवस्था के दबाव के कारण धीरे-धीरे बौद्ध धर्म खत्म हो गया।" (आर०आर० दिवाकर, भगवान बुद्ध, भारतीय विद्या भवन, पृ० 162-163)

पं० नेहरू की पेरिस यात्रा के समय आंद्रे मार्लो ने उनसे पूछा था, "वह कौन से कारण थे, जिनकी वजह से लगभग एक हजार साल पहले हिन्दू धर्म ने बगैर किसी संघर्ष के बौद्ध धर्म को भारत से खत्म कर दिया था? हिन्दू धर्म बौद्ध धर्म को, जो कि एक बड़ा और दूर-दूर तक विस्तृत धर्म था, बिना किसी बड़े धर्म युद्ध के अपने में सोख लेने में कैसे सफल रहा, जबकि इसके लिए

कई देशों में अक्सर बड़े पैमाने पर ऐतिहासिक युद्ध हुए हैं? हिन्दू धर्म के अन्दर वह कौन सी आन्तरिक ताकत थी, जिसके कारण यह अविस्मरणीय घटना घटित हुई? और क्या भारत के पास ऐसी ही दृढ़ आन्तरिक शक्ति आज भी है? यदि ऐसा है तो उसकी महानता और स्वाधीनता निश्चित ही सुरक्षित है।

ये वे प्रश्न थे, जो नेहरू के मन में भी उठ रहे थे, बल्कि ये वे प्रश्न थे, जो नेहरू के मन को मथ रहे थे लेकिन उनके पास मार्लो के लिए या स्वयं के लिए इनका कोई सन्तोषजनक उत्तर नहीं था। नेहरू अपनी पुस्तक 'डिस्कवरी ऑफ़ इण्डिया' में लिखते हैं, "यह स्पष्ट है कि भारत में बौद्ध धर्म का बड़े पैमाने पर जड़ से विनाश नहीं किया गया था। हिन्दू शासकों तथा बौद्ध संघों के बीच या उन भिक्षुओं से कभी-कभार स्थानीय स्तर की झड़पें होती रहती थीं, जो उस समय बहुत ताकतवर हो गए थे। अक्सर इनके पीछे राजनैतिक कारण हुआ करते थे और इनका कोई बहुत अधिक प्रभाव नहीं पड़ा था।"

नेहरू आगे लिखते हैं, "यह भी याद रखा जाना चाहिए कि बौद्ध धर्म कभी भी हिन्दू धर्म को पूरी तरह से खत्म नहीं कर पाया था। यहाँ तक कि जब बौद्ध धर्म भारत में अपने शिखर पर था, तब भी यहाँ हिन्दू धर्म के अनुयायियों की बड़ी संख्या थी। बौद्ध धर्म ने भारत में अपनी स्वाभाविक मृत्यु पायी, या तो यह धीरे-धीरे कमज़ोर होकर खत्म हुआ होगा या किसी बड़े बदलाव के कारण ऐसा हुआ होगा।"

नेहरू आगे लिखते हैं, "कीथ कहते हैं कि भारत की यह बुद्धिमत्ता है कि वह जो भी लेता है, उसे पचाकर अपना बना लेता है। यदि यह सच है कि विदेशी ताकतों से भारत ने जो कुछ पाया है, उसे अपने अनुरूप बना लिया है, तो यह उस धर्म पर भी लागू होना चाहिए, जो भारत ने अपने मस्तिष्क और विचारों से पैदा किया था। बौद्ध धर्म न सिर्फ़ भारत का अपना समग्र विचार था, बल्कि इसका दर्शन भी पूर्ववर्ती भारतीय विचारों तथा वेदान्त (उपनिषदों) के अनुरूप था। उपनिषदों ने भी पौरोहित्यवाद कर्मकाण्डों का उपहास उड़ाया था और जाति के महत्त्व को भी न्यूनतम स्तर तक ला दिया था।

ब्राह्मणों ने बुद्ध को अवतार मान लिया और बौद्धों ने भी कमोबेश ऐसा ही किया। इससे बौद्ध मठ सम्पन्न होते गए और वे स्वार्थपरकता के केन्द्र बन गए और उनके अनुशासन शिथिल पड़ते गए। अब पूजा के लोकप्रिय रूपों के तौर पर जादू और अन्धविश्वास उभरने लगे। बौद्ध धर्म के प्रारम्भ होने के लगभग एक हजार वर्ष बाद से भारत में इसका शनैः शनैः पतन होता गया।

राइस डेविस इस दौरान बौद्ध धर्म में घुस आई बीमारियों की चर्चा करते हुए इंगित करती हैं, "इन विकृत कल्पनाओं के बढ़ते प्रभाव के कारण गौतम की नैतिक शिक्षाएँ प्रायः परिदृश्य से ओझल होने लगीं। नए-नए सिद्धान्त बनने लगे और विकसित होने लगे। प्रत्येक नया कदम, प्रत्येक नयी परिकल्पना ने दूसरी नई परिकल्पना को जन्म दिया और ऐसा तब तक चलता रहा, जब तक मस्तिष्क की सुरभि से सम्पूर्ण आकाश भर नहीं गया और फलस्वरूप इस धर्म के महान संस्थापक गौतम के महान एवं सरल सन्देश धूर्त्ततापूर्ण अध्यात्म के चमकीले आवरण के नीचे कहीं दब गए।" (जवाहरलाल नेहरू, द डिस्कवरी ऑफ इण्डिया, पृ० 187-188)

बौद्ध धर्म का किंचित विकृत स्वरूप पूर्वी बंगाल तथा सिन्ध में बचा रह गया अन्यथा बौद्ध धर्म एक वृहत् स्वीकार्य धर्म होने के बावजूद धीरे-धीरे भारत से मिट गया।"

नेहरू कहते हैं, "भारत में लम्बे समय से बौद्ध धर्म का शनैः-शनैः ह्रास होने के बावजूद तथा कालान्तर में एक धर्म के रूप में व्यावहारिक रूप से इसके मिट जाने के बावजूद इसका एक बड़ा अंश हिन्दू आस्था तथा राष्ट्रीय जीवन शैली एवं विचारों में बचा रह गया। यद्यपि एक धर्म के रूप में बौद्ध धर्म को लोगों ने नकार दिया था, लेकिन इसके अमिट निशान शेष बचे रह गए और इन्होंने इस जाति के विकसित होने में अपना स्थाई प्रभाव डाला। इस स्थाई प्रभाव का धार्मिक आस्था अथवा दार्शनिक सिद्धान्तों से कम ही लेना-देना था। यह बुद्ध का नैतिक, सामाजिक तथा व्यावहारिक आदर्शवाद था कि इसका प्रभाव इस धर्म के नष्ट हो जाने के बावजूद आम जनता पर पड़ता रहा। यद्यपि ईसाई धर्म के नैतिक विचारों ने भी उस समय तक यूरोप के लोगों को प्रभावित करना शुरू कर दिया था, हालांकि इस धर्म ने सिद्धान्त पक्ष पर अधिक ध्यान नहीं दिया। इस्लाम के मानवीय, सामाजिक तथा व्यावहारिक दृष्टिकोण का भी उस समय से लोगों पर प्रभाव पड़ना शुरू हो गया था।" (जवाहरलाल नेहरू, द डिस्कवरी ऑफ इण्डिया, पृ० 182)

भारत में वर्तमान में बौद्ध धर्म की स्थिति

भारत में वर्तमान समय में बौद्ध धर्म की क्या स्थिति है, इसका चित्रण भदन्त विमलकीत्ति ने अपने सम्पादकीय 'बौद्ध समाज कोधे आहे' तथा अपने लेख 'ऑडिट ऑफ अम्बेडकर मूवमेण्ट' में किया है, जो 'विजित संग्राम' पत्रिका के अप्रैल-मई 2010 के अंक में प्रकाशित हुआ था।

अम्बेडकर मानते थे कि पन्द्रह सालों के भीतर धर्मान्तरण तेजी से फैलेगा और भारत एक बौद्ध देश बन जाएगा और वह बौद्ध विश्व में बौद्ध धर्म के जन्म स्थान में प्रथम श्रेणी के रूप में पुनर्जीवित होकर अपना स्थान पुनः हासिल कर लेगा।

मैं यह कहने का साहस कर सकता हूँ कि यह विश्वास कुछ अधिक ही है और यह धर्म एक लहर के रूप में ऊँचा उठने के स्थान पर लगातार क्षीण होता जा रहा है। यदि इस प्रवृत्ति को बदलना है, तो बौद्धों विशेषकर अम्बेडकर के अनुयायियों को विमलकीत्ति के लेख तथा सम्पादकीय को गम्भीरतापूर्वक पढ़ना होगा और उसमें वर्णित समाधानों को बौद्ध धर्म को पुनर्जीवित करने हेतु अपनाना होगा।

11
अम्बेडकर की अन्तर्वेदना

अम्बेडकर औरंगाबाद में एक बौद्ध विश्वविद्यालय की स्थापना करना चाहते थे, जो अजन्ता एवं एलोरो के प्राचीन स्मारकों एवं पवित्र अवशेषों से घिरा हुआ हो। वे एक राजनैतिक विचारों का स्कूल भी खोलना चाहते थे, जिसमें प्रशिक्षित होकर लोग राजनीति में उतर सकें और राष्ट्र निर्माण की नीतियों को आकार दे सकें। अम्बेडकर ने मुम्बई में राजनैतिक विचारों के एक स्कूल की स्थापना की थी। वे इस स्कूल को शिखर तक ले जाने हेतु आशान्वित थे और उन्हें यकीन था कि यह स्कूल देश के सभी लोगों में प्रतिष्ठा और लोकप्रियता अर्जित करेगा। उन्होंने कहा था, "ऐसे स्कूल की लोकप्रियता इसके शिक्षकों की योग्यता तथा वक्तृत्व क्षमता पर निर्भर करेगी।" उन्होंने इस स्कूल की स्थापना करते हुए एस०एस० रेगो को इसका कुलसचिव बनाया तथा स्वयं इसके संस्थापक तथा निदेशक बने। इस स्कूल की शुरुआत पन्द्रह छात्रों के साथ हुई। बाद में लगातार बिगड़ते स्वास्थ्य तथा कम हो रही आँखों की रोशनी के कारण अम्बेडकर ने महसूस किया कि वे स्कूल के कार्यकलाप पर अधिक ध्यान नहीं दे सकेंगे और तब उन्होंने यह स्कूल बन्द कर दिया। इससे उन युवाओं को गहरी निराशा हुई, जो प्रतिभाशाली थे और राजनीति को अपना कॅरियर बनाना चाहते थे। अम्बेडकर की तीसरी इच्छा बंगलौर में एक बौद्ध पाठशाला खोलने की थी। महाराजा मैसूर ने बौद्ध धर्म के भिक्षुओं तथा अनुयायियों को प्रशिक्षण प्रदान करने के लिए उन्हें एक भूखण्ड दान में भी दिया था।

लेकिन अम्बेडकर की ये तीनों इच्छाएँ कागज़ पर ही रहीं और वे उन्हें सफलतापूर्वक पूर्ण नहीं कर सके। अम्बेडकर के अनुयायी भी इनमें से किसी भी संस्था को उनकी इच्छा के अनुरूप अस्तित्व में नहीं ला सके।

दु:खद जीवन

डॉ॰ अम्बेडकर को अपने व्यक्तिगत जीवन तथा सार्वजनिक जीवन में निराशाएँ ही हाथ लगीं। बिगड़ते स्वास्थ्य के कारण उन्हें शारदा कबीर से विवाह करना पड़ा, जबकि उनके गुरु पी॰वी॰ काणे तथा विश्वस्त साथी गायकवाड़ ने उन्हें यह विवाह करने से मना किया था।

अम्बेडकर की पहली पत्नी रमाबाई एक समर्पित महिला थीं और वे दिन रात अपने पति के अच्छे स्वास्थ्य एवं कुशलता की कामना करती रहती थीं। इसके लिए वे कठोर व्रत भी रखती थीं। शनिवार को वे सिर्फ जल और उड़द ग्रहण करती थीं तथा ईश्वर से अपने पति की सलामती की प्रार्थना करती थीं।

डॉ॰ अम्बेडकर की दूसरी पत्नी अपने चरित्र एवं व्यवहार में रमाबाई से ठीक विपरीत स्वभाव की थीं। यह सबको पता है कि डॉ॰ अम्बेडकर के जीवन के अन्तिम दिनों में शारदा ने उनका जीवन नर्क बना दिया था। वह समझती थीं कि उन्होंने अम्बेडकर से विवाह उनकी समर्पित पत्नी बनने के लिए नहीं, बल्कि मौजमस्ती करने के लिए किया है। स्वयं अम्बेडकर ने कहा था कि वह उनके नाम, पद और ख्याति का लाभ उठा रही हैं।

अम्बेडकर ने इन्ही कारणों से अपने व्यक्तिगत जीवन तथा सार्वजनिक जीवन दोनों ही स्थानों पर गहरी निराशा का अनुभव किया।

29 जुलाई, सन् 1956 को उनके निजी सचिव नानकचन्द रत्तू ने साहस करके उनसे पूछा, "सर! आप इन दिनों इतने दुखी, निराश और हताश क्यों दिखाई देते हैं? और कभी-कभी आप रोने भी लगते हैं।"

अम्बेडकर ने उन्हें झिड़कते हुए कहा, जाओ, अपना टाइप का काम करो और मुझे तंग मत करो।"

नानकचन्द ने तुरन्त भाँप लिया कि ऐसी कोई गम्भीर बात अवश्य है, जो उनके स्वामी उनसे छिपा रहे हैं। अगले दिन 30 जुलाई, सन् 1956 को डॉ॰ अम्बेडकर को राज़ खोलने के लिए प्रेरित करने के उद्देश्य से उन्होंने दोबारा वही सवाल पूछा। इस पर अम्बेडकर ने आँखों में आँसू भरकर नानकचन्द से कहा, "तुम लोग नहीं जानते कि कौन सी बात मुझे परेशान कर रही है और किस वजह से मैं इतना दुखी हूँ। मेरे मन में पहली चिन्ता यह है कि मैं अपने जीवन के मिशन को पूरा नहीं कर सका। मैं अपने जीते-जी अपने लोगों को सत्ता तक पहुँचाना चाहता था और दूसरे लोगों के साथ समानता के आधार पर सत्ता में उन्हें हिस्सेदारी दिलाना चाहता था। अब मैं बीमारी के कारण अशक्त

और लाचार हो गया हूँ। जो कुछ भी मैं उनके लिए हासिल कर सका हूँ, उसका लाभ केवल कुछ शिक्षित लोग उठा रहे हैं और उन्होंने अपने दलित भाइयों के प्रति कोई सहानुभूति नहीं दिखाई है। इसलिए उनके वहाँ तक पहुँचने से दलितों को कोई फायदा नहीं मिला है। वे अपने स्वार्थ के लिए और व्यक्तिगत लाभ के लिए जीते हैं। उनमें से एक भी ऐसा नहीं है, जो समाजसेवा करना चाहता हो। वे अपने विनाश की ओर स्वयं बढ़ रहे हैं। अब मैं अपना पूरा ध्यान गाँवों में रहने वाली अशिक्षित जनता की ओर लगाना चाहता हूँ, जो आज भी कष्ट भोगने को विवश है और उसकी आर्थिक हालत में कोई सुधार नहीं हुआ है। लेकिन मुझे ऐसा लगता है कि मेरा जीवन कम ही बचा है।"

उन्होंने आगे कहा, "मैं चाहता था कि मेरे जीते जी कोई दलित समुदाय का व्यक्ति आगे आए और मेरे बाद इस आन्दोलन को आगे बढ़ाने की जिम्मेदारी अपने कन्धों पर ले। लेकिन मुझे ऐसा कोई भी व्यक्ति नहीं दिखाई देता, जो इसके लिए उपयुक्त हो। जिन साथियों पर मैं पूरा विश्वास करता था कि वे मेरे आन्दोलन को आगे बढ़ाने का काम करेंगे, वे आज नेतृत्व और सत्ता के लिए आपस में लड़ रहे हैं। उन्हें इस बात का अहसास ही नहीं है कि कितनी भारी जिम्मेदारी उनके कन्धों पर आने वाली है।"

अम्बेडकर ने आगे कहा, "चारों तरफ से निन्दा एवं प्रहार झेलने के बावजूद मैंने काफी कार्य किया है और अपनी मृत्यु तक मैं यह करता रहूँगा।"

इतना कहने के बाद उनके आँसू गालों तक ढुलक गए। आँसू भरी आँखों से उन्होंने नानकचन्द की ओर देखा। थोड़ी देर तक मौन रहने के बाद अपने आँसू पोंछते हुए उन्होंने कहा, "नानकचन्द, मेरे लोगों को बता दो कि जो कुछ मैंने अभी तक किया है, वह सब मैंने अपने पूरे जीवन काल में विरोधियों के प्रहारों तथा घोर कष्टों को सहने के बावजूद किया है।" (नानकचन्द रत्तू, लास्ट फ़्यू इयर्स ऑफ़ अम्बेडकर, पृ० 93-94)

अम्बेडकर की आशंका सच निकली। उनकी मृत्यु के कुछ दिनों के बाद ही उनके साथियों के मतभेद खुलकर सामने आ गए। सत्ता और धन की लालसा में उन्होंने एक दूसरे के खिलाफ बाहें चढ़ा लीं। इससे कुछ ही दिनों में पार्टी कई धड़ों में बँट गयी।

प्रशासन के भीतर बैठे अम्बेडकर के तथाकथित अनुयायियों ने उनका इस्तेमाल ऊपर चढ़ने के लिए किया और अपने भाइयों की आशाओं एवं आकांक्षाओं को उन्होंने मिट्टी में मिला दिया। यह कहना अतिशयोक्ति न होगी कि उन्होंने अस्पृश्यों में अपने लिए ब्राह्मण प्रजाति बना ली। उनमें से अधिकांश

राजनीति तथा प्रशासन में महत्त्वपूर्ण पदों पर थे और उन सबने ब्राह्मण महिलाओं से विवाह किए थे, जो उन पर इतना अधिक नियंत्रण रखती थीं कि वे लोग वे सभी हिन्दू कर्मकाण्ड करने लगे थे, जिनसे अम्बेडकर घृणा करते थे।

नानकचन्द रत्तू ने डॉ॰ अम्बेडकर के अन्तिम सन्देश को लोगों तक पहुँचाया था, जिसमें उन्होंने कहा था, "बड़ी मुश्किलों के बाद मैं इस कारवाँ को यहाँ तक ला पाया हूँ जहाँ यह आज दिखाई देता है। चाहे लाख कठिनाइयाँ क्यों न आएँ, यह कारवाँ इसी तरह आगे बढ़ते रहना चाहिए। यदि मेरे लोग, मेरे साथी इस कारवाँ को आगे न ले जा पाएँ तो भी जहाँ तक आज यह कारवाँ पहुँच गया है, उन्हें कम से कम वहाँ तक तो इसे रहने ही देना चाहिए। इस कारवाँ को किसी भी सूरत में पीछे नहीं ले जाने देना है।" (नानकचन्द रत्तू, लास्ट फ़्यू इयर्स ऑफ़ डॉ॰ अम्बेडकर, पृ॰ 94)

यह दुर्भाग्यपूर्ण है कि डॉ॰ अम्बेडकर की मृत्यु के पश्चात् अनुसूचित जाति से डॉ॰ अम्बेडकर जैसी प्रतिभा एवं क्षमता से युक्त कोई भी नेता नहीं उभर सका। इसका परिणाम यह हुआ कि उनका कारवाँ आगे बढ़ने की बजाए पीछे मुड़ गया। और यह कारवाँ तब तक पीछे चलता रहेगा, जब तक अनुसूचित जाति का नेतृत्व बौने हाथों में रहेगा और ये नेता इस कांग्रेस या उस कांग्रेस में सत्ता के लोभ में भागते रहेंगे।

यह जानना रोचक होगा कि अम्बेडकर ने उन अस्पृश्यों के बारे में क्या था, जिन्होंने कांग्रेस पार्टी ज्वाइन कर ली थी। इनके लिए उन्होंने कहा था, "आज जो अस्पृश्य कांग्रेस पार्टी में हैं, वे पूंछ के सिरे पर हैं और यह पूंछ इतनी लम्बी है कि हिल भी नहीं सकती। अस्पृश्यों के प्रतिनिधियों को अस्पृश्यों के हितों का पहरेदार होना चाहिए, लेकिन वे गले में पट्टा बँधे हुए कुत्ते की भाँति बनकर रह गए हैं। काटना तो दूर, वे ठीक से भौंक भी नहीं सकते।"

अम्बेडकर ने यह बात स्वतन्त्रता से पहले कही थी। आज़ादी के बाद भी इस स्थिति में कोई बदलाव नहीं प्रतीत होता है।

12

अम्बेडकर की चेतावनियों से सावधान

डॉ० अम्बेडकर के जिन विचारों को यहाँ उद्धृत किया जा रहा है, वे विचार उन्होंने प्रारूप समिति के अध्यक्ष की हैसियत से संविधान सभा में, कानून मंत्री के रूप में और राज्यसभा के सदस्य के रूप में व्यक्त किए थे। इन सभी विचारों से उनकी विषयों की गहरी समझ, निष्पक्षता एवं स्वीकार करने का साहस स्पष्ट दृष्टिगोचर होता है। इन विचारों से उनकी बुद्धिमत्ता एवं दूरदृष्टि भी दिखाई पड़ती है। उनके इन विचारों को जनता, समाज तथा सम्पूर्ण राष्ट्र को चेतावनी के रूप में लेना चाहिए। उनके विचारों की श्रृंखला का प्रारम्भ संविधान सभा के उनके विचारों से किया जा रहा है।

संविधान सभा

4 नवम्बर, सन् 1948 को संविधान सभा में संविधान का प्रारूप पेश करते हुए उन्होंने कहा था, "बुद्धिजीवी भारतीय अपने ग्रामवासियों से अनंत प्रेम करते हैं।" मेटकॉफ ने उन्हें 'लघु गणतंत्र' की संज्ञा दी थी क्योंकि ये ग्रामवासी अपनी ज़रूरत का सभी सामान ग्राम में रहकर ही हासिल कर लेते हैं और वे किसी भी विदेशी सम्बन्ध से प्राय: स्वतन्त्र हैं। मेटकॉफ के अनुसार ये ग्राम समुदाय अपने आप में एक प्रथक राज्य के समान हैं और भारत के लोगों के संरक्षण में इनका योगदान औरों से कहीं अधिक है। हालांकि इन्हें अनेक क्रान्तियों एवं परिवर्तनों का सामना करना पड़ा फिर भी ये विचलित नहीं हुए। शहरों एवं महानगरों के खत्म हो जाने के बावजूद ये खत्म नहीं हुए और इन्होंने काफी हद तक अपनी स्वतन्त्रता और आनन्द को बचाकर रखा है।

लेकिन वे लोग जो ग्राम समुदायों पर गर्व करते हैं, वे यह नहीं सोचते कि देश की नियति के निर्माण में इनका क्या योगदान रहा है और क्यों? मेटकॉफ ने स्वयं इस प्रश्न पर विचार किया है और उत्तर देते हुए वे कहते हैं, "एक के बाद एक राजवंश खत्म होते गए। एक के बाद एक क्रान्तियाँ होती गयीं।

एक-एक करके हिन्दू, पठान, मुगल, मराठा, सिक्ख, अंग्रेज़ सभी शासक बने लेकिन ग्राम समुदाय जस के तस रहे। आपत्ति काल में उन्होंने एकजुट होकर अपने को सुरक्षित जगह तक पहुँचाया। ग्राम समुदाय अपने-अपने जानवरों के साथ सुरक्षित स्थानों पर जाकर छिप जाया करते थे और शत्रु को बिना किसी नुकसान पहुँचाए गुजर जाने दिया करते थे।

ग्राम समुदायों ने हमारे देश के इतिहास में यही योगदान दिया है। यह जानकर हम भला क्यों उन पर गर्व करें? क्या इसलिए उन पर गर्व करें कि वे अनेक संकटों के बावजूद जीवित बचे रहे? यह एक तथ्य हो सकता है लेकिन इस प्रकार जीवित बचे रहने का कोई अर्थ नहीं है। प्रश्न यह है कि वे किस प्रकार से जीवित रहे? इसका उत्तर हमें निराश करता है। यह स्वार्थ है। मैं भारत के विनाश के लिए इन ग्राम समुदायों को ही उत्तरदायी ठहराता हूँ। मुझे इस बात का घोर आश्चर्य है कि वे लोग जो प्रान्तीयतावाद और साम्प्रदायिकता का विरोध करते हैं, वे ही इन ग्राम समुदायों के सबसे बड़े पैरोकार हैं। एक ग्राम स्थानीयता की गर्त्त में डूबने से अधिक कुछ नहीं है, अज्ञानता वहाँ हावी है और संकीर्ण मानसिकता तथा साम्प्रदायिकता उनके मस्तिष्क में भरी हुई है।

संविधान के प्रारूप की इसलिए आलोचना की जाती है क्योंकि इसमें अल्पसंख्यकों के संरक्षण का प्रावधान किया गया है, लेकिन इसके लिए प्रारूप समिति कतई जवाबदेह नहीं है। यह तो संविधान सभा के निर्णयों को मानती थी। मेरी व्यक्तिगत राय है कि अल्पसंख्यकों को संरक्षण देकर संविधान सभा ने बुद्धिमत्तापूर्ण कार्य किया है। इस देश में अल्पसंख्यक और बहुसंख्यक दोनों ही गलत रास्ते पर चल रहे हैं। बहुसंख्यकों के लिए अल्पसंख्यकों के अस्तित्व को नकारना गलत है। एक ऐसा रास्ता निकाला जाना चाहिए, जिससे दोहरा लक्ष्य हासिल किया जा सके। हमें अल्पसंख्यकों के अस्तित्व को मान्यता देनी ही होगी। यह रास्ता ऐसा हो, जो बहुसंख्यकों एवं अल्पसंख्यकों को एक कर सके। संविधान सभा द्वारा जो रास्ता निकाला गया है, उसका स्वागत किया जाना चाहिए क्योंकि यह ऐसा रास्ता है, जो दोहरा लक्ष्य हासिल कर सकता है।

जिन लोगों ने अल्पसंख्यकों के विरुद्ध उन्मादी अभियान छेड़ रखा है, उनसे मैं दो बातें कहना चाहता हूँ। पहली बात यह है कि अल्पसंख्यक ऐसा विस्फोटक है, जो छेड़े जाने पर पूरे राष्ट्र के तन्तुओं को विस्फोट से उड़ा सकता है। यूरोप का इतिहास ऐसी घटनाओं से भरा पड़ा है। दूसरी बात यह है कि भारत में अल्पसंख्यकों ने बहुसंख्यकों के हाथों में सत्ता सौंपने को सहमति दे दी है। आयरलैण्ड के विभाजन को रोकने के लिए हुई चर्चा में रेडमण्ड ने

कार्सन से कहा था, "प्रोटेस्टेण्ट अल्पसंख्यकों के लिए आप जो भी संरक्षण चाहते हैं, वे मैं देने के लिए तैयार हूँ लेकिन किसी भी कीमत पर आयरलैण्ड का विभाजन नहीं होना चाहिए।" इस पर कार्सन का जवाब था, "अपने संरक्षण अपने पास रखिए। हम आप द्वारा शासित होना नहीं चाहते।" भारत में किसी भी अल्पसंख्यक समुदाय ने यह दृष्टिकोण नहीं अपनाया है। उन्होंने शान्त भाव से बहुसंख्यकों के शासन को स्वीकार कर लिया है, जो वास्तव में राजनैतिक बहुमत न होकर एक साम्प्रदायिक बहुमत है। अब बहुसंख्यकों को यह समझना होगा कि उन्हें अल्पसंख्यकों के साथ भेदभाव नहीं करना चाहिए। अल्पसंख्यक बचे रहेंगे या नष्ट हो जाएंगे, यह बहुसंख्यकों के रुख पर निर्भर करता है। जिस दिन से बहुसंख्यक अल्पसंख्यकों के साथ भेदभाव करना छोड़ देंगे, उस दिन से अल्पसंख्यकों के अस्तित्व में बने रहने का आधार खत्म हो जाएगा और वे नष्ट हो जाएंगे।"

अम्बेडकर ने वर्षों पहले अल्पसंख्यकों को दिए जाने वाले संरक्षणों के पीछे की बुद्धिमत्ता और दूरदृष्टि को भाँप लिया था।

25 नवम्बर, सन् 1949 को संविधान सभा में बोलते हुए डॉ॰ अम्बेडकर ने कहा था, "मैं महसूस करता हूँ कि एक संविधान चाहे कितना भी अच्छा क्यों न हो, वह निश्चित रूप से खराब संविधान में बदल सकता है और अच्छे संविधान में भी बदल सकता है। यह सब इसे इस्तेमाल करने वाले लोगों पर निर्भर करता है कि वे इसे अच्छा रहने देते है या बुरा। संविधान का कार्य करना संविधान की प्रकृति पर निर्भर नहीं करता। संविधान एक राज्य के लिए अंग उपलब्ध कराता है, जैसे—विधायिका, कार्यपालिका और न्यायपालिका। संविधान द्वारा दिए गए इन अंगों के कामकाज करने का तरीका लोगों तथा उन राजनैतिक दलों पर निर्भर करता है, जिन्हें लोग अपनी नीतियाँ तथा कार्यक्रम लागू कराने के लिए चुनते हैं। कौन कह सकता है कि आगे चलकर भारत के लोग और राजनैतिक दल किस प्रकार का व्यवहार करेंगे? क्या वे अपने लक्ष्य की प्राप्ति के लिए संविधान को सर्वोच्च रखेंगे या वे संविधान के कितना ही अच्छा होने के बावजूद क्रान्तिकारी तरीके अपनाने को प्राथमिकता देंगे? इसलिए जब तक यह पता नहीं चल जाता कि भविष्य में लोग और उनकी पार्टियाँ किस प्रकार की भूमिका निभाएंगे, तब तक संविधान के विषय में कोई निर्णय देना व्यर्थ है।"

डॉ॰ अम्बेडकर मानते थे, "सामाजिक और आर्थिक लोकतंत्र राजनैतिक लोकतंत्र के मजबूत रेशे हैं।" उन्होंने चेतावनी देते हुए कहा था, "हिन्दू समाज वर्ग और वर्ग के बीच, लिंग और लिंग के बीच भेदभाव करता आया है। इसे

दूर किए बिना आर्थिक समस्याओं को दूर करने के लिए विधेयक पारित करते रहना वैसा ही है, जैसे गोबर के ढेर पर महल खड़ा करना।"

26 नवम्बर, सन् 1949 को संविधान को अंगीकार कर लिए जाने के बाद संविधान सभा में भाषण देते हुए डॉ॰ अम्बेडकर ने कहा था, "यदि यह संविधान सभा एक भीड़ की भाँति होती, सीमेण्ट के बगैर कच्ची इमारत की भाँति होती, पत्थर की भाँति निर्जीव होती या हर व्यक्ति या हर समूह अपने कानून को मनवाने के लिए अड़ा होता, तो यहाँ अराजकता के अलावा और कुछ नहीं होता। संविधान सभा में कांग्रेस पार्टी के रहने के कारण यह सम्भावना नगण्य हो गयी। इस पार्टी ने संविधान सभा में अनुशासन स्थापित करने का कार्य किया। यह कांग्रेस द्वारा बनाए गए अनुशासन का ही परिणाम था कि प्रारूप समिति संविधान के प्रारूप के प्रत्येक अध्याय, अनुच्छेद और संशोधन को यह निश्चित तौर पर जानते हुए पेश कर सकी कि इनका क्या भविष्य होने वाला है। इसलिए संविधान सभा में संविधान के प्रारूप को सुचारू ढंग से प्रस्तुत किए जाने का श्रेय कांग्रेस पार्टी को दिया जाना चाहिए।

26 जनवरी, सन् 1950 को भारत एक स्वतन्त्र सम्प्रभु राष्ट्र बन जाएगा। इसकी आज़ादी का क्या होगा? क्या यह अपनी आज़ादी बरकरार रख सकेगा या इसे फिर से खो देगा? यह पहला विचार है, जो मेरे मन में उठता है। ऐसा नहीं है कि भारत पहले कभी एक स्वतन्त्र राष्ट्र नहीं था। महत्त्वपूर्ण यह है कि यह देश इससे पहले अपनी आज़ादी खो चुका है। क्या यह दोबारा इसे खो देगा? यह ऐसा विचार है, जो मुझे भविष्य के प्रति अत्यधिक चिन्तित करता है। इस बात को सोचकर मैं और अधिक चिन्तित हो जाता हूँ कि भारत ने गद्दारों के कारण ही अपनी आज़ादी बार-बार खोई थी। मोहम्मद बिन कासिम ने जब सिन्ध पर आक्रमण किया था, तो उस समय राजा दाहर के सैनिक कमाण्डरों ने मोहम्मद बिन कासिम के एजेण्टों से रिश्वत ले ली थी और अपने राजा की ओर से युद्ध लड़ने से इंकार कर दिया था। यह जयचन्द था, जिसने मोहम्मद गोरी को भारत पर हमला करने के लिए और पृथ्वीराज से युद्ध करने के लिए उसे आमंत्रित किया था और गोरी से वादा किया था कि वह और सोलंकी राजा उसका साथ देंगे। जब शिवाजी हिन्दुओं की मुक्ति के लिए युद्ध लड़ रहे थे तब अन्य मराठे और राजपूत राजा मुग़लों की ओर से लड़ रहे थे। जब अंग्रेज सिक्ख राजाओं एवं मुग़लों को खत्म करने का प्रयास कर रहे थे, तब सिक्खों का प्रधान सेनापति गुलाब सिंह खामोश बैठा रहा और उसने सिक्ख साम्राज्य की रक्षा करने के लिए

कोई सहायता नहीं की। सन् 1857 में जब भारत के बड़े हिस्से ने अंग्रेज़ों के खिलाफ युद्ध छेड़ा था, तब सिक्ख मूकदर्शक बने देख रहे थे।

क्या इतिहास स्वयं को दोहराएगा? यह विचार मुझे अत्यधिक चिन्तित करता है। यह देखकर मैं और भी परेशान हो जाता हूँ कि जाति और सम्प्रदाय नामक हमारे पुराने शत्रु आज सभी राजनैतिक दलों में घुस गए हैं। क्या हम भारतवासी अपने देश को जाति-पाँति से ऊपर रख पाएंगे या जाति-पाँति हमारे लिए देश से अधिक ज़रूरी होगी? मुझे इसका उत्तर नहीं मालूम है लेकिन यह तो तय है कि यदि पार्टियाँ जाति को देश से अधिक वरीयता देंगी तो हमारे देश की स्वतन्त्रता फिर से खतरे में पड़ जाएगी और शायद हम हमेशा के लिए अपनी स्वतन्त्रता खो बैठेंगे। हममें से कोई भी नहीं चाहेगा कि ऐसा हो। हमें अपने खून की आखिरी बूँद शेष रहने तक अपनी स्वतन्त्रता की रक्षा करनी होगी।"

अम्बेडकर ने आगे कहा, "26 जनवरी, सन् 1950 को भारत इन अर्थों में एक लोकतान्त्रिक राष्ट्र कहलाएगा कि हमारे पास जनता की, जनता द्वारा तथा जनता के लिए चुनी हुई सरकार होंगी। यही विचार मेरे मन में आता है लेकिन तब हमारी लोकतान्त्रिक संस्थाएँ कैसे काम करेंगी? क्या वे बनी रहेंगी या वे दोबारा खत्म हो जाएंगी? यह दूसरा विचार है, कि जिसके आने से मैं पहले विचार जितना ही चिन्तित हो जाता हूँ।

ऐसा नहीं है कि भारत को लोकतन्त्र का मतलब पता नहीं है। एक समय था, जब भारत में लोकतन्त्र का बोलबाला हुआ करता था। राजसत्ताओं के समय में भी या तो निर्वाचन होता था या ये सीमित चयन हुआ करता था। वे कभी भी पूर्ण राजसत्तात्मक नहीं थे। ऐसा भी नहीं है कि भारत को संसदीय परम्पराओं का पहले से ज्ञान न रहा हो। बौद्ध भिक्खुओं के संघों के अध्ययन से ज्ञात होता है कि संघों के लिए न सिर्फ संसद हुआ करती थी, अपितु संघों को आधुनिक समय में प्रचलित संसदीय परम्पराओं का भी ज्ञान था। उन्हें सीटों की व्यवस्था, प्रस्ताव लाने, संकल्प रखने, कोरम या गणपूर्ति, व्हिप जारी करने, मतगणना, मतदान, निषेध प्रस्ताव, विनियमितीकरण, पहले से निर्णीत मुकदमों इत्यादि आधुनिक संसदीय नियमों की पहले से जानकारी थी। यद्यपि बुद्ध ने इन संसदीय नियमों को संघ की बैठकों हेतु लागू किया था, लेकिन बुद्ध ने भी इन नियमों को उस समय देश में प्रचलित राजनैतिक विधानसभाओं से ही ग्रहण किया था।

कालान्तर में भारत ने वह लोकतान्त्रिक व्यवस्था खो दी। क्या यह इसे दोबारा खो देगा? भारत जैसे देश में ऐसा हो जाना सम्भव है क्योंकि यहाँ काफी समय से लोकतन्त्र का इस्तेमाल नहीं हो रहा है और लोग तानाशाही के अभ्यस्त

हो गए हैं। अब एक नया खतरा यह है कि कहीं लोकतन्त्र तानाशाही के लिए रास्ते न खोल दे। भारत जैसे एक नवजात लोकतान्त्रिक देश में ऐसा होने की आशंका बनी रहती है। यदि हम मार्ग से विचलित हुए तो इसकी सम्भावना और अधिक बढ़ जाएगी।

यदि हम लोकतन्त्र को केवल दिखाने के लिए नहीं, वरन् वास्तविक रूप में बनाए रखना चाहते हैं तो हमें क्या करना होगा? मेरे विचार से सबसे महत्त्वपूर्ण बात यह है कि हम अपने सामाजिक एवं आर्थिक लक्ष्यों को हासिल करने के लिए केवल संवैधानिक तौर-तरीकों का ही इस्तेमाल करें। इसका अर्थ यह है कि हमें क्रान्ति के खूनी तरीके छोड़ने होंगे। इसका अर्थ यह भी है कि हमें सविनय अवज्ञा, असहयोग और सत्याग्रह जैसे तरीके भी छोड़ने होंगे। जब तक सामाजिक एवं आर्थिक लक्ष्यों को हासिल करने के लिए संवैधानिक तौर-तरीके खुले हुए हैं, तब तक इन असंवैधानिक तौर-तरीकों को कतई न्यायोचित नहीं ठहराया जा सकता। ये तौर-तरीके और कुछ नहीं हैं, बल्कि अराजकता का व्याकरण हैं और इनसे जितनी ज़ल्दी छुटकारा पा लिया जाए, हमारे लिए उतना ही अच्छा है।

दूसरी बात जो हमें ध्यान में रखनी होगी, वह जॉन स्टुअर्ट मिल की वह चेतावनी है, जो उन्होंने उन सभी लोगों को दी थी, जो लोकतन्त्र को बनाए रखने के इच्छुक हैं। ऐसे सभी लोगों को एक महापुरुष के चरणों में भी अपनी स्वतन्त्रता बन्धक नहीं रखनी चाहिए या उस पर विश्वास करते हुए अपनी संस्थाओं को उसके हवाले नहीं कर देना चाहिए। उन महापुरुषों के प्रति कृतज्ञ होने में कोई बुराई नहीं है, जिन्होंने देश की सेवा में अपना सम्पूर्ण जीवन समर्पित कर दिया। लेकिन कृतज्ञता की भी एक सीमा होती है। आयरिश देशभक्त डैनियल 'ओ' कॉनेल ने सही कहा है कि कोई भी पुरुष अपने आत्मसम्मान की कीमत पर कृतज्ञ नहीं हो सकता, कोई भी स्त्री अपने सतीत्व की कीमत पर कृतज्ञ नहीं हो सकती और कोई भी राष्ट्र अपनी स्वतन्त्रता की कीमत पर कृतज्ञ नहीं हो सकता। यह चेतावनी भारत के सम्बन्ध में कुछ ज़्यादा ही महत्त्वपूर्ण है क्योंकि हमारे देश में राजनीतिक क्षेत्र में भक्ति या समर्पण का मार्ग या नायक पूजा की परम्परा दुनिया के अन्य देशों की तुलना में कहीं अधिक है। धर्म के क्षेत्र में भक्ति का मार्ग मुक्ति की ओर ले जाता है लेकिन राजनीति में भक्ति या नायक पूजा का मार्ग गिरावट का सुनिश्चित मार्ग है और यह तानाशाही की आहट सुनाता है।

तीसरी बात हमें यह ध्यान में रखनी होगी कि हमें सिर्फ राजनैतिक लोकतन्त्र हासिल कर लेने से ही सन्तुष्ट नहीं हो जाना है। हमें अपने राजनैतिक लोकतन्त्र

को सामाजिक लोकतन्त्र में भी बदलना होगा। सामाजिक लोकतन्त्र की नींव के अभाव में राजनैतिक लोकतन्त्र कभी भी टिक नहीं सकता। सामाजिक लोकतन्त्र का क्या मतलब है? इस अर्थ में यह वह जीवन शैली होना है, जिसमें स्वतन्त्रता, समानता और बन्धुता के सिद्धान्तों को मान्यता दी जाती हो। ये तीन सिद्धान्त अपने में अलग नहीं हैं बल्कि इन तीनों से मिलकर ही एक त्रिकोण बनता है। इस त्रिकोण में से यदि एक को भी हटा दिया गया तो लोकतन्त्र का मूल उद्देश्य ही खत्म हो जाएगा। स्वतन्त्रता को समानता से अलग नहीं किया जा सकता, समानता को स्वतन्त्रता से अलग नहीं किया जा सकता और न ही स्वतन्त्रता एवं समानता को बन्धुता से अलग किया जा सकता है। समानता के अभाव में स्वतन्त्रता कुछ लोगों की बंधक बनकर रह जाएगी स्वतन्त्रता के अभाव में समानता व्यक्ति की व्यक्तिगत स्वतन्त्रता को नष्ट कर देगी। बन्धुता के बगैर समानता और स्वतन्त्रता का कोई मतलब नहीं रह जाएगा। इसलिए इन तीनों को एक साथ लागू करना ज़रूरी है। हमें इस बात को निस्संकोच स्वीकार करना होगा कि भारतीय समाज में असमानता होने के कारण इनमें से दो सिद्धान्तों का अभाव है, जिससे कुछ लोग सम्पन्न हैं और कुछ अभावग्रस्त हैं। आर्थिक परिदृश्य पर हमारे पास एक ऐसा समाज है, जिसके पास अकूत दौलत है और दूसरा ऐसा समाज है, जो घोर नारकीय जीवन जीने को विवश है। 26 जनवरी, सन् 1950 को हम विरोधाभासी जीवन में प्रवेश करेंगे। राजनीति में हमने 'एक व्यक्ति एक वोट' तथा 'एक वोट की कीमत एक' को मान्यता दी है। हमारे सामाजिक एवं आर्थिक जीवन में हमारी सामाजिक एवं आर्थिक संरचना के कारण हमने प्रत्येक व्यक्ति के एक समान महत्त्व को स्वीकार नहीं किया है। कब तक हम ऐसा विरोधाभास जारी रखेंगे? कब तक हम अपने सामाजिक एवं आर्थिक जीवन में समानता को अस्वीकार करते रहेंगे? यदि हम लम्बे समय तक इसे अस्वीकार करते रहे, तो हम अपने राजनैतिक लोकतन्त्र को ही कमजोर करते जाएंगे। हमें ज़ल्द से ज़ल्द इस विरोधाभास को दूर करना होगा अन्यथा असमानता के शिकार लोग उठ खड़े होंगे और राजनैतिक लोकतन्त्र के इस ढाँचे को गिरा देंगे, जिसे इस संविधान सभा ने बड़े परिश्रम से खड़ा किया है।"

अम्बेडकर ने आगे कहा, "इस देश में लम्बे समय से राजनैतिक ताकत पर कुछ मुट्ठी भर लोगों का एकाधिकार रहा है और शेष लोग पशुवत हाँके जा रहे हैं और पशुओं की भाँति शिकार हो रहे हैं। इस एकाधिकार ने उन्हें बेहतर जीवन जीने से वंचित किया है और उनके जीवन जीने की आशाओं पर तुषारापात किया है। ये दलित लोग शासित होकर अब थक चुके हैं। अब वे स्वयं सत्ता चलाने

के लिए आतुर हैं। उनकी इस आकांक्षा को वर्ग संघर्ष या युद्ध का रूप देने से हर हाल में बचा जाना चाहिए। क्योंकि यदि ऐसा हुआ तो वह दिन हमारे लिए सबसे भयावह दिन होगा। जैसा कि अब्राहम लिंकन ने कहा भी है कि स्वयं में विभाजित एक सदन ज़्यादा समय तक नहीं खड़ा रह सकता। अतः इस अहसास के लिए जितनी जल्दी रास्ता बनाया जाएगा, उनकी इच्छाओं, बेहतरी तथा राष्ट्र की बेहतरी के लिए, जितनी जल्दी सोचा जाएगा, इसकी आज़ादी को बरकरार रखने के लिए, यह उतना ही अच्छा होगा तथा इस लोकतान्त्रिक संरचना के लिए भी यह उतना ही अच्छा होगा। ऐसा तभी सम्भव है, जब जीवन के सभी क्षेत्रों में समानता तथा सौहार्द्र स्थापित किया जाए। यही वह बात है, जिस पर मैं सर्वाधिक बल देता हूँ।

स्वतन्त्रता निश्चित रूप से हमारे लिए उल्लास का समय है लेकिन हमें यह नहीं भूलना चाहिए कि इस आज़ादी ने हमारे ऊपर कई जिम्मेदारियाँ भी लाद दी हैं। स्वतन्त्र होने से पहले हम किसी भी गलत बात के होने पर अंग्रेज़ों पर आरोप मढ़ दिया करते थे। अब आगे से यदि कुछ भी गलत होता है, तो हमें स्वयं के अलावा और कोई भी आरोप मढ़े जाने के लिए नहीं मिलेगा। कुछ गलतियाँ होने का खतरा भी मँडरा रहा है। समय तेज़ी से बदल रहा है। हम सभी लोग नए विचारों द्वारा संचालित हो रहे हैं। लोग 'जनता द्वारा सरकार' से थकते जा रहे हैं। वे 'जनता के लिए सरकार' हेतु अधीर हैं तथा उन्हें इस बात से कोई फर्क नहीं पड़ता कि यह 'जनता की सरकार' है या 'जनता द्वारा सरकार है। हमने संविधान में 'जनता की सरकार', जनता के लिए सरकार' तथा 'जनता द्वारा सरकार' इन तीन सिद्धान्तों का समावेश किया है। यदि हम संविधान के इन सिद्धान्तों को बचाए रखना चाहते हैं, तो हमें अपनी उन गलतियों को स्वीकार करने में सुस्ती नहीं दिखानी होगी, जो हमारे मार्ग में आएंगी तथा जिनके कारण लोग 'जनता द्वारा सरकार' के बजाए 'जनता के लिए सरकार' को पसन्द करने लगेंगे। हमें इसको मिटाने में कमज़ोर नहीं रहना है। यही एकमात्र वह रास्ता है, जिससे हम देश की सेवा कर सकते हैं। मैं इससे बेहतर रास्ता नहीं जानता।"

(डॉ० बाबा साहब अम्बेडकर राइटिंग्स एण्ड स्पीचेज़, खण्ड 13, पृ० 1206-18)

डॉ० अम्बेडकर के ये विचार इतने उपयोगी हैं कि कोई भी व्यक्ति हमारे लोकतन्त्र पर इनके प्रभावों से इन्कार नहीं कर सकता। जब तक हम उनकी चेतावनियों पर ध्यान नहीं देते और उनके सुझावों के अनुरूप आचरण नहीं करते, तब तक इस बात की बराबर आशंका है कि जिस भय को वे व्यक्त कर रहे थे, वह यथार्थ में भी परिणत हो सकता है।

संसद

संसद तथा राज्यों की विधायिकाओं के सदस्यों की योग्यता क्या हो?

23 नवम्बर, सन् 1950 को संसद में भाषण देते हुए डॉ० अम्बेडकर ने कहा था, "मुझे ऐसा लगता है कि इस सदन के सदस्यों की एकमात्र योग्यता का आधार शिक्षा को बना पाना शायद ही सम्भव हो सके। बुद्ध के अनुसार एक व्यक्ति के पास दो चीजें अवश्य होनी चाहिए। पहली ज्ञान और दूसरी शील। शील के अभाव में ज्ञान अत्यधिक खतरनाक हो सकता है। इसलिए इसके साथ शील का होना अत्यन्त आवश्यक है। शील का अर्थ है चरित्र, नैतिक साहस और राग-द्वेष से मुक्त होना तथा अपने आदर्शों पर दृढ़ रहना। मैं बड़े ही ध्यान से यह बात देख रहा हूँ कि इस सदन में ऐसा एक भी व्यक्ति नहीं है, जिसके पास पर्याप्त मात्रा में शील न हो। मैं यह नहीं बता सकता कि इस अमूल्य निधि को कैसे हासिल किया जा सकता है।"

अम्बेडकर ने आगे कहा, "मैं योग्यता हासिल करने के लिए शिक्षा को अत्यधिक आवश्यक मानता हूँ क्योंकि इससे कर्त्तव्य को निभाने में सक्षमता आती है। इस सदन में ऐसे अनेक लोग हैं, जो पढ़े-लिखे न होने के बावजूद अपने वर्ग की समस्याओं को अत्यधिक प्रभावशाली ढंग से उठाते हैं। एक अपेक्षाकृत अधिक शिक्षित व्यक्ति शायद यह दायित्व ठीक से न निभा सके क्योंकि वह न तो उस वर्ग के बारे में ठीक से जान पाता है और न ही उसके पास ऐसा कोई अनुभव होता है। अपने लोगों को राहत प्रदान करने के लिए सदन में भाषण दे देना ही पर्याप्त नहीं है, बल्कि उनकी समस्याओं के निदान के तरीके भी सुझाना आवश्यक है। भाषण दे देना और समस्याएँ गिना देना तो आसान है, लेकिन उनके समाधान के तौर-तरीके सुझाना कठिन काम है। इसके लिए शिक्षा की आवश्यकता होती है और इसलिए दलितों, पिछड़ों तथा आदिवासियों के लिए शिक्षा अत्यधिक आवश्यक है।"

अन्त में उन्होंने कहा, "मेरा सुझाव है कि यह मसला जनता पर या उन राजनीतिक दलों पर छोड़ देना उचित होगा, जिन्हें सरकार चलानी है। मुझे इस बात में कोई सन्देह नहीं है कि यदि राजनैतिक दल इस मसले पर ध्यान नहीं देंगे तो समय स्वयं इस मसले पर ध्यान दे देगा। जनता उन लोगों को अपना प्रतिनिधि नहीं चुनेगी, जो इस सदन में अपना कर्त्तव्य ठीक से नहीं निभाएंगे। वह उन्हें दोबारा यहाँ लौटने नहीं देगी क्योंकि जनता परिणाम चाहती है। वह चाहती है कि उसकी समस्याओं का निराकरण किया जाए और मैं इस बात से निश्चिंत

हूँ कि जनता यह महसूस करेगी कि उसे उन्हीं लोगों को संसद में भेजना चाहिए, जो उसके हितों की पूर्ति कर सकें।

21 मई, सन् 1952 को कानून मंत्री के पद से त्यागपत्र देने के बाद संसद में बोलते हुए डॉ॰ अम्बेडकर ने कहा था, "कोई भूखा व्यक्ति उस आलोचक को पसंद नहीं करेगा, जो उससे कहे कि मेरे प्यारे दोस्त, यद्यपि मैं सत्ता में हूँ, यद्यपि मैं अधिकार धारण करता हूँ, यद्यपि मुझे व्यवस्था ठीक करने का वैधानिक अधिकार है, फिर भी तुम मुझसे किसी चमत्कार की उम्मीद मत करो क्योंकि मुझे उत्तराधिकार में ही ये सारी समस्याएँ प्राप्त हुई हैं। यदि सरकार एक निश्चित समय सीमा के अन्दर परिणाम नहीं देती, तो लोग इतने निराश, इतने दुखी हो जाते हैं कि वे यह मानने लगते हैं कि सरकार नाम की कोई चीज़ ही नहीं है। यदि हम संसद में बैठकर इस विषय में अपनी जिम्मेदारियाँ नहीं समझेंगे और एक निश्चित समय में लोगों के हित तथा कल्याण के कार्यों को नही करेंगे, तो मैं समझता हूँ कि एक दिन ऐसा अवश्य आएगा। मेरे मन में इस बात की ज़रा भी शंका नहीं है कि ऐसा होने पर संसद के बाहर बैठे लोग इसे घृणा की दृष्टि से देखने लगेंगे और ऐसी नौबत कभी भी नहीं आने देनी चाहिए।"

अम्बेडकर चाहते थे कि कालाबाजारियों तथा परमिट और लाइसेंस धारकों एवं ठेकेदारों को चुनाव लड़ने से अयोग्य घोषित कर दिया जाना चाहिए। लेकिन उन्हें संविधान से यह अनुच्छेद कांग्रेस पार्टी के सदस्यों के भारी विरोध के कारण हटाना पड़ा। इसी तरह की एक और लड़ाई वे हारे, जिसमें वे चाहते थे कि राजनैतिक दलों द्वारा चुनावों पर किए जाने वाले खर्च हेतु एक नियम बनना चाहिए।

राज्य सभा

शासक राष्ट्र और शासित राष्ट्र

6 सितम्बर, सन् 1954 को राज्यसभा में अनुसूचित जातियों एवं अनुसूचित जनजातियों पर आयुक्त द्वारा प्रस्तुत तीसरी रिपोर्ट पर हुई चर्चा में बोलते हुए अम्बेडकर ने कहा था, "इस देश में आप दो राष्ट्र स्पष्ट तौर पर देख सकते हैं। एक राष्ट्र शासक राष्ट्र है और दूसरा शासित राष्ट्र है। पिछड़ा वर्ग शासितों की श्रेणी में आता है। उन्हें कहीं भी कोई शक्ति नहीं प्राप्त है। उन्हें प्रशासन में कोई स्थान नहीं दिया गया है। उन्हें कार्यपालिका में भी कोई जगह नहीं दी गयी है। कार्यपालिका और न्यायपालिका इन दोनों स्थानों पर सवर्णों का ही वर्चस्व है। उनका वर्चस्व इसलिए है क्योंकि वे शिक्षा के क्षेत्र में काफी आगे

बढ़ गए हैं और उन्हें उच्च शिक्षा के तमाम अवसर प्राप्त हुए हैं। आप भारत सरकार के विभागों के सभी सचिवों की ओर नज़र दौड़ाकर देखिए? सरकार के प्रत्येक सचिव का बेटा या बेटी ऑक्सफोर्ड या कैम्ब्रिज में पढ़ रहे होंगे। ये सभी अपने-अपने बच्चों की व्यवस्था करने हेतु दो या तीन बार विदेश हो आए होंगे क्योंकि वे ऐसा कर पाने में समर्थ हैं। पिछड़े वर्ग के लोगों के बच्चे प्राथमिक शिक्षा भी सही तरीके से हासिल नहीं कर पाते। शताब्दियों से इन दो वर्गों के बीच खाईं रही है। यह ऐसा है कि हम एक वर्ग को दूसरे वर्ग पर शासित होने देना नहीं चाहते। कुछ समय से वे यह देख पा रहे हैं कि अन्य वर्गों के लोग भी इसलिए शिक्षित हो रहे हैं ताकि वे भी सरकार में महत्त्वपूर्ण पदों पर बैठ सकें। हम हमेशा शासित बनकर तो नहीं रह सकते।"

डॉ॰ अम्बेडकर ने सन् 1954 में जो कहा था, वह आज भी उतना ही प्रासंगिक है। अन्तर सिर्फ इतना है कि सचिवों तथा बड़े अधिकारियों के बच्चे आजकल उच्च शिक्षा के लिए अमेरिका जाना पसन्द करने लगे हैं।

भारतीय प्रशासनिक सेवा (आई॰ए॰एस॰) एवं भारतीय पुलिस सेवा (आई॰पी॰एस॰) पर उसी दिन संसद में बोलते हुए डॉ॰ अम्बेडकर ने कहा था, "सन् 1952 से आज तक क्या किसी आई॰ए॰एस॰ की भर्ती की गयी है? मैंने लोक सेवा आयोग द्वारा आज तक किसी भी दलित लड़के को आई॰ए॰एस॰ अधिकारी चुनते नहीं देखा है। न ही मैंने किसी दलित लड़के को आई॰पी॰एस॰ अधिकारी चुनते हुए देखा है। पिछले साल ही मैंने लोक सेवा आयोग से इस हेतु गहन विवाद किया। तब जाकर एक दलित लड़का आई॰पी॰एस॰ चुना जा सका।"

कार्यपालिका की सेवा तथा प्रशासनिक सेवा के बीच के अन्तर को स्पष्ट करते हुए डॉ॰ अम्बेडकर ने कहा था, "कार्यपालिका की सेवा तथा प्रशासनिक सेवा में अन्तर है। प्रशासनिक सेवा बाबू की नौकरी है, जबकि कार्यपालिका की सेवा में निर्देश देने की शक्ति निहित होती है। यह अधिकारी वर्ग की सेवा होती है। एक कार्यपालिका के अधिकारी के सामने दो हजार बाबुओं की भी कोई कीमत नहीं होती। हिन्दी में हम इसे 'मारने की जगह' कहते हैं। ये बेचारे बाबू क्या हैं? ये बेचारे हमेशा अभावों में जीते हैं लेकिन आप उत्तर प्रदेश में एक भी ऐसा नहीं पाएंगे। अभावों का जीवन तो मराठियों से भरा हुआ है।"

डॉ॰ अम्बेडकर ने आगे जोड़ा, "ये कार्यपालिका के पद ऐसे होते हैं, जिन पर रहकर निर्देश दिए जा सकते हैं। बाबू को सभी प्रकार के संरक्षणों की आवश्यकता होती है। एक अधिकारी उसकी चरित्र पंजिका पर प्रतिकूल प्रविष्टि करके उसे तबाह कर सकता है या यह कह सकता है कि वह व्यक्ति अच्छा

नहीं है। इससे बचने का एक ही तरीका है कि कार्यपालिका की सेवा में कोई ऐसा व्यक्ति हो, जो उसके हितों की रक्षा कर सके और उसके साथ अन्याय न होने दे। यदि कार्यपालिका का अधिकारी संवेदनहीन या शत्रुवत् है, तो कितनी ही अच्छी नीति क्यों न बनाई जाए, वह व्यर्थ ही सिद्ध होगी। सम्पूर्ण प्रशासन पर आज सवर्णों का ही प्रभुत्व है। इनका अनुसूचित जाति के लोगों के प्रति व्यवहार अत्यन्त क्रूर एवं संवेदनहीन होता है। जब तक कार्यपालिका के अधिकारी अनुसूचित जातियों के प्रति संवेदनशील नहीं होंगे, तब तक कोई भी कानून या कोई भी प्रशासनिक नीति कोई सार्थक परिणाम नहीं दे सकेगी।"

आर्थिक मुक्ति

अनुसूचित जातियों एवं अनुसूचित जातियों पर आयुक्त की तीसरी रिपोर्ट पर संसद में बोलते हुए डॉ० अम्बेडकर ने कहा था, "अनुसूचित जातियों की आर्थिक मुक्ति इस पर निर्भर करेगी कि उन्हें लाभदायक रोजगार के अवसर दिए जाते हैं या नहीं। जब तक उनके लिए लाभकर अवसरों के द्वार नहीं खोले जाएंगे, तब तक उनकी आर्थिक मुक्ति की बात बेमानी होगी। वे गुलाम बने रहेंगे, गुलाम नहीं बने तो भी वे गाँवों के भू-स्वामियों के खेत जोतते रहेंगे। लाभकर अवसरों में एक यह हो सकता है कि अनुसूचित जातियों को भूमि दे दी जाए। उन्हें भूमि का कब्जा दिलाया जाना चाहिए, ताकि वे बिना भयभीत हुए सिर ऊँचा करके साहसपूर्वक अपनी जीविका चला सकें। सरकार कानून बनाकर उन लोगों पर लगाम लगा सकती है, जो भूमि के एक बड़े हिस्से पर कब्जा किए हुए हैं। उनसे यह जमीन छीनकर अनुसूचित जाति के लोगों को दी जा सकती है। दूसरे, यदि इसे खरीदना हो, तो सरकार जमीन खरीदने के लिए अनुसूचित जाति के लोगों की आर्थिक मदद कर सकती है।"

डॉ० अम्बेडकर ने आगे कहा, "भारत में भू-स्वामी होना केवल आर्थिक आजीविका से ही नहीं जुड़ा हुआ है। यह सामाजिक प्रतिष्ठा का भी प्रतीक है। एक भू-स्वामी को एक भूमिहीन की तुलना में कहीं अधिक सामाजिक प्रतिष्ठा प्राप्त होती है। गाँवों में आर्थिक सम्पन्नता प्रत्येक व्यक्ति के लिए सर्वोपरि है। और कोई भी हिन्दू यह नहीं चाहेगा कि एक अस्पृश्य के पास जमीन का कोई टुकड़ा हो ताकि वह उसी सामाजिक प्रतिष्ठा तक पहुँच सके, जिन पर समाज में सिर्फ उसका हक है। सरकार ने केवल चुनाव जीतने के लालच में किसानों को भूस्वामी बनाकर भारी गलती की है।"

अम्बेडकर ने आगे कहा, "किसानों को भू-स्वामी बना देने से यह देश पूरी तरह से तबाह हो जाएगा। यद्यपि मैं कम्युनिस्ट नहीं हूँ फिर भी मैं चाहता हूँ

कि भारत में रूस की भाँति सामूहिक खेती होनी चाहिए। यह एकमात्र उपाय है, जिससे हम कृषि की समस्या का निराकरण कर सकते हैं।"

अम्बेडकर ने सरकार को सुझाव देते हुए कहा, "आप कब तक दलितों को मूर्ख बनाते रहेंगे और यह सब्ज़बाग उन्हें दिखाते रहेंगे कि शान्त रहिए हम आपको भूमि का टुकड़ा देने जा रहे हैं या हम सीलिंग लागू करने जा रहे हैं या हम भूमि खरीदने में आपको आर्थिक मदद देने जा रहे हैं। 'हम यह करने जा रहे हैं' या 'वह करने जा रहे हैं' कहकर आप हम लोगों को बहुत बेवकूफ बना चुके। अब हमें बेवकूफ बनाने का कोई और तरीका ढूँढिए। यह एक ऐसी समस्या है, जिसे आपको दूर करना ही होगा और यदि आप इस समस्या का हल नहीं ढूँढ पाते हैं, तो आपको मालूम है कि क्या होने वाला है। बहुत बुरा होने वाला है। बाहर आग भड़की हुई है और दलित झण्डे उठाकर घरों से बाहर निकल सकते हैं और तब आप और आपका संविधान कुछ भी शेष नहीं बचेगा।"

गाँधी ट्रस्ट फ़ण्ड

6 सितम्बर, सन् 1954 को डॉ॰ अम्बेडकर ने संसद में कहा था, "मिस्टर गाँधी की स्मृति में नमक पर कर को खत्म किया जा रहा है। मैं उनका सम्मान करता हूँ और आपको सुझाव देना चाहता हूँ कि इस कर को लगाते रहिए और इससे मिस्टर गाँधी के नाम पर 'गाँधी ट्रस्ट फ़ण्ड' बनाइए। यह फ़ण्ड दलितों के उत्थान हेतु खर्च किया जाना चाहिए। क्योंकि आखिरकार दलित और अस्पृश्य गाँधी जी के दिल के सर्वाधिक निकट थे और निश्चय ही गाँधी जी इस कार्यक्रम को स्वर्ग से आशीर्वाद देंगे। इसका इस्तेमाल खाली पड़ी भूमि पर दलितों को बसाने में भी किया जा सकता है। इससे गाँधी जी की भी स्मृति अक्षुण्ण रहेगी और उन लोगों को भी राहत मिल सकेगी, जिन्हें गाँधी जी ऊपर उठाना चाहते थे।"

दूसरी राजधानी की आवश्यकता

भारत में दो राजधानियों के होने की वकालत करते हुए डॉ॰ अम्बेडकर ने कहा था–

> "ब्रिटिशों के भारत से जाने के बाद भारत के पास केवल एक राजधानी है, जो दिल्ली है। अंग्रेज़ों से पहले हमेशा से भारत की दो राजधानियाँ रही हैं। मुगल काल में भारत की पहली राजधानी दिल्ली तथा कश्मीर में श्रीनगर दूसरी राजधानी हुआ करती थी। जब अंग्रेज़ आए, तो उन्होंने भी दो राजधानियाँ बनायीं। पहली कलकत्ता थी और

दूसरी शिमला थी। जब उन्होंने कलकत्ता के बजाए दिल्ली को राजधानी बनाया, तो भी उन्होंने शिमला को ग्रीष्मकालीन राजधानी बनाए रखा। यहाँ की जलवायुविक स्थितियों के कारण ही अंग्रेज़ों और मुग़लों ने दो राजधानियाँ बनायी थीं। न तो अंग्रेज़ और न ही मुग़ल पूरे बारह महीनों तक लगातार दिल्ली या कलकत्ता में रह सकते थे। दिल्ली के गर्मी के महीने मुग़लों के लिए काटने मुश्किल थे। इसी कारण उन्होंने श्रीनगर को गर्मी के महीनों के लिए दूसरी राजधानी बनाया। इसी प्रकार अंग्रेज़ों के लिए कलकत्ता की गर्मी भी सहन करने योग्य नहीं थी। इसीलिए उन्होंने भी दो राजधानियाँ स्थापित कीं। इन जलवायुविक परिस्थितियों के अलावा तीन अन्य स्थितियाँ भी अब देखी जा सकती हैं। मुग़लों तथा अंग्रेज़ों के शासनकाल में लोकप्रिय सरकार जैसी कोई चीज़ नहीं थी। अब हमारे पास लोकप्रिय सरकार है तथा जनता की सुविधाओं का ध्यान रखना हमारा प्रथम दायित्व है। दक्षिण भारत के लोगों के लिए दिल्ली आना अत्यन्त असुविधाजनक है। वे यहाँ की दूरी तथा ठण्ड दोनों से परेशान होते हैं। यहाँ तक कि उत्तरी भारत के लोगों को भी यहाँ की गर्मी से परेशानी होती है। वे शिकायत नहीं करते क्योंकि वे घर के नजदीक हैं तथा सत्ता की कुर्सी के बहुत पास हैं। दूसरी बात दक्षिण भारत के निवासियों की भावनाओं का ध्यान रखना है तथा तीसरी बात सुरक्षा की है। दक्षिण भारतीयों का सोचना है कि उनके देश की राजधानी उनसे बहुत दूर है तथा उत्तर भारत के लोग उन पर शासन कर रहे हैं। तीसरी बात निस्सन्देह अधिक महत्त्वपूर्ण है। वह यह है कि दिल्ली अभेद्य स्थान नहीं है। यह हमारे पड़ोसी देशों की बमवर्षा की सीमा में आसानी से आ सकती है। यद्यपि भारत अपने पड़ोसी देशों के साथ शान्ति के साथ रहने का प्रयास कर रहा है, परन्तु यह नहीं माना जा सकता कि भारत को कभी किसी देश के साथ युद्ध नहीं करना पड़ेगा और यदि ऐसी स्थिति आती है, तो भारत सरकार को दिल्ली छोड़नी पड़ेगी और अपना शासन चलाने के लिए किसी अन्य स्थान की खोज करनी पड़ेगी। वह कौन सा स्थान है, जहाँ भारत सरकार अपना शासन चलाने के लिए जा सकती है? एक बार कलकत्ता के विषय में भी सोचा जा सकता है, परन्तु कलकत्ता तिब्बत से बमवर्षा की जद में है। यद्यपि भारत और चीन आज अच्छे मित्र हैं, किन्तु कोई भी यह विश्वासपूर्वक नहीं कह सकता कि कब तक हमारे बीच यह

दोस्ती कायम रहेगी। इस स्थिति में भारत और चीन के बीच संघर्ष की सम्भावना विद्यमान है। ऐसे मौके पर कलकत्ता का राजधानी होना निरर्थक होगा। एक अन्य विकल्प के रूप में अगला शहर बम्बई को माना जा सकता है, लेकिन बम्बई एक बन्दरगाह है और हमारी भारत सरकार के बम्बई आ जाने पर हमारी नौसेना उसे सुरक्षा प्रदान कर पाने में अक्षम सिद्ध होगी। क्या कोई चौथी जगह भी इस बारे में सोची जा सकती है? मेरे विचार से हैदराबाद एक ऐसा ही स्थान हो सकता है। हैदराबाद, सिकन्दराबाद तथा बोलराम को मुख्य आयुक्त के प्रान्तों में परिवर्तित किया जा सकता है तथा भारत की दूसरी राजधानी बनाया जा सकता है। हैदराबाद भारत की दूसरी राजधानी बनने की सभी शर्तें पूरी करता है। हैदराबाद सभी राज्यों से समान दूरी पर है। सुरक्षा के दृष्टिकोण से यह शहर केन्द्र सरकार को पर्याप्त सुरक्षा देगा। यह भारत के सभी भागों से समान दूरी पर है। यह दक्षिण भारत के लोगों को इस बात का संतोष देगा कि उनकी सरकार कभी-कभी उनके साथ रहती है। सर्दियों के मौसम में सरकार दिल्ली में रहे तथा अन्य महीनों में यह हैदराबाद में रह सकती है। हैदराबाद के पास वे सभी सुविधाएँ हैं, जो दिल्ली में हैं तथा यह दिल्ली से कहीं बेहतर शहर है। इसमें दिल्ली की भाँति भव्यता भी है। यहाँ की इमारतें सस्ती हैं तथा वास्तव में ये दिल्ली की तुलना में कहीं अधिक सुन्दर हैं। इसलिए हैदराबाद, सिकन्दराबाद तथा बोलराम को भारत की दूसरी राजधानी बनाया जाना चाहिए। सौभाग्यवश यह कार्य बहुत सुगमतापूर्वक किया जा सकता है तथा इससे सम्पूर्ण दक्षिण भारत, महाराष्ट्र एवं आन्ध्र के लोगों को भी संतुष्टि मिलेगी।" (डॉ॰ बाबा साहब अम्बेडकर: राइटिंग्स एण्ड स्पीचेज़, खण्ड 1, पृ॰ 170-71)

डॉ॰ अम्बेडकर भारत के विभाजन से बहुत प्रसन्न थे। उन्होंने अपनी प्रसन्नता को निम्नांकित शब्दों में अभिव्यक्त किया है-

"मुझे प्रसन्नता है कि भारत पाकिस्तान से अलग हो गया। मैं पाकिस्तान के निर्माण का प्रबल समर्थक था। मैंने विभाजन की वकालत की थी क्योंकि मेरा मानना है कि केवल विभाजन से ही न सिर्फ हम स्वतन्त्र होंगे बल्कि मुक्त भी होंगे। अगर भारत और पाकिस्तान एक रहते, तो एक समय वह आता, जब हिन्दू स्वतन्त्र होने के बावजूद मुस्लिमों की दया पर आश्रित रहते। केवल स्वतन्त्र भारत हिन्दुओं की दृष्टि से एक

मुक्त भारत नहीं होता। यहाँ एक देश में दो राष्ट्रों की एक सरकार होती। हिन्दू महासभा और जनसंघ के होते हुए भी निस्सन्देह मुस्लिम ही यहाँ राज कर रहे होते। जब देश का विभाजन हो रहा था, तब मैंने सोचा था कि ईश्वर अपने शाप को वापस ले रहे हैं तथा वे भारत को अब एक महान तथा समृद्ध देश बनाएंगे, किन्तु मुझे भय है कि शाप दोबारा भी वापस आ सकता है क्योंकि मैं देख रहा हूँ कि जो भाषाई आधार पर राज्यों के गठन की वकालत कर रहे हैं, वे दिल से अपनी क्षेत्रीय भाषाओं को उन राज्यों की राजभाषा बनाना चाहते हैं। यह विचार अखण्ड भारत के आदर्श के लिए मौत की घण्टी के समान है। क्षेत्रीय भाषाओं को राजभाषाएँ बनाने से भारत को अखण्ड राष्ट्र बनाने और भारतीयों में पहले भारतीय होने की भावना जगाने की धारणा नष्ट हो जाएगी।"

(डॉ॰ बाबा साहब अम्बेडकरः राइटिंग्स एण्ड स्पीचेज़, खण्ड 1, पृ॰ 146)

डॉ॰ अम्बेडकर ने उत्तर भारत तथा दक्षिण भारत के विषय में निम्नलिखित विचार व्यक्त किए थे–

"उत्तर तथा दक्षिण के मध्य बड़ी भिन्नताएँ है। उत्तर परम्परावादी है, दक्षिण प्रगतिवादी है। उत्तर अंधविश्वासी है, दक्षिण तर्क से परिपूर्ण है। दक्षिण शिक्षा की दृष्टि से काफी आगे है, जबकि उत्तर शिक्षा की दृष्टि से पिछड़ा हुआ है। दक्षिण की संस्कृति आधुनिक है, उत्तर की संस्कृति पुरातन है।" डॉ॰ अम्बेडकर का सवाल था, किस प्रकार उत्तर का शासन दक्षिण को मान्य हो सकता है? पहले से ही इस बात के संकेत हैं कि दक्षिण उत्तर से टूटकर अलग होना चाहता है।"

डॉ॰ अम्बेडकर ने आगे कहा–

"श्री राजगोपालाचारी ने राज्य पुनर्गठन आयोग में एक वक्तव्य दिया है, जो 27 नवम्बर, 1950 के 'टाइम्स ऑफ इण्डिया' में प्रकाशित हुआ है। उन्होंने अपने वक्तव्य में यह कहा है–

"यदि राज्य पुनर्गठन की योजना को अगले 15 वर्षों तक के लिए ठण्डे बस्ते में डालना सम्भव न हो, तो एकमात्र विकल्प यह है कि केन्द्र सरकार ही एक एकल राज्य के रूप में पूरे भारत का संचालन करे तथा जिले के अधिकारियों एवं जिले के बोर्डों से सीधे सम्पर्क

> रखे, जिन पर क्षेत्रीय आयुक्तों का नियंत्रण हो। ड्राइंग रूम में बैठकर इतिहास के परिणामों को समझने और खींची गयी सीमाओं तथा अनुभागों के लिए लड़ने में राष्ट्र की ऊर्जा व्यय करना समय की बर्बादी होगी।"

राजगोपालाचारी ने आगे कहा, "मेरा दृढ़ विश्वास है कि देश के दक्षिणी हिस्से का राजनीतिक महत्त्व बरकरार रखने के लिए एक बड़े दक्षिणी राज्य का अस्तित्व में बने रहना अत्यन्त आवश्यक है। दक्षिण को तमिल, मलयालम तथा अन्य छोटे राज्यों में बाँटना प्रत्येक की महत्ता को पूर्णतः समाप्त करना होगा तथा इसका अन्तिम परिणाम यह होगा कि इससे भारत और अधिक निर्धन बनेगा।"

डॉ॰ अम्बेडकर ने कहा–

> श्री राजगोपालाचारी ने अपने सम्पूर्ण दृष्टिकोण को यहाँ पर अभिव्यक्त नहीं किया है। ऐसा उन्होंने मेरे समक्ष खुलकर प्रस्तुत किया था जब वे राष्ट्र के प्रधान थे तथा मैं संविधान का प्रारूप तैयार करते समय प्रभारी कानून मंत्री था। एक बार मैं मेरे नित्य के इण्टरव्यू के लिए राजगोपालाचारी के पास गया। ऐसे ही एक इण्टरव्यू में श्री राजगोपालाचारी ने संविधान सभा द्वारा तैयार किए जा रहे संविधान के विषय में अपने विचार रखे थे। उन्होंने उस समय मुझसे कहा था, "आप एक बड़ी गलती करने जा रहे हैं। सभी क्षेत्रों को समान प्रतिनिधित्व के साथ सम्पूर्ण भारत को एक संघ का विचार अनुचित है। ऐसे संघ में भारत का प्रधानमंत्री और राष्ट्रपति हमेशा हिन्दी भाषी क्षेत्र से ही होगा। आपको दो संघ बनाने चाहिए। एक उत्तर का संघ हो तथा एक दक्षिण का संघ हो एवं उत्तर तथा दक्षिण के संघों को मिलाकर महासंघ बने, जिसमें महासंघ के पास विधायन हेतु तीन विषय हों तथा दोनों संघों का समान प्रतिनिधित्व हो।"

डॉ॰ अम्बेडकर का इस पर अभिमत था–

> "ये श्री राजगोपालाचारी के वास्तविक विचार हैं। उनके ये विचार मेरे पास एक रहस्योद्घाटन के रूप में आए, जो उन्होंने एक कांग्रेसी के रूप में अपने दिल से निकाल कर रखे थे। अब मैं श्री राजगोपालाचारी को भारत के उत्तर तथा दक्षिण के रूप में दो टुकड़े करने की कोशिश करने वाले व्यक्ति के रूप में देखने लगा था।"

डॉ॰ अम्बेडकर ने चेतावनी दी थी–

> "यह नहीं भूलना चाहिए कि संयुक्त राज्य अमेरिका में उत्तर तथा दक्षिण के बीच एक गृहयुद्ध हुआ था। भारत में भी उत्तर तथा दक्षिण के बीच गृहयुद्ध हो सकता है। समय ऐसे संघर्ष के लिए ज़मीन तैयार करेगा। यह भी नहीं भूलना चाहिए कि उत्तर तथा दक्षिण के बीच बड़ी सांस्कृतिक भिन्नताएँ सुलगती तीली की भाँति हैं।"
>
> (डॉ॰ बाबा साहब अम्बेडकर: राइटिंग्स एण्ड स्पीचेज़, खण्ड 1, पृ॰ 149–50)

'राष्ट्र' की अवधारणा के विषय में डॉ॰ अम्बेडकर के विचार निम्नवत् हैं–"मुझे वे दिन याद हैं, जब भारत के राजनीतिक विचारक 'हम भारत के लोग' शब्दों से क्रुद्ध हो जाया करते थे। इसके स्थान पर वे 'भारत राष्ट्र' की बात कहना अधिक पसंद करते थे। मेरा मानना है कि हम एक राष्ट्र हैं, यह मानकर हम एक बड़े छल-छद्म की सृष्टि कर रहे हैं। कई हज़ार जातियों में बँटे हम लोग कैसे एक राष्ट्र हो सकते हैं? जितनी जल्दी हम यह समझ लें कि 'राष्ट्र' शब्द के सामाजिक तथा मनोवैज्ञानिक अर्थ की दृष्टि से हम अभी तक एक राष्ट्र नहीं बन पाए हैं, उतना ही अच्छा होगा। तभी हम एक राष्ट्र होने की आवश्यकता को महसूस कर सकेंगे तथा इस लक्ष्य को प्राप्त करने के रास्तों तथा तरीकों के विषय में गम्भीरतापूर्वक सोच सकेंगे। इस लक्ष्य को प्राप्त करना अत्यन्त कठिन कार्य है। भारत में यह अमेरिका में किए गए प्रयासों से कहीं अधिक कठिन है। ये जातियाँ राष्ट्र विरोधी हैं क्योंकि सर्वप्रथम ये सामाजिक जीवन में पृथकता लाती हैं। ये जातियों के बीच ईर्ष्या तथा दुर्भावना को जन्म देती हैं, परन्तु हमें इन सभी समस्याओं का सामना करना होगा तभी हम वास्तव में एक राष्ट्र बन सकेंगे। राष्ट्र होने की दशा में भाईचारा ही एकमात्र कारक होगा। भाईचारे के बग़ैर समानता तथा स्वतन्त्रता रंगों की परतों से अधिक गहरी नहीं होगी।"

यह अत्यन्त दुख की बात है कि आज़ादी मिलने के पैंसठ वर्षों के बाद भी लोगों के दिमाग से जातिवाद के दानव को निकालने के स्थान पर प्रशासनिक तथा राजनीतिक लाभ के लिए उनमें, विशेषकर युवाओं के मन में यह ज़हर बुरी तरह से भरा जा रहा है। डॉ॰ एस॰ राधाकृष्णन जैसे महान दार्शनिक जब भारत के राष्ट्रपति थे, तब उन्होंने कहा था, "आज जाति एक सामाजिक बुराई नहीं रह गयी है, बल्कि अब यह एक राजनीतिक तथा प्रशासनिक बुराई बन गयी है। हम वोट पाना चाहते हैं और हम उन्हीं लोगों को चुनाव में खड़ा करते हैं, जो वोटरों

के हिसाब से उपयुक्त होते हैं....... यह ज़रूरी है कि राजनीति को यथासम्भव इस प्रकार के दलदल से दूर रखा जाए।"

डॉ॰ नानी पालकीवाला ने कहा था, "उच्चतम न्यायालय ने मण्डल केस में बहुमत से फैसला दिया था कि जातिवाद के कोड़े को शाश्चत रूप से अस्तित्व में बनाए रखा जाए। उच्चतम न्यायालय के इस निर्णय के बाद श्री वी॰पी॰ सिंह ने कहा था कि इस निर्णय के बाद वे अब शान्ति से मर सकते हैं, किन्तु उनकी इस नीति ने यह सुनिश्चित किया कि देश शान्तिपूर्वक नहीं रहेगा। जातिवाद के विष वृक्ष को दोबारा लगाया जा रहा है, जो अब हमें एक हजार सालों तक कष्ट देता रहेगा, हरेक को इसके विषय में सोचना होगा।"

डॉ॰ अम्बेडकर का विश्वास था, "राष्ट्रीय तथा सामाजिक संस्था के रूप में जाति के विषय में कोई भी दृष्टिकोण अपनाया जाए, परन्तु इसकी उपेक्षा कर पाना सम्भव नहीं है और जब तक जाति किसी व्यक्ति की सरकारी अथवा सामाजिक पहचान के लिए प्रयुक्त की जाती रहेगी, तब तक यह दावा नहीं किया जा सकता है कि एक अवांछित संस्था को स्थाई बनाने में दशकीय गणना सहायक सिद्ध होती है।"

यहाँ 6 अक्तूबर, 1932 को बम्बई की विधानसभा में प्रकट किए गए डॉ॰ अम्बेडकर के विचारों को उद्धृत करना अप्रासंगिक न होगा, जिसमें उन्होंने कहा था–

> "यदि भारत राष्ट्रीयता की भावना जाग्रत करने में सफल नहीं हो पाया है, तो इसका एकमात्र कारण यहाँ की ग्रामीण व्यवस्था है। इससे यहाँ के सभी लोग स्थानीय विशिष्टता या स्थानीय देशभक्ति में उलझकर रह गए हैं। इससे अपेक्षाकृत वृहत् भावनाओं के लिए कोई जगह नहीं बची है। प्राचीन ग्राम पंचायतों के अन्तर्गत भारत एकता के सूत्र में बँधे लोगों के एक देश के स्थान पर ग्रामीण समुदायों का एक ढीला-ढाला पुंज बनकर रह गया है। इसमें एक शासक से जुड़ाव के अतिरिक्त अन्य कोई बंधन नहीं है। इन दिनों जब आप राष्ट्रीय भावना लाने के लिए प्रयास कर रहे हैं, जब आप एक समान राष्ट्रीय तथा एक जैसी भारतीय नागरिकता को स्थापित करने का प्रयास कर रहे हैं तो हमें ऐसा कोई काम नहीं करना चाहिए, जिससे इन प्रयासों को आघात पहुँचे।"

(डॉ॰ बाबा साहब अम्बेडकर: राइटिंग्स एण्ड स्पीचेज़,
खण्ड 1, पृ॰ 106)

डॉ॰ अम्बेडकर ने इस बात पर बल दिया था कि यदि ग्राम पंचायतें अस्तित्व में आती हैं, तो इनमें अल्पसंख्यकों के लिए विशेष प्रतिनिधित्व दिया जाना ज़रूरी है। इसी प्रकार इनमें किसी भी कीमत पर दलित जातियों के लिए विशेष प्रतिनिधित्व होना चाहिए। डॉ॰ अम्बेडकर ने कहा था, "इस सदन में एक ऐसा वर्ग है, जो एकदम से उछल पड़ेगा और कहेगा कि यह साम्प्रदायिकता है। मैं स्वीकार करता हूँ कि मेरी नीति साम्प्रदायिक है। मैं इससे शर्मिन्दा नहीं होता। मैं तो कहूँगा कि साम्प्रदायिकता के बग़ैर भारत राजनीतिक प्रगति के रास्ते पर आगे नहीं बढ़ सकता। साम्प्रदायिकता के बिना भारत में कोई अपनी सरकार नहीं हो सकती। यह वह बात है जिसे मैं चुनौती के भय के बग़ैर स्पष्ट रूप से कह सकता हूँ।" (डॉ॰ बाबा साहब अम्बेडकर राइटिंग्स एण्ड स्पीचेज़, खण्ड 1, पृ॰ 106-7)

संविधान को अंगीकार किये जाने से पूर्व अपने अन्तिम अभिभाषण में डॉ॰ अम्बेडकर ने कहा था–

> "विरोधाभासों की यह ज़िन्दगी हम कब तक जीते रहेंगे? कब तक हम अपने सामाजिक तथा आर्थिक जीवन में समानता की उपेक्षा करते रहेंगे? यदि हम लम्बे समय तक इसकी अनदेखी करेंगे, तो हम ऐसा अपने राजनीतिक लोकतंत्र की क्षति की कीमत पर ही करेंगे। हमें ज़ल्द से ज़ल्द इस विरोधाभास को दूर कर देना चाहिए अन्यथा असमानता के शिकार लोग उठ खड़े होंगे और राजनीतिक लोकतंत्र की उस संरचना को नष्ट कर देंगे, जिसे इस सभा ने अत्यन्त परिश्रम के साथ बनाया है।"

स्वतंत्रता के पश्चात भारत में बनी सभी सरकारों ने यह दावा किया है कि वे सामाजिक तथा आर्थिक लोकतंत्र लाने का प्रयास कर रही हैं, परन्तु परिणाम इतने उत्साहपूर्ण नहीं हैं। इस लक्ष्य की प्राप्ति हेतु हमें काफी आगे जाना है। इस लक्ष्य को प्राप्त करने के लिए सरकार की सहायता करने हेतु एक सरल रास्ता संविधान में दिया गया है। इसके अनुसार संविधान की मूल संरचना को क्षति पहुँचाए बग़ैर संविधान में संशोधन किए जा सकते हैं। यहाँ यह उल्लेखनीय है कि दुनिया के किसी भी संविधान में इतनी सरल प्रक्रिया नहीं है। केवल शासकों के पास इच्छाशक्ति होनी चाहिए।

संविधान संशोधन के विषय में डॉ॰ अम्बेडकर का दृष्टिकोण

डॉ॰ अम्बेडकर के कानून मंत्री होने तथा सांसद होने के दौरान संविधान में संशोधन हेतु ये बिल लाए गए थे–

संविधान (प्रथम संशोधन) बिल, 1951

उच्चतम न्यायालय के कुछ निर्णयों के फलस्वरूप प्रथम संशोधन की आवश्यकता थी। संसद में इस पर हुई चर्चा में बोलते हुए डॉ॰ अम्बेडकर ने कहा था, "मैंने उच्चतम न्यायालय द्वारा दिए गए इन दोनों निर्णयों को सावधानीपूर्वक पढ़ा है तथा माननीय उच्चतम न्यायालय के न्यायाधीशों के प्रति सम्मान के साथ मैं कहना चाहता हूँ कि मैं इन निर्णयों को अत्यन्त असन्तोषजनक पाता हूँ। ये निर्णय संविधान के अनुच्छेदों की भावना के अनुरूप नहीं हैं।" ऐसा उन्होंने कानून मंत्री पद से इस्तीफा देने से पहले कहा था।

इस बिल पर चर्चा के दौरान उच्चतम न्यायालय में न्यायाधीशों की नियुक्तियों तथा पदोन्नतियों का मामला भी उठा। पंडित ठाकुर दास भार्गव ने डॉ॰ अम्बेडकर से पूछा कि क्या वे एक अराष्ट्रीय व्यक्ति को भारत का प्रधान मंत्री बनाया जाना पसंद करेंगे। इस पर डॉ॰ अम्बेडकर का जवाब था, "हम अपवादस्वरूप इन चार मामलों पर चर्चा कर रहे हैं।" यदि कोई इस चर्चा की कार्रवाइयों पर ध्यानपूर्वक नज़र डाले तथा पंक्तियों को गहनतापूर्वक पढ़े तो यह निष्कर्ष स्वत: ही स्पष्ट हो जाएगा।

संविधान (तृतीय संशोधन) बिल, 1954

इस बिल पर बोलते हुए डॉ॰ अम्बेडकर ने कहा था, "अब मैं संविधान के इस संशोधन के विषय में सरकार के रुख पर रोशनी डालना चाहूँगा। अभी संविधान केवल चार वर्ष पुराना है और अभी तक यह परिपक्व नहीं हुआ है। इसके चार वर्ष सात माह के जीवन में संविधान का तीसरा संशोधन है। मुझे नहीं पता कि दुनिया के किसी भी संविधान को इतनी तेजी से संशोधित किया गया है और यदि मैं ऐसा कहता हूँ तो यह कार्य वर्तमान सरकार द्वारा जल्दबाजी में किया जा रहा है।"

डॉ॰ अम्बेडकर ने आगे कहा–

> "क्या हमारी सरकार इन आधारभूत नियमों को देख रही है? यह सच है कि हमारा संविधान अत्यधिक लचीला है। यह न तो अमेरिकी संविधान की तरह है और न ही यह आस्ट्रेलिया के संविधान जैसा ही है। संविधान तैयार करने वाले व्यक्ति इस तथ्य से भली-भाँति अवगत थे कि भविष्य में ऐसी परिस्थितियाँ आएंगी, जब संविधान में संशोधन किया जाना आवश्यक होगा और आप ज्वलंत सामाजिक समस्याओं को संविधान की बाध्यताओं के कारण स्थगित नहीं रख सकते। इसी कारण

यह प्रस्ताव किया गया कि अनुच्छेद 368 में उल्लिखित प्रावधान यथेष्ट हैं...। किन्तु मेरे मन में किंचित भी संदेह नहीं है कि जिन्हें संविधान के प्रारूप से कोई लेना-देना नहीं है, उन्होंने भी यह कभी नहीं सोचा होगा कि सरकार मतदाताओं को सूचित किए बग़ैर अत्यन्त जल्दबाजी में संविधान में संशोधन करने लगेगी। मैं मानता हूँ कि मतदाताओं को सूचना देना राजनीतिक जीवन तथा पार्टी के जीवन का सामान्य सिद्धांत है। प्रत्येक पार्टी को कुछ कार्य करने के लिए जनादेश मिलता है। जनादेश के बग़ैर एक पार्टी कुछ भी नहीं कर सकती। आप मतदाताओं को धोखे में नहीं रख सकते तथा आप निर्वाचित होकर आए हैं और आपके पास संविधान को संशोधित करने का पूरा अधिकार है, आप यह नहीं सोच सकते। यही वह कार्य है, जो हमारी सरकार कर रही है। मात्र इसलिए क्योंकि उनके पास बहुमत है और वे सोचते हैं कि उनके पास न सिर्फ, किसी भी उस कानून को बनाने की ताकत है, जिसके माध्यम से वे सत्ता प्राप्त कर चुके हैं, बल्कि मात्र निर्वाचित हो जाने से ही वे संविधान को बदलने की ताकत भी रखते हैं। उन्हें अब अपने कृत्यों के विषय में जनता को सूचित करने की भी आवश्यकता नहीं रह गयी है, यहाँ तक कि उन्हें संविधान का संशोधन करते समय भी किसी को सूचित करने की ज़रूरत नहीं है। क्या संविधान किसी साधारण कानून से किसी भी प्रकार भिन्न नहीं है? क्या यह एक कागज़ का टुकड़ा मात्र है, जो किसी व्यक्ति के चाहने मात्र से संशोधित किया जा सकता है? मराठी में एक कहावत है, जिसमें हम कहते हैं कि यदि कोई बूढ़ी स्त्री मरती है तो इससे अधिक प्रभाव नहीं पड़ता, मगर हमें डर लगने लगता है कि कहीं यम देवता बार-बार यहाँ आने के आदी न हो जाएँ और हम यम देव का बार-बार आना रोकना चाहने लगते हैं। इससे कोई फ़र्क नहीं पड़ता कि बूढ़ी महिला मरी है या यम देव उसे झपट्टा मार कर ले गए हैं। यही यह बात है, जो यहाँ पर हो रही है तथा मैं यह देख रहा हूँ कि सरकार के मन में संविधान के लिए बहुत कम सम्मान शेष बचा है तथा उसमें संविधान की अवमानना करने का भाव जाग्रत होता जा रहा है।"

संविधान (चतुर्थ संशोधन) बिल, 1954

संविधान (चतुर्थ संशोधन) बिल, 1954 पर बोलते हुए डॉ॰ अम्बेडकर ने कहा था–

"मुझे नहीं लगता कि सरकार को किसी बात की कोई परवाह है। मैं वही चेतावनी दोबारा देना चाहता हूँ और कुछ वजहें बताना चाहता हूँ कि क्यों संविधान को बार-बार संशोधित नहीं किया जाना चाहिए और इससे बेवजह छेड़-छाड़ किया जाना बन्द किया जाना चाहिए। इसी कारण मैं कहता हूँ कि संविधान को इतने हल्के ढंग से तथा बार-बार नहीं सुधारा जाना चाहिए। मैं नहीं जानता कि सरकार मेरी बात सुनेगी, शायद नहीं सुनेगी।"

डॉ॰ अम्बेडकर ने आगे कहा–

दूसरे देशों में यदि न्यायपालिका सरकार की इच्छा के विपरीत संविधान के किसी खण्ड का अभिप्राय निकालती है, तो सरकार को उससे सहमत होना पड़ता है। वहाँ सरकारें अदालतों के निर्णयों को नहीं उलटतीं। यहाँ हमारे देश में हमने एक अलग किस्म की मानसिकता विकसित कर ली है। हमारी मानसिकता है कि यदि उच्चतम न्यायालय के न्यायाधीश हमारी इच्छा के अनुरूप निर्णय नहीं देते हैं, तो हम उन्हें हटा सकते हैं। यही वह बात है। इसके मुकाबले मुझे अपने उच्चतम न्यायालय के व्यवहार से प्रसन्नता होती है। अपने अस्तित्व में आने के थोड़े से समय में ही उच्चतम न्यायालय के अनेक दौर मुझे दिखाई दिए हैं। मुझे याद है कि अपनी शक्ति की पहली चमक दिखाते हुए उच्चतम न्यायालय ने यह घोषित किया अथवा यह घोषित करने का साहस किया कि भारतीय दण्ड संहिता का कुछ अंश दोषपूर्ण है। हमारी सरकार इससे तुरन्त क्षुब्ध हो गयी और वह एक संशोधन ले आयी कि न्यायपालिका की यह टिप्पणी गलत थी। मुझे आशा है कि सरकार द्वारा लगातार किए जा रहे संविधान संशोधनों के बावजूद उच्चतम न्यायालय अपने निष्पक्ष निर्णय देता रहेगा और उसे सरकार के कहे की चिंता नहीं होगी। मुझे नहीं लगता कि कोई भी व्यक्ति यह कहेगा कि उच्चतम न्यायालय ने कोई निर्णय संविधान की मूल भावना के विरुद्ध दिया है।

'भू-स्वामित्व' पर अपने अभिभाषण में डॉ॰ अम्बेडकर ने कहा था–

"सरकार संविधान में संशोधन करने जा रही है। उसे संविधान को संशोधित करने का चस्का लग गया है। यदि आप संविधान को हर शनिवार संशोधित करेंगे तो ऐसे संविधान का क्या मतलब है?"

यह अत्यन्त आश्चर्य की बात है कि 26 जनवरी, 1950 में इसके प्रारम्भ से मई 2000 तक 50 वर्षों में संविधान को 81 बार संशोधित किया जा चुका था।

यह उल्लेखनीय है कि आस्ट्रेलिया ने विगत 79 वर्षों में संविधान में परिवर्तन के 32 प्रस्तावों में से केवल 5 को ही अनुमोदित किया है। 1973 के अन्त में आस्ट्रेलिया की संसद ने संविधान संशोधन के दो प्रस्ताव बहुमत से पारित किए परन्तु आस्ट्रेलिया के प्रत्येक राज्य के लोगों ने इन प्रस्तावों को उतने ही मज़बूत बहुमत से ठुकरा दिया। बेल्जियम जैसे छोटे देश को भी अपने देश के आधारभूत कानूनों को संशोधित करने में 12 वर्ष (1967-78) लगे।

अमेरिका का संविधान आधारभूत संरचना में परिवर्तन किए बगैर विगत 250 वर्षों से अस्तित्व में है। इसमें कुछ विषयों जैसे महिला मताधिकार, नीग्रो मताधिकार, मद्य निषेध आदि के लिए संशोधन किए गए, परन्तु नागरिक स्वतन्त्रता तथा संविधान की आधारभूत संरचना को कभी नहीं छुआ गया है, न ही इसे छूने का दुस्साहस किसी ने किया। यदि कोई राजनीतिक दल अमेरिका में लोगों के मूलभूत अधिकारों के साथ छेड़-छाड़ करने का प्रयास करेगा, तो वह नष्ट हो जाएगा।

डॉ॰ अम्बेडकर ने ज़ोर देकर कहा था–

> "जो व्यक्ति संविधान से सन्तुष्ट नहीं हैं, उन्हें मात्र दो-तिहाई बहुमत लाने की आवश्यकता है और यदि वे वयस्क मताधिकार के आधार पर दो-तिहाई बहुमत नहीं ला पा रहे हैं, तो यह माना जाएगा कि संविधान के प्रति उनकी असन्तुष्टि को साधारण जनता का समर्थन हासिल नहीं है।"

अपने इस अध्याय को विराम देने से पूर्व हम विद्वत बुद्धिजीवियों के विषय में डॉ॰ अम्बेडकर द्वारा व्यक्त किए गए विचारों को उद्धृत करना चाहेंगे, जिसमें उन्होंने कहा था–

> "प्रत्येक देश में बुद्धिजीवी वर्ग यदि सत्ता में नहीं है तो भी सर्वाधिक प्रभावशाली वर्ग है। बुद्धिजीवी वह वर्ग है जो भविष्यदृष्टा होता है, जो सुझाव दे सकता है तथा नेतृत्व प्रदान कर सकता है। कोई भी ऐसा देश नहीं है, जहाँ पर कुछ लोगों का समूह होता है तथा वह बुद्धिजीवी वर्ग का प्रतिनिधित्व करता है। यह कहना अतिशयोक्ति नहीं होगी कि एक देश की सम्पूर्ण नियति उसके बुद्धिजीवी वर्ग पर निर्भर होती है। यदि बुद्धिजीवी वर्ग ईमानदार है, स्वतन्त्र है तथा निष्पक्ष है तो इसके

द्वारा उठाए गए कदमों पर विश्वास किया जा सकता है किसी समस्या के उपस्थित होने पर उसे नेतृत्व प्रदान करने हेतु कहा जा सकता है। यह सत्य है कि विद्वता स्वयं में कोई गुण नहीं है। यह बुद्धिजीवी वर्ग द्वारा इस्तेमाल किए गए तौर-तरीकों अथवा उन तरीकों के प्रयोग में निहित है, जिनसे सफलता पाई जाती है। एक बुद्धिजीवी व्यक्ति एक अच्छा व्यक्ति हो सकता है, किन्तु वह आसानी से एक धूर्त व्यक्ति में भी परिवर्तित हो सकता है। इसी प्रकार एक बुद्धिजीवी वर्ग ऐसी उच्च कोटि की आत्माओं का समूह हो सकता है, जो सहायता करने को सदैव तैयार रहते हों, मानवता के कष्टों को दूर करने को उद्धत रहते हों अथवा वे सरलतापूर्वक ठगों के गैंग हो सकते हैं या संकीर्ण विचारों के लोगों का गुट हो सकते हैं, जिनसे उन्हें समर्थन मिलता हो।"

(डॉ॰ बाबा साहेब अम्बेडकर: राइटिंग्स ऍण्ड स्पीचेज, खण्ड-1, पृ॰ 71)

आज देश मुश्किल दौर से गुजर रहा है। फिर भी हमें पूर्ण विश्वास है कि विश्वास, दृष्टि तथा साहस से परिपूर्ण बुद्धिजीवी जन देश को उन्नति के पथ पर ले चलेंगे तथा देश कल्याण के पावन पथ पर सर्वदा अग्रसर होता रहेगा।

अन्त में हमें महान डॉ॰ कन्हैया लाल माणिकलाल मुंशी की भारत के विषय में कही गयी बात याद आ रही है, जिसे हम नीचे उद्धृत कर रहे हैं–

"भारत अध्यात्म की मातृभूमि है। राजनीतिक परिवर्तन तथा आर्थिक सामंजस्य गुजर जाने वाली घटनाएँ हैं। जो स्थाई मूल्य तथा सन्तोष की बात है, वह यह है कि भारत समस्याओं के बावजूद सदैव आगे बढ़ता रहेगा और मानवता को आत्म-विश्वास, अनुशासन तथा समर्पण की भावना से आगे बढ़ने को प्रेरित करता रहेगा।"

(शेषराव चव्हाण एवं पुनीत बिसारिया, भारतीय संविधान के निर्माता: मिथक और यथार्थ, एटलांटिक पब्लिशर्स, नई दिल्ली, पृ॰ सं॰ 14-25)

परिशिष्ट

त्यागपत्र देते समय डॉ॰ अम्बेडकर का बयान

"मुझे विश्वास है कि सदन औपचारिक अथवा अनौपचारिक तौर पर यह बात अवश्य जानता होगा कि अब मैं कैबिनेट का सदस्य नहीं रह गया हूँ। 27 सितम्बर को मैंने अपना त्यागपत्र प्रधानमंत्री जी के पास भेज दिया था तथा उनसे अनुरोध किया था कि वे तत्काल मुझे पद मुक्त कर दें। प्रधानमंत्री ने अगले ही दिन मेरा त्यागपत्र स्वीकार कर लिया। यदि 28 तारीख अर्थात् शुक्रवार के बाद भी मैं मंत्री पद पर हूँ, तो ऐसा केवल इसलिए है क्योंकि प्रधानमंत्री जी ने मुझसे अनुरोध किया है कि मैं संसद के इस सत्र के समापन तक इस पद पर कार्य करूँ। यह एक ऐसा अनुरोध है, जिसे मैं संवैधानिक परम्पराओं के प्रति सम्मान व्यक्त करते हुए स्वीकार करने को बाध्य हूँ।

हमारे नियमों के अनुसार एक मंत्री यदि अपने पद से त्यागपत्र देता है, तो वह अपने त्यागपत्र के विषय में अपने व्यक्तिगत विचार रख सकता है। मेरे मंत्री पद के कार्यकाल के दौरान भी अनेक मंत्रियों ने त्यागपत्र दिए थे, लेकिन ऐसी कोई परम्परा नहीं है कि सभी मंत्री त्यागपत्र देते हुए उसके कारणों की चर्चा अवश्य करें। कुछ दिनों से मैं पशोपेश में था कि मुझे क्या करना चाहिए। सभी परिस्थितियों को मद्देनज़र रखते हुए मैं इस निष्कर्ष पर पहुँचा कि बयान दे देना आवश्यक ही नहीं है, बल्कि यह एक ऐसा कर्त्तव्य है, जिसे त्यागपत्र देने वाले प्रत्येक मंत्री को सदन के समक्ष अपना बयान देकर निभाना चाहिए।

सदन यह कभी नहीं जान पाता कि कैबिनेट के भीतर कैसे कार्य होता है और कैबिनेट के सदस्यों के बीच आपसी सौहार्द्र है या नहीं क्योंकि कैबिनेट के सभी सदस्यों की यह संयुक्त जवाबदेही होती है कि वे अपने मतभेद जाहिर न करें। परिणामतः सदन यह समझता रहता है कि कैबिनेट के सदस्यों के बीच कोई मतभेद नहीं है, जबकि कैबिनेट में भारी मतभेद होते हैं। इसलिए त्यागपत्र देने वाले मंत्री की यह जिम्मेदारी है कि वह सदन को बताए कि वह क्यों जाना चाहता है और क्यों आगे से संयुक्त जवाबदेही स्वीकारने को तैयार नहीं है।

दूसरे, यदि कोई मंत्री अपने त्यागपत्र के कारणों का खुलासा किए बग़ैर जाता है, तो लोगों को उस मंत्री के आचरण के विषय में संदेह होगा। कोई भी मंत्री यह कदापि नहीं चाहेगा कि लोग उसके बारे में शंका करें और इसका सबसे सुरक्षित तरीका यही है कि वह बयान जारी करे।

तीसरे, हम सभी के अपने-अपने समाचार पत्र हैं, जो किसी के पक्ष या किसी के विपक्ष में खबरें छापते रहते हैं। गुण-दोष के आधार पर शायद ही कभी ये कुछ लिखते हों। जहाँ कहीं उन्हें कुछ 'खबर' दिखती है, ये अपने पक्ष को सकारात्मक दिखाते हुए तथा विपक्ष को नकारात्मक दिखाते हुए खबर छाप दिया करते हैं। ऐसा ही कुछ मैंने अपने मामले में भी घटित होते हुए देखा है। यही कारण है कि मुझे आपके सामने बयान देने को विवश होना पड़ा है।

चार साल, एक माह और छब्बीस दिन पहले प्रधानमंत्री जी ने मुझसे अपनी कैबिनेट में कानून मंत्री के रूप में शामिल होने को कहा था। यह प्रस्ताव मुझे अत्यन्त आश्चर्यजनक लगा था। मैं विरोधी पक्ष में था और अगस्त सन् 1946 में अन्तरिम सरकार के गठन होने से ही इसमें शामिल होने के अयोग्य ठहराया जाता रहा था। मैं अनुमान लगा रहा था कि वे कौन सी परिस्थितियाँ हैं, जिनकी वजह से प्रधानमंत्री जी का मेरे प्रति दृष्टिकोण बदल गया है। मेरे अपने संदेह थे। मैं नहीं जानता था कि जो लोग कभी भी मेरे मित्र नहीं रहे हैं, उनके साथ मैं कैसे चल सकूँगा। मुझे इस बात का भी सन्देह था कि मैं भारत सरकार के प्रतिभाशाली पूर्ववर्ती कानून मंत्रियों की महान परम्परा को आगे बढ़ा सकूँगा या नहीं। लेकिन अपने सभी संदेहों को परे रखते हुए मैंने इस आधार पर प्रधानमंत्री के प्रस्ताव को स्वीकार कर लिया कि जिस समय हमारे राष्ट्र के निर्माण के लिए मुझे पुकारा जा रहा है, उस समय मुझे सहयोग के लिए मना नहीं करना चाहिए। कैबिनेट के एक सदस्य के रूप में तथा कानून मंत्री के रूप में मेरा कार्यकाल कैसा रहा, इसका निर्णय मैं दूसरों पर छोड़ता हूँ।

मैं उन कारणों की तहों में नहीं जाऊँगा, जिनकी वजह से मेरे सहयोगियों के साथ मेरे सम्बन्ध कटु हुए। लम्बे समय से और कई कारणों की वजह से मैं त्यागपत्र देना चाहता था। सर्वप्रथम मैं उन कारणों की चर्चा करूँगा, जो व्यक्तिगत रहे हैं और मेरे त्यागपत्र देने में इन कारणों का बहुत कम योगदान रहा है। वायसरॉय की काउंसिल का एक सदस्य रह चुकने के बाद मैं कानून मंत्रालय के प्रशासनिक दृष्टि से महत्त्वहीन पद होने को भली-भाँति समझता था। भारत सरकार की नीतियों के निर्माण में इसकी कोई भूमिका नहीं होती। हम अक्सर हँसी में इसे ऐसी खाली साबुनदानी कहते थे, जो वकीलों के खेलने

के काम आती है? जब प्रधानमंत्री जी ने मुझे इसका प्रस्ताव दिया, तो मैंने उन्हें बताया कि मैं वायसरॉय की पुरानी काउंसिल में अपने अनुभव एवं शिक्षा के कारण दो महत्त्वपूर्ण विभाग श्रम तथा लोक निर्माण विभाग सँभाल चुका हूँ और वहाँ रहकर मैंने अनेक परियोजनाएँ तैयार की थीं, इसलिए कृपया मुझे कोई प्रशासनिक मंत्रालय देने का कष्ट करें। प्रधानमंत्री मेरी बात से सहमत थे और उन्होंने कहा कि वे कानून मंत्रालय के अलावा योजना विभाग भी मुझे देंगे, जो वे शीघ्र ही सृजित करने जा रहे हैं। दुर्भाग्यवश योजना विभाग बहुत देर से सृजित हुआ। अब जबकि वह सृजित किया जा चुका है, तो मैं बाहर जा रहा हूँ। मेरे कार्यकाल के दौरान मंत्रियों के विभागों में कई बार बदलाव किए गए। मैं सोचता था कि कभी मेरे बारे में भी विचार किया जाएगा, लेकिन हर बार मुझे छोड़ दिया जाता रहा। कई मंत्रियों को दो या तीन मंत्रालय दिए गए जिससे उन पर काम का काफी बोझ डाल दिया गया। मेरे जैसे दूसरे लोग काम की तलाश में बैठे रह गए। जिस समय कोई मंत्री कुछ दिनों के लिए विदेश जाता था, उस समय भी अस्थाई रूप से उसका कार्यभार सँभालने हेतु मुझे उपयुक्त नहीं समझा गया। मेरे लिए यह समझ पाना कठिन है कि प्रधानमंत्री जी अपने मंत्रियों के बीच कार्यों का बँटवारा करते समय किन नियमों का आधार लेते हैं। क्या यह क्षमता है? क्या यह मित्रता है? क्या यह लचीला होना है? मुझे विदेश मंत्रालय या रक्षा मंत्रालय जैसे महत्त्वपूर्ण मंत्रालयों की समितियों का सदस्य तक नहीं बनाया गया। जब आर्थिक मंत्रालय की समिति का गठन किया जा रहा था, तो उस समय मैं सोच रहा था कि चूँकि मैं अर्थशास्त्र और वित्त का विद्यार्थी रहा हूँ, इसलिए मुझे इस समिति में अवश्य रखा जाएगा, लेकिन इसमें भी मुझे नहीं रखा गया। जब प्रधानमंत्री इंग्लैण्ड गए हुए थे, तब कैबिनेट द्वारा मुझे इसमें रखा गया। लेकिन जब वे वापस आए तो उसके बाद हुए कैबिनेट के कई विस्तारों में उन्होंने मुझे बाहर ही रहने दिया। बाद में मेरे मुखर विरोध के बाद मुझे एक समिति में शामिल किया गया।

मुझे विश्वास है कि प्रधानमंत्री जी मेरी इस बात से सहमत होंगे कि मैंने इस सम्बन्ध में कभी भी उनसे कोई शिकायत नहीं की है। मैं कैबिनेट के भीतर सत्ता पर वर्चस्व की राजनीति के खेल में कभी भी किसी के पक्ष में नहीं रहा हूँ और कोई पद खाली होने पर मैं उसे छीनने के खेल में भी शामिल नहीं रहा हूँ। मैं सेवा करने में विश्वास करता हूँ। प्रधानमंत्री जी ने मुझे जिस सेवा के लिए उपयुक्त समझा है, उसे मैं पूर्ण निष्ठा के साथ करने में विश्वास रखता हूँ।

इसलिए मेरे लिए यह महसूस न करना अमानवीय होगा कि मेरे साथ कुछ न कुछ गलत अवश्य हो रहा था।

मैं अब एक दूसरे विषय की चर्चा करना चाहूँगा, जिसके कारण मैं सरकार से असन्तुष्ट हूँ। यह पिछड़ों एवं अनुसूचित जातियों के साथ हो रहे वर्ताव के सम्बन्ध में है। मुझे इस बात का बेहद खेद है कि संविधान में पिछड़े वर्गों के संरक्षण के लिए प्रावधान नहीं किए गए हैं। इसे राष्ट्रपति द्वारा नियुक्त आयोग की सिफारिशों के आधार पर सरकार द्वारा फैसला लेने के लिए छोड़ दिया गया है। संविधान को पारित हुए एक साल से अधिक समय बीत चुका है। लेकिन सरकार ने अभी तक आयोग का गठन तक नहीं किया है। सन् 1946 में जब मैं पद पर नहीं था, उस समय मेरे तथा अनुसूचित जातियों के बड़े नेताओं के मन में इसके प्रति गहरी उत्सुकता थी। अनुसूचित जातियों के विषय में अंग्रेज़ों ने जो वादा किया था, वे उससे पीछे हट गए। तब तक उन्हें यह भी नहीं पता था कि संविधान सभा इस बारे में क्या करने वाली है। इस उत्सुकता के दौरान मैंने अनुसूचित जातियों के हालात पर एक रिपोर्ट तैयार की थी और मैं उसे संयुक्त राष्ट्र संघ भेजना चाहता था लेकिन मैंने इसे वहाँ नहीं भेजा क्योंकि मैं महसूस करता था कि इस मसले पर संविधान सभा के दृष्टिकोण तथा भविष्य की संसद को कुछ समय देना चाहिए। संविधान में दलितों के संरक्षण के लिए जो प्रावधान किए गए हैं, उनसे मैं सन्तुष्ट नहीं हूँ। फिर भी मैंने यह सोचकर उस समय इन्हें स्वीकार कर लिया था कि सरकार इन्हें प्रभावी बनाने के लिए कुछ इच्छाशक्ति अवश्य दिखाएगी। आज अनुसूचित जातियों की क्या दशा है? जहाँ तक मैं देखता हूँ, यह पहले जैसी ही है। वही पुराना शोषण, वही अत्याचार, वही भेदभाव, जो पहले होता था, आज भी हो रहा है, बल्कि पहले से भी खराब तरीके से हो रहा है। मैं ऐसे सैकड़ों मामले गिना सकता हूँ, जब दिल्ली और इसके आस-पास के दलित लोग मेरे पास उन पर सवर्णों द्वारा किए गए अत्याचारों की शिकायत करने आए और उन्होंने बताया कि पुलिस ने भी उनकी शिकायत दर्ज करने या किसी तरह की सहायता देने से साफ इंकार कर दिया है। मुझे नहीं लगता कि जिस प्रकार भारत में दलितों के ऊपर अत्याचार होते हैं, वैसा दुनिया के किसी भी दूसरे देश में होता होगा। और इसके बावजूद उन्हें कोई राहत क्यों नहीं दी जाती? इसकी तुलना सरकार द्वारा मुस्लिमों को दिए जा रहे संरक्षण से करके देखिए। प्रधानमंत्री जी का पूरा समय और ध्यान मुसलमानों के संरक्षण की ओर है। मेरा मतलब यह कदापि नहीं है कि प्रधानमंत्री जी आवश्यकता पड़ने पर मुसलमानों की सहायता न करें, या उन्हें कोई मदद न दी जाए, लेकिन मैं यह

सवाल अवश्य करना चाहता हूँ कि क्या सिर्फ मुसलमानों को ही संरक्षण की आवश्यकता है? क्या अनुसूचित जातियों, अनुसूचित जनजातियों तथा भारतीय ईसाइयों को संरक्षण की ज़रूरत नहीं है? क्या उन्होंने इन लोगों के बारे में कभी कुछ सोचा है? जहाँ तक मैं समझता हूँ कि इन समुदायों को मुसलमानों की तुलना में कहीं अधिक संरक्षण की आवश्यकता है।

मैं बयान नहीं कर सकता कि सरकार द्वारा अनुसूचित जातियों की उपेक्षा करने से मुझे कितना कष्ट हुआ है और एक बार मैंने अनुसूचित जातियों की एक बैठक में अपनी इस व्यथा का इज़हार भी किया था। माननीय गृहमंत्री महोदय से एक बार यह सवाल किया गया था कि मैंने यह आरोप लगाया है कि संविधान द्वारा अनुसूचित जातियों को साढ़े बारह प्रतिशत आरक्षण दिए जाने के बावजूद उनका भला नहीं हुआ है। क्या यह आरोप सही है? इसके उत्तर में गृहमंत्री महोदय यह कहकर अत्यन्त प्रसन्न हुए थे कि मेरे आरोप निराधार हैं। इसके फौरन बाद शायद अपने अन्तर्मन की आवाज़ को सुनते हुए उन्होंने मुझे सूचित किया कि उन्होंने भारत सरकार के विभिन्न विभागों में एक परिपत्र जारी करके पूछा है कि सरकारी सेवाओं में अभी हाल ही में कितने अनुसूचित जाति के लोगों की भर्ती की गयी है। मुझे पता चला है कि अधिकांश विभागों के उत्तर 'शून्य' या 'नगण्य' में आए हैं। यदि यह सूचना सही है, तो मुझे आदरणीय गृहमंत्री जी के उत्तर पर कोई टिप्पणी नहीं करनी है।

अपने बचपन से ही मैंने स्वयं को उन अनुसूचित जातियों के उत्थान के लिए समर्पित कर दिया था, जिनके बीच मेरा जन्म हुआ था। ऐसा नहीं है कि इसके पीछे मुझे कोई लोभ नहीं था, लेकिन यदि मैंने सिर्फ अपने हित के बारे में सोचा होता तो मैं जो चाहता, वह कर सकता था और यदि मैं कांग्रेस में शामिल हो गया होता, तो मैं उस संगठन में शीर्ष तक पहुँच सकता था, लेकिन जैसा मैंने पहले कहा था कि मैंने स्वयं को अनुसूचित जातियों के उत्थान के लिए समर्पित कर दिया है और मैं इस उक्ति को मानता हूँ कि यदि आप किसी कार्य के प्रति एकाग्र हैं, तो आपको संकीर्ण मानसिकता का होना बेहतर रहेगा। इससे आप कल्पना कर सकते हैं कि अनुसूचित जातियों के प्रति सरकार द्वारा की जा रही उपेक्षा से मुझे कितना कष्ट हुआ होगा।

मेरे इस निर्णय के पीछे तीसरा कारण देश की विदेश नीति के प्रति असंतोष ही नहीं, वरन् मेरे मन में भारी चिंता का होना है। कोई भी व्यक्ति जो हमारी विदेश नीति को ध्यान से देख रहा है और भारत के प्रति अन्य देशों के व्यवहार का विश्लेषण कर रहा है, वह आसानी से इस बात को महसूस कर सकता है

कि इन देशों के भारत के प्रति व्यवहार में अचानक तेज़ी से परिवर्तन आया है। 15 अगस्त, सन् 1947 को जब हमने एक स्वतंत्र देश के रूप में शुरुआत की थी, उस समय कोई भी देश हमारा शत्रु नहीं था। संसार का प्रत्येक देश हमारा मित्र हुआ करता था। आज चार साल के भीतर ही हमारे सभी मित्र हमारा साथ छोड़ चुके हैं। अब हमारा कोई भी मित्र शेष नहीं बचा है। हम अलग-थलग पड़ गए हैं। हम अकेले रह गए हैं और एक भी ऐसा देश नहीं है, जो संयुक्त राष्ट्र संघ में हमारे प्रस्ताव का समर्थन करता हो। जब मैं अपनी विदेश नीति के बारे में सोचता हूँ तो मुझे बिस्मार्क और बर्नार्ड शॉ की याद आती है। बिस्मार्क ने कहा था, "राजनीति आदर्शों का खेल नहीं हैं, यह सम्भावना का खेल है।" अभी हाल ही में बर्नार्ड शॉ ने भी कहा था कि "अच्छे आदर्श अच्छे हैं, मगर हमें यह नहीं भूलना चाहिए कि अक्सर खतरनाक बातें भी अच्छी हो जाती हैं।" हमारी विदेश नीति इन दो धुरंधर व्यक्तियों की कही बातों के ठीक विपरीत दिशा में जाती दिखाई दे रही है।

असम्भव की नीति को अपनाकर तथा बहुत अच्छे दिखकर हमने अपना कितना नुकसान किया है, यह इस बात से स्पष्ट है कि हमारी सेना पर ही हमारे संसाधनों का एक बड़ा अंश व्यय करना पड़ता है, जिससे हमारे करोड़ों भूख से बिलबिलाते हुए लोगों को भोजन उपलब्ध कराने में परेशानियाँ आ रही हैं और हमारे देश के औद्योगिकीकरण में कठिनाई हो रही है। हम हर साल 350 करोड़ रुपए का राजस्व अर्जित करते हैं, जिसमें से 180 करोड़ रुपए हमें अपनी सेना पर खर्च करना पड़ता है। यह बहुत ही भारी-भरकम खर्च है, जिसकी शायद ही कहीं मिसाल मिले। यह भारी-भरकम खर्च हमारी विदेश नीति के कारण है। क्योंकि आज हमारा एक भी ऐसा मित्र नहीं है, जो आपत्ति में हमारे साथ खड़ा हो सके। मुझे आश्चर्य है कि इसे किस प्रकार सही विदेश नीति कहेंगे।

पाकिस्तान के साथ हमारा झगड़ा हमारी विदेश नीति का वह भाग है, जिससे मैं अत्यधिक असन्तुष्ट हूँ। पाकिस्तान के साथ हमारे सम्बन्ध दो कारणों से खराब हैं। पहला कारण कश्मीर है और दूसरा कारण हमारे लोगों की पूर्वी बंगाल में हो रही दुर्दशा है। मैं समझता हूँ कि हमें पूर्वी बंगाल के लोगों के लिए और अधिक संवेदनशील होना चाहिए। सभी समाचार पत्रों की खबरों से ऐसा लगता है कि वहाँ पर हमारे लोगों की हालत कश्मीर से भी अधिक चिन्ताजनक है। इस पर न ध्यान देते हुए हम अपना सारा ध्यान केवल कश्मीर पर केन्द्रित कर रहे हैं। इसके बावजूद मैं मानता हूँ कि हम एक अवास्तविक मुद्दे पर लड़ रहे हैं। जिस मुद्दे पर हम अधिकतर समय झगड़ते रहते हैं, वह यह है कि हममें से कौन सही

है और कौन गलत है। मेरे विचार से सवाल यही नहीं है कि हममें से कौन सही है, बल्कि असली सवाल यह है कि क्या सही है। इसे मुख्य प्रश्न मानते हुए ही मेरे विचार से कश्मीर के मसले को सुलझाया जा सकता है। जिस तरह से हमने भारत के विभाजन में किया था, वैसे ही कश्मीर का विभाजन करते हुए इसका हिन्दू और बौद्ध हिस्सा भारत को दे दिया जाना चाहिए और मुस्लिम बाहुल्य हिस्सा पाकिस्तान को मिल जाना चाहिए। हमें कश्मीर के मुस्लिम बाहुल्य हिस्से की अधिक परवाह नहीं करनी चाहिए। क्योंकि यह मामला कश्मीर के मुसलमानों और पाकिस्तान के बीच का है। वे जैसे चाहें वैसे इसे सुलझाएँ। या यदि आप चाहें तो इसके तीन हिस्से करें। युद्ध विराम क्षेत्र, घाटी और जम्मू लद्दाख क्षेत्र और इन तीनों में से केवल घाटी में जनमत संग्रह कराएँ लेकिन मैं जिस बात से भयभीत हूँ, वह यह है कि प्रस्तावित जनमत संग्रह समूचे क्षेत्र का होगा, जिसमें कश्मीर के हिन्दुओं और बौद्धों को उनकी मर्जी के खिलाफ पाकिस्तान में घसीटने का प्रयास किया जाएगा और हमें वहाँ भी वही समस्या झेलनी होगी, जो आज हम पूर्वी बंगाल में झेल रहे हैं।

अब मैं चौथे कारण का जिक्र करना चाहूँगा, जिसका मेरे त्यागपत्र से काफी लेना-देना है। आज हमारी कैबिनेट समितियों द्वारा लिए गए निर्णयों की रिकार्डिंग करने और उनका पंजीकरण करने का कार्यालय बनकर रह गई है। जैसा कि मैं पहले कह चुका हूँ कि अब कैबिनेट समितियों द्वारा चलाई जा रही है। ऐसी ही एक रक्षा समिति है, एक विदेशी मामलों की समिति है। विदेशों से सम्बन्धित सभी महत्त्वपूर्ण मामलों पर यही समिति अन्तिम निर्णय लेती है। इसी प्रकार रक्षा से सम्बन्धित सभी महत्त्वपूर्ण मामलों पर रक्षा समिति ही निर्णय लेती है। कैबिनेट के ही सदस्य इनमें नियुक्त किए जाते हैं। मैं इनमें से किसी भी समिति का सदस्य नहीं हूँ। वे लोग एक लोहे के पर्दे के पीछे रहकर काम करते हैं। जो अन्य लोग हैं, वे नीतिगत मसलों पर भाग लेने का कोई अवसर प्राप्त किए बग़ैर केवल संयुक्त उत्तरदायित्व ही लेते हैं। यह एक ऐसी स्थिति है, जो मेरे लिए असहनीय है।

अब मैं उस कारण की ओर आना चाहूँगा, जिसकी वजह से आखिरकार मुझे त्यागपत्र देने का निर्णय लेना पड़ा। यह हिन्दू कोड बिल के साथ सरकार द्वारा किया गया सौतेला बर्ताव है। 11 अप्रैल, सन् 1947 को यह बिल इस सदन में पेश किया गया था। चार साल के जीवन के बाद इसके केवल चार अनुच्छेद पारित करने के बाद इसे मार दिया गया और इसकी कोई चर्चा भी नहीं होने दी गयी। जब इसे सदन के सामने पेश किया गया था, तो इसके प्रति सदस्यगण

अत्यधिक उत्साहित थे। लेकिन पूरे एक साल तक सरकार ने इसे प्रवर समिति के पास भेजना भी ज़रूरी नहीं समझा। 9 अप्रैल, सन् 1948 को इसे प्रवर समिति के पास भेजा गया और 12 अगस्त, सन् 1948 को इसकी रिपोर्ट सदन के पटल पर रखी गयी। 31 अगस्त, सन् 1948 को मैंने इस रिपोर्ट पर चर्चा हेतु प्रस्ताव पेश किया। केवल प्रस्ताव रखने भर के लिए इस बिल को एजेण्डे में रखा गया, 1 फरवरी, सन् 1949 तक इस बिल पर बहस करने की अनुमति भी सरकार द्वारा नहीं दी गयी। इसके बाद भी इस पर लगातार चर्चा नहीं होने दी गयी। यह चर्चा का समय 10 महीने से अधिक में बँटा रहा। उदाहरण के लिए फरवरी में 4 दिन, मार्च में 1 दिन और अप्रैल 1949 में 2 दिन इस पर चर्चा हुई। इसके बाद इस बिल को एक दिन और दिया गया और वह दिन था 19 दिसम्बर, सन् 1949। इस दिन सदन ने मेरे प्रस्ताव को स्वीकार कर लिया कि प्रवर समिति द्वारा दिए गए सुझावों को ध्यान में रखा जाए। सन् 1950 में पूरे साल भर इस बिल को बिल्कुल समय नहीं दिया गया। अगली बार यह बिल 5 फरवरी, सन् 1951 को सदन के सामने आया और तब अनुच्छेदवार इस बिल पर चर्चा हुई। लेकिन 5, 6 और 7 फरवरी इन तीन दिनों तक ही यह बिल चर्चा के लिए आया और इसके बाद इसे कूड़े में फेंक दिया गया।

यह इस संसद का अन्तिम सत्र था और अब कैबिनेट को यह तय करना था कि हिन्दू कोड बिल को इसी संसद के सामने रखा जाएगा या इसे नई संसद के लिए छोड़ दिया जाएगा। कैबिनेट ने सर्वसम्मति से यह निर्णय लिया कि इस बिल को इसी सत्र में इसी संसद द्वारा पेश किया जाना चाहिए। अतः इस बिल को पुनः एजेण्डे में रखा गया और 17 सितम्बर, सन् 1951 को इसकी अनुच्छेदवार चर्चा हेतु तारीख निश्चित की गयी। जब इस पर चर्चा चल ही रही थी, तभी प्रधानमंत्री जी ने एक नया प्रस्ताव रखते हुए कहा कि चूँकि जितना समय शेष बचा है, उतने समय में इस बिल पर चर्चा पूरी नहीं हो सकती है, इसलिए इस बिल के व्यर्थ हो जाने से बेहतर है कि इसके कुछ अनुच्छेदों को कानून का रूप दे दिया जाए। यह मेरे लिए भयंकर आघात था, लेकिन मैं फिर भी इस पर सहमत हो गया क्योंकि कहावत है कि पूरा खो देने से बेहतर है थोड़ा हासिल कर लेना।

प्रधानमंत्री जी ने सुझाव दिया कि हमें विवाह और तलाक वाले हिस्से को स्वीकार कर लेना चाहिए। इससे इस बिल में भारी काट-छाँट हो गयी है। बिल पर दो या तीन दिन की चर्चा के बाद प्रधानमंत्री एक नया प्रस्ताव लेकर आए। इस बार उनका प्रस्ताव था कि इस बिल को विवाह और तलाक वाले अंश समेत

पूरा का पूरा खारिज कर दिया जाना चाहिए। यह मेरे लिए बड़ा झटका था और सीधे मेरे ऊपर प्रहार किया गया था। मैं यह सुनकर सन्न रह गया और कुछ भी न बोल सका। मैं यह मानने को कतई तैयार नहीं था कि पहले से ही काट-छाँट किए जा चुके इस बिल को समय की कमी के कारण खारिज किया जा रहा है। मुझे विश्वास हो गया था कि काटे-छाँटे जा चुके इस बिल को इसलिए रद्दी की टोकरी में डाला जा रहा है क्योंकि कैबिनेट के अन्य शक्तिशाली मंत्री चाहते हैं कि उनके बिल ही पेश हों। मैं यह समझ पाने में असमर्थ हूँ कि हिन्दू कोड बिल की इतनी काट-छाँट कर देने के बावजूद बनारस एवं अलीगढ़ विश्वविद्यालय बिल और प्रेस बिल को इस बिल से अधिक ज़रूरी क्यों माना गया? ऐसा भी नहीं है कि बनारस और अलीगढ़ विश्वविद्यालय के लिए पहले से कोई नियमावली नहीं है। ऐसा भी नहीं है कि यदि इन बिलों को इसी सत्र में पेश न किया जाता तो ये विश्वविद्यालय तबाह होने वाले थे। ऐसा भी नहीं है कि प्रेस बिल अत्यधिक ज़रूरी था। प्रेस के लिए पहले से नियमावली बनी हुई है और इस बिल के लिए कुछ समय तक प्रतीक्षा की जा सकती थी। मैं जानता हूँ कि प्रधानमंत्री जी गम्भीर हैं, लेकिन उन्होंने हिन्दू कोड बिल को पारित कराने के लिए पर्याप्त दृढ़ता और ईमानदारी नहीं दिखाई।

इस बिल के साथ यह वर्ताव होने के कारण मैं गहरे मानसिक तनाव से गुजर रहा हूँ। पार्टी मशीनरी की सहायता भी मुझे नहीं मिल पा रही है। प्रधानमंत्री जी ने पार्टी के इतिहास की आश्चर्यजनक घटना के तौर पर इस बिल हेतु सभी को मतदान की स्वतन्त्रता दे दी है। मैं इसका बुरा नहीं मानता। लेकिन मैं दो बातों की उम्मीद अवश्य करता हूँ। मैं चाहता था कि चर्चा हो जाने के लिए पार्टी व्हिप समय सीमा तय करें और पर्याप्त चर्चा हो जाने के बाद चीफ़ व्हिप निर्देश जारी करें। यदि चर्चाओं पर समय की सीमा बंदिश लागू होती, तो इस बिल को आसानी से पारित कराया जा सकता था। जब स्वतन्त्र रूप से वोटिंग करने के लिए प्रावधान कर दिया था तो चर्चा के लिये सीमा होने पर किसी को भी एतराज़ नहीं होता। लेकिन ऐसी कोई व्हिप जारी नहीं की गयी। संसदीय कार्य मंत्री, जो हिन्दू कोड के सम्बन्ध में पार्टी के चीफ़ व्हिप भी थे, उनके बारे में जितना भी कहा जाए, कम है। वे इस कोड के सर्वाधिक मुखर विरोधी थे और सत्र समापन का प्रस्ताव लाकर उन्होंने मेरी सहायता करने का कोई दृष्टिकोण नहीं दर्शाया। कई घण्टों और कई दिनों तक इस बिल के एक ही अनुच्छेद पर चर्चा होने दी गयी, जिससे काफी समय बर्बाद हुआ। चीफ़ व्हिप की यह जिम्मेदारी थी कि वे सरकारी समय को बचाने का प्रयास करें, लेकिन

जिस समय हिन्दू कोड बिल पर सदन में चर्चा चल रही थी, उस समय वे सदन से अनुपस्थित थे। मैंने किसी भी मामले में एक चीफ़ व्हिप को प्रधानमंत्री जी के विरोध में इस हद तक जाते हुए नहीं देखा है और न ही एक प्रधानमंत्री को एक विरोधी व्हिप का इतना समर्थन करते हुए कभी देखा है। इस असंवैधानिक कृत्य के बावजूद चीफ़ व्हिप महोदय आज भी प्रधानमंत्री जी के प्रिय बने हुए हैं। उनके विश्वासघात को नज़र अंदाज करते हुए उन्हें पार्टी में पदोन्नत किया गया है। ऐसे हालात में मेरे लिए पद पर बने रहना असम्भव हो गया है।

यह कहा जा रहा है कि हिन्दू कोड बिल को इसलिए पेश नहीं किया गया क्योंकि पार्टी में इस बिल का काफी विरोध था। विपक्ष कितना मज़बूत था? इस बिल पर कई बार पार्टी में चर्चा हो चुकी थी और इसके विरोधियों ने कई बार मत विभाजन कराया था, लेकिन हर बार इस बिल के विरोधियों को करारी मात मिली थी। पिछली बार जब पार्टी की बैठक में इस बिल पर मत विभाजन कराया गया था तो 120 में से केवल 20 लोग ही इस बिल के विरोध में थे। जब यह बिल पार्टी की बैठक में चर्चा के लिए रखा गया था तो साढ़े तीन घण्टे के समय में इसके 44 अनुच्छेदों को स्वीकृत कर दिया गया था। इससे साफ पता चलता है कि पार्टी में इस बिल का कितना विरोध था। स्वयं सदन में भी इस बिल के सिर्फ तीन अनुच्छेदों अनुच्छेद 2, 3 तथा 4 पर मत विभाजन हुआ था। और हर बार इसके अनुच्छेद 4 पर भी इसके पक्ष में भारी बहुमत था, जो कि हिन्दू कोड बिल की आत्मा है।

इसलिए मैं यह नहीं समझ पा रहा हूँ कि प्रधानमंत्री ने समय की कमी की आड़ लेते हुए इस बिल को पेश न करने का निर्णय क्यों लिया। मुझे अपने इस्तीफे के पीछे के कारणों की विस्तृत चर्चा इसलिए करनी पड़ी क्योंकि कुछ लोग कह रहे कि मैं अपनी बीमारी के कारण अपने पद से त्यागपत्र दे रहा हूँ। मैं ऐसे किसी भी विचार का खण्डन करता हूँ कि मैं ऐसा अन्तिम व्यक्ति हूँ, जो बीमारी के कारण त्यागपत्र दे रहा है।

यह कहा जा सकता है कि मैंने देर से त्यागपत्र दिया है और यदि मैं सरकार की विदेश नीति से असन्तुष्ट था, या पिछड़ों एवं दलितों के साथ हो रहे व्यवहार से दुखी था, तो मुझे पहले ही त्यागपत्र दे देना चाहिए था। यह आरोप सत्य प्रतीत हो सकता है लेकिन मैं ऐसे कारण दे सकता हूँ, जो मेरे औचित्य को सही ठहराते हैं। सर्वप्रथम, अधिकांश समय तक मैं कैबिनेट का सदस्य रहते हुए संविधान तैयार करने में व्यस्त रहा। 26 जनवरी, सन् 1950 तक मेरा पूरा ध्यान इसी पर था और इसके बाद मैंने अपना पूरा ध्यान जनप्रतिनिधित्व बिल

और डीलिमिटेशन आदेशों पर केन्द्रित रखा। मुझे हमारी विदेश नीति पर सोचने का बहुत कम समय मिल सका। मैं यह भी नहीं चाहता था कि कार्य पूरा किए बग़ैर मैं यहाँ से चला जाऊँ।

दूसरे, मैंने हिन्दू कोड बिल को पारित कराने के लिए पद पर बने रहना ज़रूरी समझा। कुछ लोग इसे गलत कहेंगे कि मैं हिन्दू कोड बिल को पारित कराने के लिए पद पर बना रहा, लेकिन मेरा नजरिया उन लोगों से भिन्न है। हिन्दू कोड बिल एक ऐसा महान क्रान्तिकारी सुधार का कदम था, जिसे इस देश की विधायिका द्वारा उठाया जाना था। इससे पहले न तो इतने महत्त्वपूर्ण बिल को भारतीय विधायिका में रखा गया था और न ही शायद कभी आगे रखा जाएगा। वर्ग और वर्ग के बीच, लिंग और लिंग के बीच भेदभाव हिन्दू समाज की रग-रग में समाया हुआ है और इसे छुए बग़ैर यदि सिर्फ आर्थिक समस्याओं पर ध्यान केन्द्रित किया जाता है, तो यह हमारे संविधान के विरुद्ध होगा और गोबर के ढेर पर महल बनाने का प्रयास करने जैसा होगा। हिन्दू कोड बिल की यही प्रासंगिकता है, जो मैं आपसे बताना चाहता हूँ। इसी के कारण मैंने अपने मतभेदों की परवाह किए बिना पद पर बने रहना गवारा किया। इसलिए यदि मैंने गलत किया भी है तो यह इस आशा में किया है कि शायद कुछ अच्छा हो जाए। मुझे इसकी आशा भी थी और विरोधियों की रणनीति कामयाब न हो पाने का भरोसा भी था क्योंकि प्रधानमंत्री महोदय ने इसी सदन में तीन वक्तव्य दिए थे। उन वक्तव्यों की मैं यहाँ चर्चा करना चाहूँगा।

28 नवम्बर, सन् 1949 को प्रधानमंत्री जी ने भरोसा दिलाते हुए निम्नांकित वक्तव्य दिया था–

> "सरकार इस बिल (हिन्दू कोड बिल) के लिए अधिकतम प्रयास करने हेतु संकल्पबद्ध है। सरकार इसके साथ आगे बढ़ेगी। अब यह सदन को तय करना है कि यदि सरकार कोई महत्त्वपूर्ण कदम उठाना चाहती है, तो यह सदन उसे स्वीकृत या अस्वीकृत करे। यदि यह सदन इस महत्त्वपूर्ण बिल को अस्वीकृत करता है, तो सदन इस सरकार को भी अस्वीकृत करेगा और यह सरकार गिर जाएगी एवं नई सरकार इसका स्थान ले लेगी। यह स्पष्ट तौर पर समझ लिया जाना चाहिए कि यह एक अत्यन्त महत्त्वपूर्ण कदम है, सरकार अत्यधिक गम्भीरतापूर्वक इसके साथ है, चाहे यह पारित हो अथवा न हो।

पुनः 19 सितम्बर, सन् 1949 को प्रधानमंत्री जी ने कहा, "मैं नहीं चाहता कि सदन यह रंचमात्र भी अहसास करे कि हमारे लिए हिन्दू कोड बिल का

महत्त्व नहीं है, क्योंकि हम इस बिल को अत्यधिक महत्त्वपूर्ण मान रहे हैं और इस बिल के किसी अनुच्छेद विशेष के कारण ही ऐसा नहीं है, बल्कि देश की सामाजिक और आर्थिक समस्याओं के प्रति हमारे दृष्टिकोण के कारण ही हम ऐसा सोच रहे हैं। हमें इस देश में राजनैतिक आज़ादी मिल गयी है, लेकिन यह इस यात्रा का एक पड़ाव मात्र है और हमें आगे कई पड़ाव पार करने हैं, जो आर्थिक, सामाजिक तथा अन्य हो सकते हैं। यदि हमारे समाज को आगे बढ़ना है, तो हमें सभी लोगों को साथ लेकर आगे बढ़ना होगा।"

26 सितम्बर, सन् 1951 को प्रधानमंत्री जी ने कहा था, "मेरे लिए सदन को यह भरोसा दिलाना आवश्यक नहीं है कि सरकार इस बिल को आगे बढ़ाने के लिए पूरी तरह से तैयार है और हम अपनी पूरी ताकत के साथ जितना आगे बढ़ सकते हैं, बढ़ेंगे और जब हमें ऐसा लगेगा कि इसे सही समय आने तक स्थगित रखा जाए तो हम यह भी करेंगे, लेकिन मैं आशा करता हूँ कि इसी संसद में यह बिल पारित हो जाएगा।"

इस बिल को पेश न करने से पहले प्रधानमंत्री जी यह सब कह चुके थे। भला कौन ऐसा होगा, जो प्रधानमंत्री जी की इन बातों पर यकीन नहीं करेगा? यदि प्रधानमंत्री जी की कथनी और करनी में मैं अन्तर नहीं समझ सका तो निस्सन्देह यह मेरी गलती है। कैबिनेट से मेरे बाहर होने पर शायद इस देश के किसी भी व्यक्ति को कोई फर्क न पड़े, लेकिन मैं स्वयं के प्रति सच्चा रहना चाहता हूँ और इसका एक ही उपाय है कि मैं मंत्री पद छोड़कर बाहर चला जाऊँ। ऐसा करने से पहले मैं अपने उन सभी साथियों एवं सहयोगियों के प्रति आभार ज्ञापित करना चाहता हूँ, जिन्होंने मेरे पास आकर मेरे प्रति सद्भावना दर्शाई थी। मैं अपनी संसद सदस्यता से इस्तीफा नहीं दे रहा हूँ और मैं संसद के अपने सभी सदस्यों के प्रति भी कृतज्ञता ज्ञापित करता हूँ, जिन्होंने मुझे ध्यानपूर्वक सुना।"

(10 अक्तूबर, सन् 1951) बी०आर० अम्बेडकर